Agradecimientos

A la Universidad de Ciencias Empresariales y Sociales, por haber confiado en mí Proyecto de Tesis.

A la Dra. Mirta Luisa Jurío, por el constante apoyo en mi carrera tanto de grado, como de postgrado y también como docente dentro de la Universidad de Buenos Aires y por enseñarme a amar el derecho con pasión y devoción.

A mis queridas amigas Dra. Alicia Rosa Bistmans, médica especialista en Hematología y S.I.D.A., miembro de planta permanente del Hospital Municipal de Agudos "Dr. José María Ramos Mejia" y a la Dra. Estela González, médica especialista en Hemoterapia y Hematología y Jefa del Servicio de Medicina Transfusional del Hospital Municipal "Fundación Francisco Santojanni", por el apoyo incondicional, desinteresado y el aporte científico en este trabajo.

A la Dra. Lidia M. R. Garrido Cordobera, querida maestra, amiga, referente en el derecho y directora de esta Tesis, por acompañarme y alentarme en este esfuerzo, por su confianza en esta investigación, por fomentar mi propia confianza, y hacerme creer que mis sueños pueden hacerse realidad.

A mis padres, mis amigos y a Ale, fervientes alentadores de mis logros en la vida y en el camino hacia mi doctorado.

INDICE

1. A MODO DE INTRODUCCION

El concepto de salud, conforme el sentido que le atribuye la Organización Mundial de la Salud, tiene un vasto alcance, y comprende el completo bienestar físico, mental y social, superando a la mera ausencia de enfermedades. Ese bienestar de amplio espectro es garantizado por un derecho reconocido como “derecho a la salud”, de naturaleza fundamental para toda la sociedad (Peyrano, 2007).

Este derecho, de acuerdo con la jerarquizada opinión de Mosset Iturraspe (1994), es de naturaleza personalísima, y ostenta además raigambre constitucional, dado que su reconocimiento y protección se desprende de varias disposiciones de la Carta Magna (arts. 41, 42 y 75, inc. 19 y 23, etc.). Sin embargo, tal como lo señala Ghersi (1999), en el marco imperante de los valores “posmodernistas” se asiste a una contradicción entre las disposiciones que se consagran, y las actitudes que se concretan respecto de su real vigencia. Es decir que, más allá de plausibles normativas, la concreción de esos valores encuentra innumerables dificultades prácticas.

La insuficiencia de fondos públicos o su mala asignación, el encarecimiento de las prácticas médicas y el de los medicamentos (como consecuencia de la incorporación de nuevas tecnologías), la inequitativa distribución de los recursos materiales y humanos y las desigualdades sociales y económicas de la población, entre muchos otros factores, producen que el pleno goce de este derecho no sea alcanzado por todos, ni de la misma forma, ni en similares condiciones, es decir que, tal como lo desarrollamos a lo largo del trabajo, la salud no llega a todas las personas de la misma manera, presentándose en la práctica restringido a un bajo número de ciudadanos.[1]

La situación se agrava más aún si tenemos en cuenta que algunos enfermos requieren seguimientos continuos por parte de los especialistas, y el acceso a ciertos medicamentos se dificulta debido al elevado costo de los mismos; es más, en muchos casos, éstos ni siquiera son cubiertos parcialmente por los servicios de salud (por ejemplo, por no estar nomencladas las prácticas, por encontrarse comprendidos

---

[1] “Por un lado, se alientan como derechos personalísimos, y hasta con rango constitucional, el derecho a la salud y a un ambiente sano; sin embargo, por otro, nos encontramos con el cierre de hospitales públicos y la constante contaminación por la ausencia de controles estatales, etcétera.” (Ghersi, 1999, p. 168).

en los períodos de carencia de cobertura que no forman parte del P.M.O. -Plan Médico Obligatorio-, por insuficiencia de coberturas, etc.). Nuestro trabajo intenta resolver algunas de estas cuestiones y busca puntualizar el modo de lograr la efectiva vigencia de este derecho esencial.

Dentro del sistema jurídico argentino, al Estado le cabe un rol fundamental en la tarea de garantizar el derecho a la salud. Sabemos que tanto la Constitución Nacional como los diversos tratados internacionales se ocupan del mismo, de modo tal que la intervención Estatal queda absolutamente comprendida en dicha materia (Peyrano, 2007). Desde la perspectiva del bienestar del ser humano, el progreso científico – técnico, particularmente en el campo de las ciencias de la salud, merced a los desarrollos de la biotecnología, ha alcanzado objetivos impensables hasta hace poco más de veinte años. Tanto ha prosperado el avance científico en salud que Julián Herranz (s. f.), teorizando sobre la interrelación existente entre los derechos mencionados, destacó que el bioderecho (es decir, la relación entre la biología y el derecho) constituye hoy un campo de investigación importante, de diálogo y de compromiso científico en defensa de la dignidad humana y del derecho a la vida.

En relación con este punto, cabe señalar que, entre el amplio espectro de las especialidades médicas, posiblemente la hemoterapia y la inmunohematología son las que más ventajas han recibido del desarrollo científico tecnológico de los últimos veinte años.

En momentos en que las necesidades transfusionales aumentan día a día, se complejizan las actividades profesionales, aumentan las enfermedades y se dificultan las relaciones no sólo médico - paciente, sino también médico - legales.

El tema que nos ocupa en el trabajo es el daño transfusional por contaminación de H.I.V., en período de ventana. Éste se refiere al contagio producido por el virus mencionado, en el período que transcurre entre su aparición en el torrente sanguíneo del paciente transfundido y su detección a través de los análisis serológicos pertinentes, y que, en las condiciones biotécnológicas actuales, no permite ser descubierto, aun tomando todos los recaudos disponibles y con la mayor diligencia posible.

De la existencia de dicho período (también conocido en la jerga médica como "Period Window") surgen dos preguntas de investigación, las cuales dan origen a nuestra tesis doctoral: ¿En qué medida los médicos son responsables por la contaminación por vía transfusional del virus del H.I.V. / S.I.D.A., encontrándose el mismo en un período de ventana, cuando la unidad de sangre transfundida contamina al paciente sin ser detectada? Y en segundo lugar, ¿cuál es el modo o medio de reparación legal más adecuado para el paciente devenido en víctima? La hipótesis que responde a ambas preguntas es la siguiente: "El daño transfusional procedente de la contaminación del H.I.V. / SIDA en el período de ventana, no es resarcible desde la Teoría jurídica de la Responsabilidad Civil. Su reparación sería procedente a través de un fondo específico de garantía que cubra a los pacientes portadores de la enfermedad, el tratamiento, los análisis y la calidad de sobrevida que acarrea la patología."

Los objetivos generales de nuestra investigación son:

1. Analizar las eventuales responsabilidades de los diferentes sujetos involucrados en los casos de contagio de H.I.V. / SIDA, por vía transfusional, así como también de los profesionales actuantes.

2. Colaborar con el desenvolvimiento de un sistema transfusional adecuado y seguro desde el ámbito del derecho, a través del estudio sistematizado de una cobertura integral y objetiva a los pacientes infectados por el mal.

Por su parte, contemplamos el alcance de los siguientes objetivos específicos:

1. Determinar el alcance la responsabilidad médica del acto transfusional con sangre contaminada por el virus del H.I.V.

2. Delimitar analíticamente la responsabilidad de los agentes de salud dentro del acto transfusional con sangre contaminada por H.I.V., en el período de ventana de replicación viral.

3. Analizar y comparar los supuestos de responsabilidad civil médica en sus aspectos subjetivos y objetivos dentro de la Teoría de la Responsabilidad Civil en el derecho argentino.

4. Examinar la creación de un fondo de garantía específico para los pacientes que padecen la enfermedad de SIDA, contraída por vía transfusional durante el período de ventana de replicación viral.

Se trata, pues, de una investigación eminentemente descriptiva y propositiva, en la medida en que, por un lado, describe una determinada situación jurídica, a través de la interpretación de textos normativos, y por otro, propone la implementación de un modo de reparación legal original en nuestro medio.

El diseño de la misma es no experimental, y sus técnicas de investigación contemplan el análisis documental, para lo cual efectuamos un relevamiento de normas, doctrina y jurisprudencia, tanto en el derecho argentino como en derecho comparado.

2. CAPITULO I: HISTORIA DE LA TRANSFUSION SANGUINEA

.1. DESDE LA ANTIGÜEDAD HASTA NUESTROS DÍAS

eDesde la antigüedad, la sangre ha sido asociada a un gran número de creencias, creencias, muchas de las cuales permanecen como dichos o hechos populares en las sociedades modernas. Usamos la sangre como símbolo de la relación familiar para referirnos a los antepasados o a los descendientes, como por ejemplo en las expresiones "hermanos de sangre" o "lazos de sangre".

En el cristianismo, se le da a la sangre un énfasis especial "porque todo ser vive por la sangre que está en él, y yo se la he dado a ustedes en el altar para que por medio de ella puedan ustedes pagar el rescate por su vida, pues es la sangre la que paga el rescate por la vida" (Levítico 17: 11). Se concibe, así, a la sangre como sinónimo de vida. En las iglesias católicas, en el momento de la eucaristía, se toma el vino como simbolismo de la sangre de Jesús. En la última cena, citada en los Evangelios, Jesús expresó a sus discípulos que el pan debía ser considerado su cuerpo y el vino su sangre, lo cual fue representado por Leonardo Da Vinci en su famosa obra que se encuentra en la iglesia Santa María de las Gracias en Milán.

Basados en las citas bíblicas, los Testigos de Jehová no comen sangre ni aceptan transfusiones de sangre o hemocomponentes: eritrocitos, glóbulos blancos, plaquetas, plasma o crioprecipitado. Las citas a que se hace referencia son, en el Antiguo Testamento, el libro de Levítico y el Génesis.

El libro de Levítico puede considerarse como una especie de manual destinado a los levitas o miembros de la tribu de Levi, que eran los encargados de celebrar los oficios sagrados en el templo de Jerusalén. La llamada "Ley de la Santidad" constituye, por así decirlo, el corazón del levítico, estableciendo normas por una forma de vida cimentada en la santidad, la justicia y el amor fraterno. En ella (Levítico 17: 11-14), se dice "Todo ser vive por la sangre que está en él" y "porque la sangre es la vida de todo ser viviente. Por eso les he dicho que no coman sangre". En Génesis (9: 4) se expresa también "Pero hay una cosa que no deben comer: carne con sangre, porque en la sangre está la vida".

En el Nuevo Testamento, en el libro de Hechos de los Apóstoles (15: 28 y 29), se lee: "Pues ha parecido bien al espíritu santo y a nosotros no imponer sobre ustedes ninguna carga aparte de estas cosas necesarias: que no coman carne de animales ofrecidos en sacrificio a los ídolos, que no coman sangre ni carne de animales estrangulados y que eviten matrimonios prohibidos. Si se guardan estas cosas actuarán correctamente".

El concepto que se extrae de la Biblia es la prohibición de "comer sangre de animales", pero los Testigos de Jehová lo interpretan en un sentido más general, extendiendo la prohibición a las transfusiones de sangre humana. A pesar de que la decisión de no aceptar transfusiones de sangre o hemocomponentes es estrictamente religiosa, la mayoría de los individuos pertenecientes a esta religión utilizan información científica acerca de los efectos adversos de la transfusión de productos biológicos así como de las terapéuticas alternativas. Cuando se plantea la necesidad de elección entre la realización de un acto quirúrgico con sangre o la muerte, generalmente responden en el sentido de que la simple ganancia de unos días o años de vida es poco si se la compara con la eterna relación con Dios.

Los Testigos de Jehová han realizado numerosos encuentros con la comunidad comunidad médica con el fin de establecer medidas para minimizar o eliminar las pérdidas sanguíneas en cirugías. Inclusive, se proponen medidas con bases científicas para evitar la coagulopatía medicamentosa y optimizar la producción preoperatoria de eritrocitos con hierro o eritropoyetina recombinante (E.P.O). Otras acciones propuestas son: disminuir la hemorragia perioperatoria limitando las flebotomías diagnósticas, mantener la normotermia operatoria, desarrollar técnicas quirúrgicas que eviten la hemorragia, implementar procedimientos mínimamente invasivos, utilizar instrumentos quirúrgicos hemostáticos y el uso de drogas antifibrinolíticas.

Muchos de los cirujanos pioneros que aplicaron estas medidas de "ahorro de sangre" publicaron sus experiencias en cirugías de Testigos de Jehová. El cirujano cardíaco Denton Cooley de Texas, Estados Unidos de Norteamérica, publicó sus conclusiones en un artículo en 1964, en el *American Journal of Cardiology*, titulado "Open Heart Surgery in Jehovah´s Witnesses". En 1977, este mismo autor reportaba su experiencia en más de quinientos pacientes.

Actualmente, muchos centros de Europa y del resto del mundo aplican estas medidas de ahorro de sangre. Los Testigos de Jehová, si bien no aceptan la transfusión de hemocomponentes ni el procedimiento de transfusión autóloga de predepósito, admiten la hemodilución normovolémica y la recuperación de sangre autóloga del campo operatorio. Es decir que, de las tres modalidades de transfusión autóloga, consienten dos. Inclusive, autorizan a realizar la recuperación de sangre en cirugía oncológica si se utiliza la leucoreducción y la irradiación gamma. También pueden ser transfundidos con hemoderivados comerciales originados a partir del fraccionamiento del plasma humano como albúmina, inmunoglobulinas, factores de la coagulación o complejo protrombínico y los de uso tópico (gel de fibrina, gel plaquetario o crioprecipitado). Aceptan drogas que favorecen la hemostasis como la vitamina K, desmopresina y antifibrinolíticos.

En la década de 1980, debido, por un lado, a la epidemia de S.I.D.A., y por otro, a la influencia de los Testigos de Jehová, se revisaron pautas establecidas como el nivel de diez gramos de hemoglobina como límite para realizar intervenciones quirúrgicas. En la actualidad, de acuerdo al terreno del paciente y sus antecedentes, se realizan cirugías con valores de hemoglobina entre siete a diez gramos. A su vez, en 1998 se crea en Graz, Austria, la Network for Advancement of Transfusión Alternatives (N.A.T.A.) o técnicas alternativas a la transfusión sanguínea, un grupo internacional de médicos, investigadores y líderes de opinión de una gran variedad de disciplinas médicas y científicas que desarrollaron y fomentaron las terapéuticas alternativas a la transfusión de hemocomponentes. Publicaron sus experiencias en el *Journal of Transfusion Alternatives in Transfusión Medicine*.

Últimamente, en muchos hospitales, se crean comités para tratar los casos de los pacientes que rechazan ciertos tipos de tratamientos. En el Hospital de Clínicas "Dr. Manuel Quintela" de Montevideo se ha creado un comité multidisciplinario para este tipo de pacientes, en los cuales se incluye a los Testigos de Jehová, con el fin de estudiar cada caso en particular y realizar propuestas terapéuticas al paciente y sus familiares. Respetando desde el punto de vista ético la decisión final del paciente, se ha elaborado un protocolo escrito médico, legal y ético, cuyo título es "Relevancia del consentimiento del paciente y situaciones en que éste no acepta el procedimiento terapéutico propuesto en centros asistenciales públicos".

Asimismo, desde la antigüedad se ha considerado a la sangre como un ejemplo de vida. Se pensaba que las propiedades físicas e intelectuales de una persona podían ser trasmitidas a otro individuo por la sangre, inclusive de animales. Por ejemplo, se seleccionaban animales fuertes y bravíos para la transfusión de pacientes deprimidos o de animales mansos para individuos excitados o nerviosos. Marsilio Ficino de Florencia recomendaba extraer sangre de personas jóvenes para mejorar el estado físico de los ancianos.

En 1492, en ocasión de la última enfermedad del papa Inocencio VIII, los médicos de la época, que habían agotado todas las terapéuticas disponibles incluyendo sangrías, apareció en Roma un médico judío[2] que ofreció cambiar la sangre del viejo papa por sangre de jóvenes plenos de vigor y salud. Se obtuvieron tres varones de diez años como donantes, previo el pago de un ducado de oro a cada una de las familias. Los niños fueron sangrados falleciendo los tres, pero como la sangre se coagulaba constantemente, la transfusión no se realizó. Cuando se intentó detener al médico éste ya había huido, desapareciendo para siempre. El papa murió el 25 de abril de 1492.

En 1628, William Harvey, profesor en el Royal College de Londres y médico personal del rey James I, describió la circulación de la sangre en su libro *Exercitatio Anatomica de Motu Cordis et Sanguinis in Animalibus*, editado en Frankfurt, con lo cual los médicos no sólo pensaron que era posible extraerla sino también transfundirla, pero para ello era necesario idear un procedimiento técnico. Al examinar las venas de varias especies, Harvey encontró que ellas contaban con numerosas válvulas. Trató de introducir agua por los vasos en sentido inverso pero no pudo conseguir que el líquido fuera y viniera porque las válvulas sólo permitían la corriente en una sola dirección. Aunque Harvey había introducido agua dentro del aparato circulatorio, no hay evidencia que considerara la transfusión de sangre en relación con su práctica médica.

En el mismo año, 1628, Johannes Colle, un profesor de la Universidad de Padua que pudo haber conocido el trabajo de Harvey, al escribir sobre los métodos de prolongación de la vida, mencionó la transfusión de sangre, aunque no contamos con la seguridad ni con el documento científico probatorio de que alguna vez intentara realizarla.

Quizá el reverendo Francis Potter de Inglaterra haya sido el primero que pensó en transfundir sangre, dado que en 1639 utilizó tubos y plumas como agujas. En 1649 le contó a su amigo John Aurbey, un anticuario y escritor, que había realizado el procedimiento de transfusión entre dos pollos sin mucho éxito, ya que no había conseguido que penetren dentro de la cánula o vejiga más que unas pocas gotas de sangre (Decaro, Lemos y Magri, 2010).

---

[2] El nombre del médico se ha perdido en la historia, y ha pasado a la historia sólo como "el médico judío". El hecho en sí, no menos lamentable que simbólico, pone en evidencia una vez más los prejuicios y valores religiosos (al menos de aquéllos a cuyo cargo se encuentran este tipo de relatos), a través de una larga historia que, tal como mencionamos en estas páginas, está tan fuertemente atravesada por su contenido sociológico, jurídico y cultural, como por su dimensión biológica.

Francesco Folli, nacido en Poppi, Toscana, el 3 de mayo de 1624, fue luego doctor de la corte de los Medici en Florencia. En 1654 realizó una demostración de transfusión frente al Duque de Toscana, Fernando II. El Duque no quedó muy impresionado con el procedimiento, por lo cual Folli se retiró a vivir en un pequeño pueblo fuera de los dominios del Duque. En 1680 escribió el libro *Stadera Medica* o *The Medical Steelyard* (Florence: Cecchi), en el cual, en la segunda sección, "Della transfusione de sangue", reclamó el descubrimiento de la transfusión de sangre como propio. Folli declaró que leyó el tratado de Harvey sobre el movimiento de la sangre, y como consecuencia se le ocurrió que la transfusión de sangre permitiría curar enfermedades y rejuvenecer a los ancianos. Más tarde, describió en su libro el aparato requerido para realizar una transfusión y el modo de usarlo.

Harvey, a su vez, trabajó en Oxford, entre un grupo de científicos que se autodenominaban Club de la Filosofía Experimental. Sus compañeros se sintieron tan impresionados con sus descubrimientos que empezaron a experimentar con la circulación sanguínea.

Uno de ellos, Christopher Wren, en 1656 realizó las primeras infusiones intravenosas en animales, inyectando cerveza y vino. Fue un distinguido científico y arquitecto del siglo XVII, famoso por sus trabajos de reconstrucción de las iglesias de Londres después del gran incendio de 1666. Wren diseñó la Catedral de San Pablo, la única de estilo renacentista en todo el país. En ella se encuentra su tumba. Fue además fundador de la Royal Society junto con Thomas Willis, Richard Lower, Robert Hooke, Robert Boyle, William Petty, Thomas Sydenham y Samuel Pepys, a la cual presidió entre los años 1680 y 1682. Los trabajos de Wren fueron continuados por Robert Boyle, el fundador de la química moderna, que utilizando una pluma hueca y una vejiga inyectó opio y antimonio a perros, experiencia que fue publicada en su trabajo *Usefulness of Experimental Philosophy*.

En 1663, basado en los trabajos de Wren y Boyle, Richard Lower (1631-1691) pensó que si la cerveza y el vino podían ser infundidos intravenosos (al igual que otras sustancias), la sangre también podría. En febrero de 1665, realizó los primeros experimentos exitosos de transfusión de sangre directa entre animales. Al inicio trató de transferir sangre de la vena yugular de un perro a la vena yugular de otro por medio de tubos, pero, viendo coagularse la sangre en el tubo, por el lento movimiento de la sangre venosa, intentó otro camino. Tuvo éxito cuando unió la arteria del donante con la vena del receptor, dado que la diferencia de presión forzaba el pasaje de la sangre de un animal al otro. El famoso libro de Lower, *Tractatus de Corde*, fue publicado en 1669.

Previamente, en 1668, se publicó en Bolonia, Italia, el primer libro de ochenta páginas referente a las experiencias sobre la transfusión de sangre. Era una recopilación de folletos y revistas que habían sido publicadas en París y Londres el año anterior, con algunas observaciones realizadas por Magnani de Roma sobre los experimentos publicados.

En junio de 1667, Jean Baptiste Denis (1643-1704), médico de Luis XIV, tropezó con un paciente de quince años que tenía una fiebre prolongada y por la cual los médicos le habían realizado veinte sangrías con el fin de disminuir el excesivo calor, pero que sólo lo habían debilitado. Denis decidió que, con fines terapéuticos, podría ser beneficiosa la sangre de un manso cordero, por lo cual le extrajo al paciente tres onzas de su sangre a través de una vena y la conectó a la arteria carótida del cordero recibiendo nueve onzas de sangre del animal. Después de la transfusión el paciente realizaba lo que se le ordenaba, no tenía dolor, embotamiento ni pesadez en su cuerpo. Semanas más tarde, el paciente engordó visiblemente y fue motivo de asombro para todos los que lo conocían.

Denis realizó su segunda transfusión de sangre de animales a humanos en un hombre robusto de cuarenta y cinco años que no tenía una indisposición considerable, por lo cual el procedimiento fue puramente experimental. Se supone que el sujeto recibió veinte onzas de sangre de cordero, de nuevo, sin efectos perjudiciales. Luego de la transfusión el hombre se negó a descansar, y para demostrar su fuerza y habilidad degolló al cordero y lo esquiló gustosamente, pues ésta había sido su profesión durante toda su vida. Denis publicó su informe en el número de *Philosophical Transactions* del 22 de julio de 1667, ante lo cual Lower replicó en términos violentos, aduciendo que la transfusión había sido descubierta por él, y acusó a Denis de haberle robado la idea.

El 23 de noviembre de 1667, los doctores Lower y King pagaron veinte chelines a Arthur Coga, un indigente bachiller en Teología de Cambridge, de unos treinta y dos años de edad y hermano del director del Pembroke College, para que se dejara inyectar sangre de cordero. Este experimento no causó ningún contratiempo para el individuo; se realizó seis meses después que se efectuara en París la primera transfusión de un animal a un ser humano.

Debe considerarse entonces que, aunque Lower tuvo la prioridad en la transfusión de sangre de animal a animal, Denis la tuvo en la de animal a hombre.

En el invierno de 1667, un noble halló a Antoine Mauroy vagando desnudo por las calles de Paris y se lo presentó a Jean Baptiste Denis, médico de Luis XIV. El 19 de diciembre, se abrió una vena del brazo de Mauroy, se insertó un tubo de plata y se extrajo un cuarto litro de sangre. Seguidamente, se introdujo el otro extremo del tubo en una arteria de la pata de un ternero penetrando al paciente sangre del animal. El médico confiaba que la sangre del ternero, por su mansedumbre y frescura, podría aliviar el calor y la ebullición de la sangre del paciente. Denis retiró el dispositivo cuando Mauroy se quejó de un gran calor que subía desde la muñeca. Dos horas después su dolor había desaparecido, cenó copiosamente y se entretuvo con silbidos entonando canciones.

Luego de dos días, Denis lo sometió a otra transfusión, pero ni bien la sangre del animal comenzó a penetrar en la vena de Mauroy este se quejó de la misma sensación de calor que ascendía por su brazo. Pronto aparecieron también una intensa sudoración, vómitos, dolor en los riñones, taquicardia y sensación de asfixia, ante lo cual se le retiró rápidamente el tubo. Luego, el paciente orinó varias copas de una orina tan negra como si la hubieran mezclado con hollín de las chimeneas (hemoglobinuria). Denis no podía saberlo, pero su paciente experimentó una incompatibilidad transfusional que le produjo una hemólisis intravascular. Lo acostaron y cuando despertó a la mañana siguiente mostró una sorprendente calma y una languidez en todos sus miembros. Permaneció con Denis dos días más, hasta que se aclaró la orina, y Mauroy sobrevivió únicamente gracias a Dios.

Al tiempo, Perrine, la esposa de Mauroy, le suplicó a Denis que le realizara la tercera transfusión dado que su esposo se encontraba sumamente violento y había empezado a golpearla. Denis se negó a realizar la transfusión. Luego en una carta dirigida a Denis, Perrine le solicitó que recurriera a su casa. Ante los llantos y ruegos de Perrine, Denis accedió a realizar el procedimiento. Cuando estaba por insertar el tubo, el paciente fue presa de un acceso tan violento que cayó la cánula y concluyeron el experimento sin poder realizar la transfusión. Antoine Mauroy falleció la guiente. Perrine se negó a que Denis examinara el cadáver y éste desconfiando le manifestó que volvería con testigos y le haría una autopsia por la fuerza. La mujer enterró a su marido antes que se presentaran.

Poco después, Perrine visitó a Denis y le confesó que tres médicos de la Academia la Academia Francesa rival le habían ofrecido cincuenta luises de oro si lo acusaba de asesinato en el tercer intento de transfusión. Denis presentó una demanda en el Tribunal Penal de Paris donde salió a luz una extraña historia. Una noche después de que su marido la hubiera golpeado en sus oídos, Perrine empezó a echar ciertos polvos en la sopa, por lo cual en los días precedentes a la tercera transfusión Mauroy estaba muriendo intoxicado por arsénico. Sin embargo, en el fallo del 17 de abril de 1668, el magistrado advirtió que las transfusiones preocupaban a los médicos de París y decretó que cualquier médico que quisiera realizar una transfusión debía solicitar previamente permiso a la Facultad de Medicina. Dos años más tarde, el Parlamento francés prohibió oficialmente todas las transfusiones a seres humanos.

Los ingleses hicieron lo mismo, y el Papa proscribió la práctica en la mayor parte de Europa.

c La fecha histórica que se le debe asignar a la primera transfusión directa de sangre directa de sangre humana es el 22 de diciembre de 1818, en la cual el obstetra inglés James Blundell leyó a la Sociedad Médico Quirúrgica de Londres un informe sobre la transfusión de sangre que realizó con la ayuda del célebre cirujano Henry Cline.

El enfermo se estaba muriendo de inanición por un carcinoma gástrico. Blundell Blundell pensó que se podía beneficiar con una transfusión de sangre y que, en todo caso, el experimento no podría producir ningún daño. El paciente recibió entre trescientos cincuenta y cuatrocientos ciencuenta ml. de sangre proveniente de varios donantes por medio de una jeringa en treinta a cuarenta minutos. Mejoró temporalmente aunque pronto recayó, falleciendo ciencuenta y seis horas después de la transfusión. Su enfermedad era incurable y realmente poco podía esperarse de la transfusión, pero evidentemente Blundell estaba decidido a comenzar con precaución. Blundell obtuvo su título de médico en la Universidad de Edimburgo, en Escocia, en 1813, donde por ese entonces realizaba sus experimentos John Henry Leacock.

Si bien los manuscritos de Leacock fueron escritos mientras estaba en Barbados, los experimentos sobre transfusión de sangre fueron realizados en Edimburgo por uno de sus contemporáneos, James Blundell. Leacock exsanguinaba a perros y luego los resucitaba mediante transfusiones de sangre, pero no realizó transfusiones en humanos.

En 1817, Leacock advirtió sobre el riesgo de mezclar sangre de diferentes especies y resaltó las ventajas de la transfusión para el tratamiento de las hemorragias que alteraban las funciones vitales peligrosamente, como las que ocurren en los soldados en la guerra o en las parturientas.

Blundell comenzó a interesarse en la transfusión de sangre como método para tratar la hemorragia durante el parto, muy poco tiempo después del uso de la jeringa que facilitó la técnica de transfundir vena a vena. Los experimentos de Blundell contrastaban con los de Leacock en que transfundió sangre venosa y no arterial, usó la infusión de sangre humana previamente en perros, y realizó procedimientos de transfusión indirectos mediante jeringas, mientras que Leacock usaba el método directo donante-receptor.

Existe un registro en el cual consta que una transfusión de sangre humana a un paciente fue realizada en 1795 por el cirujano americano Philip Syng Physic, graduado también en Edimburgo.

Entre 1818 y 1829, Blundell y sus colegas realizaron un total de diez transfusiones usando sangre humana, de las cuales no más de cuatro fueron exitosas.

La primera transfusión con buenos resultados se realizó en una mujer que se recuperó de una hemorragia postparto, luego de recibir ocho onzas de sangre de un ayudante de Blundell. Este caso fue publicado en *The Lancet* en 1829, pero reportaba que la paciente había desarrollado fiebre, dolor lumbar, cefaleas y orinas oscuras (hemólisis intravascular por incompatibilidad A.B.O. – Sistema de grupos sanguíneos A.B.O., desconocidos para la época). Sin embargo, a partir de 1830, el interés de Blundell por las transfusiones decayó y luego se retiró de la práctica médica en 1847, a la edad de cincuenta y siete años.

Blundell fue sin duda quien transfundió por primera vez sangre humana a humanos, así que a él le corresponde este honor. Es interesante saber también cómo Blundell realizó las transfusiones. Al principio usó un simple modelo de jeringa y cánula de latón con la que extraía sangre de la vena del donante y la inyectaba luego en la vena del paciente. Pero esto no le satisfizo e inventó un extraño instrumento con un embudo y una bomba que denominó "impellor", y lo publicó en su libro en 1824. Después inventó otro instrumento, el "gravitator", en el cual la gravedad proporcionaba la fuerza motora para impulsar la sangre a la vena del paciente. Blundell se tomó el trabajo de demostrar que la sangre no se dañaba al pasar a través de un instrumento, y que la entrada de unas pocas burbujas de aire en la circulación era completamente inofensiva.

Si bien la Escuela Médica de la Universidad de Edimburgo, en Escocia, contribuyó al desarrollo de las transfusiones de sangre, otros dos importantes descubrimientos fueron la antisepsia y la anestesia, por parte de Joseph Lister y James Young Simpson respectivamente. A partir del trabajo de Lister en 1867, se introdujo la esterilización de los instrumentos y la aplicación de los antisépticos, lo cual más tarde tendría una importante aplicación en el desarrollo de la transfusión de sangre, a partir dell siglo XX.

En 1840, el cirujano inglés Samuel Amstrong Lane realizó la primera transfusión exitosa de sangre total "fresca" para tratar un paciente con hemofilia, experiencia que fue publicada en la revista *The Lancet*. Durante la última parte del siglo XIX había estallado en Europa la Guerra franco-prusiana, y se colocó entonces en primer plano la posibilidad de realizar transfusiones en los heridos de guerra.

En ese momento, la principal autoridad en la materia era el doctor Roussel, de Ginebra, quien había realizado con éxito una transfusión directa brazo a brazo, en una enferma con hemorragia puerperal, en 1865. El aparato utilizado consistía en una vasija de vidrio colocada sobre la fosa ante - cubital del donante en cuya parte superior había una lanceta para abrir la vena. El equipo se llenaba antes con agua y luego se puncionaba la vena. El operador por medio de una llave de doble paso expulsaba entonces el agua a través de una cánula e inyectaba la sangre al receptor a través de una segunda cánula inserta en la vena del receptor. La fuerza motora la proporcionaba una pera de caucho compresible situada entre los dos brazos. Los resultados de esta operación fueron publicados en la *Gazette des Hôpitaux*, en 1867. Sin embargo, el experimento fue insuficientemente divulgado, y por ello no se usó en la guerra franco-prusiana.

Roussel resaltaba la importancia de usar sangre humana, y afirmaba que el método estaba exento de peligro tanto para el donante como para el receptor. En 1876, se le atribuyó la realización de dieciséis transfusiones afortunadas, aparte de las treinta y cinco realizadas por diversas afecciones. En 1877, se tradujo al inglés su libro *Transfusión of Human Blood*. Su aparato fue oficialmente adoptado por el ejército francés, y aparentemente fue utilizado en tiempos de guerra. Durante el siglo XIX, uno de los principales usos de la transfusión de sangre fue en la práctica obstétrica, y en 1873 se realizó una encuesta sobre sus méritos por la Obstetrical Society de Londres. Los resultados al parecer no fueron muy alentadores, y la transfusión de sangre continuó siendo considerada como un procedimiento a usar como último recurso terapéutico.

En el último cuarto del siglo XIX, la frustración y el desencanto con las transfusiones de sangre instaron a la búsqueda de sustitutos de la sangre para ser infundidos. Así, entre 1873 y 1880, en los EE.UU., comenzaron a utilizarse las transfusiones de leche de vaca por Gaillard Thomas. Este había descartado el uso de sangre por su tendencia a la coagulación, y utilizaba leche de vaca para el tratamiento de la hemorragia postparto. Sin embargo el aumento de las reacciones adversas provocadas por las transfusiones de leche hizo que éstas fueran abandonadas en 1880.

Pero el empujón final para que las transfusiones de sangre animal y de leche dejaran de realizarse fue la introducción, entre 1875 y 1880, de la solución salina fisiológica para uso intravenoso y sin riesgos para el receptor. La primera fotografía sobre una transfusión de sangre fue tomada en el año 1876 en el Hospital Bellevue de la ciudad de New York. En ella se observa una transfusión directa donante –receptor utilizando el equipo del obstetra inglés James Hobson Aveling descrito en 1873. El equipo de Aveling consistía en un simple tubo unido a dos cánulas con una pera de goma interpuesta en el medio cuya compresión hacía impulsar la sangre. Lo utilizó por primera vez en 1872 para realizar una transfusión directa en una mujer de veintiún años con una hemorragia postparto grave.

Hasta esta fotografía, entre los siglos XVII y XIX, se habían realizado numerosas ilustraciones que documentaban las sangrías y las transfusiones realizadas de animales a seres humanos y luego entre seres humanos de forma directa. En las ilustraciones más antiguas el receptor por lo general era un hombre, pero en las del siglo XIX generalmente era una mujer dado que la mayoría de los médicos transfusionistas eran obstetras y trataban las hemorragias del parto con sangre. Esta predominancia de la mujer como receptor de las transfusiones tenía dos excepciones: las caricaturas políticas y la demostración de las transfusiones en la guerra. La imagen del donante, no menos importante, comenzó con animales.

En la mitología griega se dice que el Rey Peleo fue rejuvenecido por una transfusión de sangre de carnero mezclada con semen, y existen registros del uso de sangre animal transfundida a humanos en el siglo XVII en Europa (Woodliff y Herrmann, 1981).

En cambio, en el siglo XIX es la imagen del hombre la que prevalece, principalmente maridos o familiares de los receptores o doctores del equipo tratante. Así el donante y el doctor se fusionaban, en una sola persona, "el médico heroico".

El "donante heroico", no relacionado con el paciente, recién surge en el siglo XX, en el contexto de la Primera Guerra mundial. En octubre de 1914, en Montpelier, Francia, se realizó una de las primeras transfusiones de la primera Guerra Mundial. El donante fue Emile Barthelemy, un soldado del batallón 81. Su sangre salvó la vida de otro soldado llamado Crochet, del batallón 68, quien debió ser amputado luego de una severa hemorragia. La transfusión se realizó en forma directa, brazo a brazo, probablemente con el equipo de Roussel, y finalizó cuando el donante se puso pálido. Luego se publicó en *L´Illustration* una foto de ambos veinticinco días después de la transfusión, titulada "Hermanos de Sangre".

En Uruguay, la primera publicación sobre una transfusión de sangre data del mes de marzo de 1877, en el periódico mensual de Medicina y Farmacia, el *Boletín Médico Farmacéutico.* Fue realizada en el Hospital de Caridad de Montevideo por un joven facultativo, Florentino Ortega, quien se graduó en la Facultad de Medicina de París en 1875 y registró su título en Uruguay el 1º de abril de 1876. La transfusión de sangre directa fue realizada a un militar que presentaba un aneurisma en la pierna mientras se le amputaba el miembro. La segunda experiencia exitosa de una transfusión de sangre fue realizada por el cirujano francés Joseph Fort en diciembre de 1884, en una mujer con anemia secundaria a menorragias de causa desconocida. Utilizando el transfusor de Roussel, extrajo sangre a Dufour, médico de la cañonera francesa "Tactique", mediante descubierta de la vena basílica. Luego de la transfusión la paciente tuvo un ahogo y un chucho de frío pero las menorragias cesaron y ya no reaparecieron.

A principios del siglo XX, en 1907, el cirujano de Cleveland, EE.UU., George Washington Crile, describió uno de los últimos métodos de transfusión directa donante-receptor. Consiguió buenos resultados mediante el empleo de un tubo de goma delgado con una cánula de plata en cada extremo (arteria del donante y vena del receptor). El interior del aparato se cubría antes de su uso con una delgada capa de aceite de parafina para impedir la coagulación de la sangre dentro del tubo. La transmisión de la sangre donante-receptor se podía comprobar por la pulsación visible del tubo de goma conector que era sincrónica con la pulsación arterial. Su desaparición implicaba la evidencia de que se había producido la coagulación en algún componente del equipo. Crile publicó sus experiencias en una monografía de quinientos sesenta páginas titulada *Hemorhage and Transfusion*, donde expuso el método, sus teorías y los casos clínicos que fueron analizados. Sin embargo, no reportó inconvenientes técnicos o clínicos. Usando el método de transfusión directa,

Crile realizó sesenta y una transfusiones en cincuenta y cinco pacientes. Esta técnica fue utilizada antes de que la sangre citratada estuviera disponible.

Pero la transfusión directa donante-receptor presentaba los siguientes inconvenientes: 1) la imposibilidad de medir la cantidad de sangre que pasaba al enfermo; 2) el traumatismo de la arteria radial del donante que debía ser expuesta a través de una incisión de considerable longitud, había que ligarla al terminar la operación dejando para siempre una cicatriz y no podía utilizarse más de dos veces; 3) la transfusión había que realizarla con el donante y el paciente uno al lado del otro; y 4) era necesario untar el interior del tubo con parafina, lo cual acarreaba alguna dificultad, y en las situaciones clínicas en las que el tiempo era precioso, no se podía contar con la eficacia de este método.

Las dificultades de las trasfusiones directas condujeron al desarrollo de métodos indirectos para la transfusión de sangre completa primero, y de hemocomponentes después.

En 1875, Hammarsten describió que el cloruro de calcio aceleraba la coagulación, así como la cantidad de fibrina formada. En 1890, Arthus y Pagés concluyeron que el calcio era absolutamente necesario para la formación del coágulo y demostraron que si la sangre se mezclaba con oxalato inmediatamente, permanecía fluida por varias semanas en la heladera. Si bien la adición de oxalato a la sangre puede ser útil para la transfusión, también puede ser peligroso.

En 1891, Wrigth usa el oxalato con buenos resultados para las transfusiones en perros. En ese año, Griesbach estableció que el citrato de amonio interfería con la coagulación de la sangre, pero no determinó cuál era el mecanismo de esta acción.

Recién en 1892, Pekelharing demostró que noventa cc. de sangre mezclados con diez cc. de una solución al 5% de citrato, mantenía la sangre fluida y este efecto se debía a la afinidad del calcio con el ácido cítrico.

En 1902, de nuevo Arthus, nacido en Francia en 1862 y profesor de Fisiología en Lausana, estableció que los anticoagulantes como el oxalato y tartratos precipitaban el calcio de la sangre, mientras que el citrato producía anticoagulación sin precipitación.

En 1909, se realizaron los primeros ensayos de la administración de sangre citratada alogénica en animales (conejos) en el Hospital Guy´s de Londres, por Boycot y Douglas.

La primera transfusión de sangre citratada realizada entre seres humanos fue reportada por Hustin en Bruselas, en marzo de 1914. Si bien este trabajo fue listado en el *Index Medicus* del 14 de octubre de 1914, no fue mencionado en la prensa norteamericana.

En noviembre de 1914, Luis Agote en Buenos Aires, Argentina, realizó la primera demostración pública de una transfusión de sangre citratada alogénica segura y eficaz. Agote no publicó este hecho relevante en revistas médicas, pero de todos modos apareció en *La Prensa*, un diario bonaerense, y a su vez el *New York Herald* publicó un extracto el 15 de noviembre de 1914. Dos meses después, a finales de enero de 1915, Richard Lewisohn, cirujano del Hospital Mount Sinai de New York, en un pequeño reporte, estableció que la sangre mezclada con citrato al 0,2% no resultó tóxica en transfusiones en perros, por lo cual la aplicó en dos pacientes con éxito. En su trabajo, mencionó a Hustin, pero éste aconsejaba una dilución (diez g. de citrato por cada cien cc. en partes iguales con una solución salina de glucosa) que diluía tanto la sangre que hacía que la transfusión fuera muy poco eficaz. Sin embargo, no citó a Agote.

En Uruguay, en 1914, Pedro Ernesto Duprat, que era Secretario de la Sociedad de Medicina de Montevideo, publicó dos artículos sobre el procedimiento y las indicaciones de la transfusión de sangre. En el primero concluía que la transfusión representaba en resumen un agente terapéutico, cuyas propiedades mecánicas (por su masa líquida) y biológicas permitían su utilización técnica de manera relativamente fácil, y que bien practicada era completamente inocente. En el segundo relato se ocupaba de la técnica y de las condiciones que debía llenar el "greffon". En él describió el método de Crile y el de Kimptom- Brown de 1913 utilizado en el John Hopkins Hospital de EE.UU.

Augusto Turenne, Profesor de Obstetricia de la Facultad de Medicina, primer Presidente del Sindicato Médico del Uruguay (1920), historiador y Decano (1907-1909), realizó en octubre de 1916 la primera transfusión de sangre citratada por el método de Agote. Al igual que James Blundell en Londres, que realizara la primera transfusión de sangre directa entre humanos un siglo antes (1818), Augusto Turenne era obstetra y conocía la técnica de la sangre citratada dado que su asistente María

Armand Ugon había estado presente en Buenos Aires en ocasión de la segunda transfusión realizada por Agote en el Instituto Médico Modelo del Hospital Rawson de Buenos Aires, Argentina.

Turenne logró superar la enfermedad y el estado crítico de una de sus pacientes mejorando los aparatos de transfusión sanguínea existentes en esa época, los cuales consistían en un frasco de cristal graduado de quinientos cc., de boca ancha, cerrada por un tapón de goma con dos aberturas para dar paso a dos tubos de vidrio acodados; uno de ellos corto en comunicación con una pera insufladora de Richardson; el otro largo, cuya extremidad inferior alcanzaba el fondo del frasco, continuándose por la otra parte con un delgado tubo de goma adaptado a una aguja común de inyección intravenosa. En el tubo de insuflación se interpuso un copo de algodón esterilizado para filtrar el aire y todo el aparato fue esterilizado convenientemente. La solución anticoagulante fue de citrato neutro de soda al 25%. La emplearon en cantidad mayor que la indicada por Agote (un cc. cada cien cc. de sangre) para tener la certeza de humedecer convenientemente las paredes del frasco, del tubo y aguja por donde tenía que pasar la sangre, utilizando unos cien cc. Se recogió directamente la sangre en el frasco cuya mezcla con la solución sódica se facilitó con la agitación de una varilla esterilizada. Notaron que esta agitación producía una espuma persistente cuya penetración en las venas del receptor era fácil evitar porque ocupaba la superficie del líquido y porque su paso al tubo (de goma) se señalaba primero en el tubo de vidrio evacuador. La extracción no tuvo acción alguna sobre la donante que diez minutos después prestaba sus cuidados a la receptora.

Así, Turenne concluyó que en el campo ginecotocológico, en el que se observaban muy frecuentemente casos de hemorragias inquietantes, era ventajoso difundir la práctica de la transfusión de sangre. Utilizaba en su relato la palabra "hemoterapia" y estableció como propósito iniciar en su Servicio una experimentación sobre las transfusiones de sangre (Decaro, Lemos y Magri, 2010).

Entre 1916 y 1918, en el servicio de Protección Maternal, se realizaron veintidós transfusiones, dieciocho en pacientes ginecobstétricas graves (aborto, placenta previa, hemorragias del alumbramiento) y cuatro a niños con púrpura y una intensa azoemia. Finalmente no sobrevivieron a la "isohematoterapia", registrándose en sus historias clínicas las reacciones transfusionales que desarrollaron.

En 1919, un procedimiento transfusional en el que tampoco se realizaron pruebas de compatibilidad, tuvo lugar en la ciudad de Melo, Uruguay, donde se transfundió una niña de nueve años con una anemia severa. El donante fue el médico tratante Mauricio Langón, quien le solicitó a otro médico de apellido Gayol que realizara la extracción de la sangre de la vena del codo en una jeringa Luer de cien ml. con una solución de citrato de soda al 5%. Se extrajeron cincuenta cc. que fueron inyectados luego en la vena de la niña. Al día siguiente, queriendo asegurar el éxito de la primera transfusión, se realizó una segunda de setenta ml. de sangre del cura párroco de la ciudad, logrando la mejoría de la paciente.

En una comunicación realizada a la Sociedad de Medicina de Montevideo el 15 de mayo de 1918, Horacio Félix Platero, médico del Servicio de Protección Maternal y del Hospital Maciel, describió la transfusión directa practicada en Montevideo, cinco años antes por los cirujanos Albo e Iraola. En ella se relata que, luego de una larga preparación de dos enfermos que eran hermanos, se realizó, después de varias maniobras molestas pero eficaces, una anastomosis arterio-venosa. Sin embargo, habiendo pasado cerca de cien cc. de sangre, se presentó un coágulo e impidió el pasaje de nuevas cantidades de sangre (Decaro, Lemos y Magri, 2010).

En 1924, Estol se graduó como doctor en Medicina y Cirugía, y en 1927 publicó el libro *La Transfusión de Sangre* prologado por Augusto Turenne, donde describió doscientos dos pacientes con resúmenes de sus historias clínicas y cerca de quinientos actos transfusionales. Una publicación previa, titulada *Rol del plasma en los accidentes producidos por la transfusión de sangre*, fue presentada en la Sociedad de Ginecotocología del Uruguay en la sesión de setiembre de 1926. En esta presentación, publicada en la *Revista Médica del Uruguay*, se mencionó que, en 1917, al iniciase las primeras transfusiones en la Casa de la Maternidad del vecino país, los grupos sanguíneos no eran conocidos como lo son actualmente, de manera que la única garantía disponible era la llamada prueba cruzada, que consiste en poner en presencia suspensión de hematíes del donante y suero del receptor (prueba cruzada mayor) por un lado, y por otro, suspensión de hematíes del receptor con suero del donante (prueba cruzada menor); una vez efectuadas las mezclas se las observaba al microscopio durante una hora, y si no aparecía aglutinación, se interpretaba el caso como favorable (Decaro, Lemos y Magri, 2010).

2.2 COLOFON

Luego del relato histórico que hicimos a efectos de conocer los detalles de la historia de la transfusión de sangre, y los aciertos, intentos fallidos y víctimas que se ha cobrado la práctica médica desde sus comienzos, podemos decir que su aplicación en la actualidad sin los gravísimos inconvenientes resaltados en nuestro relato histórico, se dieron a partir del descubrimiento del sistema de grupo sanguíneo (A.B.O.) El sistema A.B.O. fue descubierto por Karl Landsteiner en 1901, convirtiéndolo en el primer grupo sanguíneo conocido; su nombre proviene de los tres tipos de grupos que se identifican: los de antígeno “A”, de antígeno “B”, y "O".

Los riesgos que presentan las transfusiones de sangre entre grupos incompatibles son graves; entre ellas, la posibilidad de una reacción inmunológica capaz de desembocar en hemólisis, anemia, fallo renal, shock y muerte.

El motivo exacto por el que las personas nacen con anticuerpos contra un antígeno al que nunca han sido expuestas es desconocido. Se piensa que algunos antígenos bacterianos son lo bastante similares a estos antígenos A y B y que los anticuerpos creados contra la bacteria reaccionan con los glóbulos rojos A.B.O.-incompatibles.

El científico austríaco Karl Landsteiner recibió el Premio Nobel de Fisiología o Medicina en 1930 por sus trabajos en la caracterización de los tipos sanguíneos ABO. Además de los grupos mayoritarios, hay otros treinta y dos grupos muchísimo más escasos (Fresquet Febrer, 2010).

No solamente ayudó a la ciencia el descubrimiento del grupo A.B.O., sino también el de los anticoagulantes no tóxicos, junto con el desarrollo de la refrigeración y otras medidas para la prevención de infecciones. La infusión de sangre completa y de productos sanguíneos puede ser un procedimiento peligroso, y sólo debe llevarse a cabo después de considerar todos los factores pertinentes. Es cierto que se han salvado innumerables vidas, pero desafortunadamente también se han perdido muchas otras sin necesidad.

Aún cuando se hagan todos los esfuerzos para que sea segura una transfusión, puede haber errores. Se requiere atención estricta a todos los detalles, desde el tiempo en que se obtiene la sangre del donador hasta después de haberla transfundido al receptor. También es necesario el control del receptor, para detectar cualquier efecto nocivo a largo plazo originado por la transfusión, tales como las reacciones adversas del organismo humano a la infusión de sangre alogénica.

Los productos sanguíneos que se utilizan en la transfusión incluyen sangre completa, eritrocitos concentrados, eritrocitos lavados o filtrados, plasma y suero, concentrados de G.A.H. -gammaglobulina antihemofílica-, concentrados de complejo de protrombina, concentrados de fibrinógeno (todos factores de la cadena de coagulación sanguínea existentes en el organismo humano), solución de albúmina o S.P.P.E. (solución de proteína plasmática estabilizada y plaquetas) (Woodliff y Herrmann, 1981).

Hasta aquí la historia, absolutamente atrapante, de la transfusión sanguínea, problema médico básico e inicial en el cual centramos nuestro trabajo. Veremos ahora, en el desarrollo de los capítulos siguientes, que, independientemente de las contraindicaciones y dificultades que acarrea esta práctica médica y más allá de los intentos que se han hecho y se siguen realizando por tratar de sustituir el tejido sanguíneo por soluciones de laboratorio, nos place confirmar, coincidiendo con muchos científicos de la medicina transfusional, que la sangre humana en su total y completa complejidad fisiológica, es hasta la actualidad insustituible.

3. CAPITULO II: APARICION DEL S.I.D.A. EN EL MUNDO. SU HISTORIA

3.1. LA TEORÍA DE JACOB SEGAL Y EL INSTITUTO BIOLÓGICO DE BERLÍN

Una de las innumerables teorías acerca de la aparición del H.I.V., tiene como protagonista al profesor Jacob Segal, antiguo director del Instituto Biológico de Berlín, quien al iniciar sus investigaciones sobre el S.I.D.A., no pudo imaginar que sus trabajos lo conducirían a abrir la puerta de una de las páginas más vergonzosas de la historia secreta de nuestro tiempo. Sus primeras sospechas comenzaron a aflorar cuando descubrió la increíble semejanza entre el V.I.H. -virus causante de la enfermedad- y otras dos especies víricas: el Visna, una patología cerebral del ganado ovino que no se contagia al ser humano, y el H.T.L.V.-I (Virus Linfotrópico T Humano - tipo 1), una forma de leucemia que ataca a las células T y raramente resulta fatal. El genoma del V.I.H. es idéntico al del Visna, mucho más parecido a éste que a cualquier otro retrovirus conocido, y el tres por ciento diferente corresponde con total exactitud a un fragmento del código genético del H.T.L.V.-I.

Las implicaciones de este descubrimiento comenzaron a espantar al profesor Segal. Tal grado de semejanza resultaba imposible como fruto de un proceso natural de evolución y mutación. La única explicación posible a este fenómeno es que alguien hubiera producido un híbrido de estos dos virus mediante ingeniería genética. El potencial destructivo del V.I.H. podría haber sido incluso previsto por sus hipotéticos creadores, ya que su patología combina los efectos complementarios de ambas enfermedades. Los pacientes que no fallecen a causa de la deficiencia inmunológica provocada por el virus terminan presentando el mismo tipo de deterioro orgánico que las ovejas infectadas por el Visna.

El científico debió de acercarse mucho a la verdad ya que -según la información publicada por el diario británico *Sunday Express*- en el relato se sostiene que dos funcionarios de la embajada estadounidense visitaron al investigador en su domicilio para interrogarlo acerca de lo que sabía y pensaba de la enfermedad. También fue interrogado respecto de sus fuentes de información e intereses a la hora de redactar sus informes sobre el S.I.D.A. La misma editorial gráfica publicó algunos fragmentos del interrogatorio, aduciendo que el investigador respondió que conocía los experimentos llevados a cabo a mediados de la década de los setenta en Fort Detrick, donde el cuerpo de Investigación Médica del ejército Estadounidense tiene su cuartel general. Estos experimentos se realizaron sobre reclusos con grandes condenas a los que se les prometió el indulto a cambio de su colaboración. Coronando la nota, el mismo medio de comunicación plasmó la conclusión del investigador acerca de su seguridad de que estos científicos desconocían el alcance de su terrible creación: el virus del S.I.D.A.[3]

El hecho de que la teoría de Segal, que podría suponer una pista perfectamente válida a la hora de desarrollar un tratamiento o vacuna para la enfermedad, haya sido silenciada completamente en Estados Unidos y escasamente difundida en Europa, nos hace pensar en la existencia de algún tipo de interés tendiente al ocultamiento de la verdad .

Alemania, patria de Segal, fue el único país donde sus ideas han encontrado un cierto predicamento. La televisión alemana dedicó un amplio reporte a sus trabajos, y publicaciones tan prestigiosas como *Stern* o *Der Spiegel* se han interesado por su figura a través de sendas entrevistas.

Las revistas científicas se han negado sistemáticamente a publicar sus trabajos, lo cual ciertamente nos llama la atención ya que, si son tan absurdas sus teorías, sería muy fácil rebatirlas en la estricta ortodoxia del método científico.

Si el eje principal sobre el que giran los argumentos de Segal consiste en que el V.I.H. es una combinación del H.T.L.V.-I y el Visna, este proceso debería ser reproducible en un laboratorio, lo que aportaría a la teoría una certidumbre absoluta.

Según Segal, el experimento podría ser completado en menos de dos semanas, contando con un laboratorio y personal adecuado.

3.2. LA TEORÍA DE LOS MONOS VERDES O AFRICANOS

La teoría "oficial" sobre el origen de la enfermedad tuvo una difusión extraordinaria en los medios de comunicación. Según ésta, el H.I.V., se habría originado entre determinadas especies de monos africanos, de los que habría pasado al hombre a partir de una mutación.

---

[3] Información obtenida de *El Origen del SIDA, La Historia Jamás Contada* (s. f.). Recuperado de www.proyectopv.org/1-verdad/origensida.htm

Esta hipótesis, que algunos expertos han bautizado como la "leyenda africana", plantea un escenario absurdo desde el punto de vista epidemiológico para algunos investigadores por dos razones fundamentales: la primera es que el H.I.V. es demasiado diferente de cualquier otro retrovirus que padezcan humanos o primates como para justificar su aparición merced a una mutación natural. El segundo argumento para desechar la "leyenda africana" es mucho más revelador. Los primeros casos documentados de S.I.D.A., en África datan del año 1983 (Patito, 2001), mientras que mucho antes, en 1979, comenzaron a registrarse casos entre la comunidad homosexual de Nueva York. No obstante ello, la ciencia no descarta ni descalifica, a pesar de ser rebatidas, ninguna de las teorías que estamos exponiendo en el presente capítulo.

MONO VERDE O AFRICANO[4]

Para otros, en cambio, que adhieren a esta teoría como una de las posibles causas originarias de la infección, los primeros análisis del material genético del V.I.H. mostraron que tenía una tremenda similitud con el S.I.V. (Virus de la Inmunodeficiencia del Simio), una familia de virus que afectaban a monos del centro

[4] FOTO DEL MONO VERDE AFRICANO. De *Un mono es el culpable*. Recuperado de www.elmundo.es/elmundosalud/especiales/2004/01/sida.../mono.html

de África, donde también empezaron a identificarse casos de S.I.D.A., casi desde el principio.

En la actualidad, gracias a estudios genéticos que han comparado el material de ambas familias de virus – humano y del mono -, está aceptado por parte de la comunidad científica que el V.I.H. es un descendiente del agente viral que afecta a los monos (S.I.V., en inglés Simian Immunodeficiency Virus).

Tanto el V.I.H.-1 como el V.I.H.-2, los dos tipos de H.I.V. más conocidos, tienen grandes similitudes con el virus del chimpancé y del mono verde africano respectivamente. Esta búsqueda del origen del V.I.H. se ha prolongado durante más de diez años, y ha sido precisamente en 2003 cuando se han publicado los resultados que parecen ser definitivos.

El S.I.V. es tremendamente frecuente entre los monos del África Central; de hecho, han sido aislados en más de treinta especies, aunque en ellos estos virus no son mortales. Al parecer, los chimpancés en estado salvaje fueron infectados de forma casi simultánea por dos tipos de S.I.V. muy similares. El primero de ellos afectaba al mono verde que habita en los bosques de Sierra Leona y Ghana, y el segundo a una segunda especie de mono (Cercopitecus Nictitans) que habita en los bosques de Costa de Marfil, Liberia, Níger y Congo.

Los adherentes a esta teoría sostienen que hace cientos de años los chimpancés se infectaron simultáneamente con estos dos virus al cazar y comer los dos tipos de monos de los descriptos anteriormente. El intercambio genético de estos dos virus en los primates dio lugar a un nuevo tipo de V.I. (virus de inmunodeficiencia) que sería capaz de transmitirse al ser humano y provocarle una enfermedad mortal (Martínez Zurita, s. f.).

3.3. LA TEORÍA DEL PACIENTE CERO.

En la historia de la búsqueda del virus no se puede dejar de hablar del célebre "Paciente 0" de dónde pareció partir la epidemia en los primeros momentos. Se trata de Gaetan Dugas, un auxiliar de vuelo homosexual y extremadamente promiscuo quien reconoció haber tenido más de mil compañeros sexuales.

Habiendo aislado en su sangre el virus del V.I.H., se identificaron más de cuarenta casos en pacientes de todo el mundo, de idénticas características. Estos pacientes, que se hallaban repartidos por multitud de países, tenían en común, además, el haber compartido relaciones sexuales entre ellos. Esta situación contribuyó indudablemente a extender la enfermedad por todo el mundo en tiempo récord, pero también ayudó a reconocer que la enfermedad era muy contagiosa, y que ciertas actitudes podían ayudar a su diseminación; por lo tanto, era posible tomar medidas para reducir la tasa de contagios.

3.4. LA TEORÍA DE LA CREACIÓN DE UN ARMA BIOLÓGICA EN LOS LABORATORIOS NORTEAMERICANOS

En 1948, entre las ruinas de lo que un día fuera el centro del arrogante III Reich, un joven y prometedor oficial de inteligencia llamado Henry Kissinger se vio involucrado en el conocido Proyecto “Paperclip” (Baselga, s. f.). El propósito de esta operación consistía en reclutar a antiguos nazis para que prestaran sus servicios en las más altas esferas del ejército, el espionaje, la tecnología espacial, la biología y la medicina estadounidense. Los responsables de la operación pusieron especial celo en proteger a ciertos criminales de guerra relacionados con la experimentación sobre seres humanos, entre los que se incluía al infame Joseph Mengele -"el ángel de la muerte"-, su asistente, Klaus Barbie -"el carnicero de Lyon"-, Walter Rauff, supervisor en las S.S. (Servicio Secreto) de las cámaras de gas móviles, Friederich Schwend, sádico asesino de masas, y a Erich Traub, experto en enfermedades víricas a cuyo cargo se encontraba la sección de armamento biológico del Instituto de Investigación del Reich.

Veinte años más tarde, Kissinger renunciaba a su cátedra en la Universidad de Harvard y a su lucrativa posición en el emporio Rockefeller para convertirse en la mano derecha del presidente Richard Nixon, como director del Consejo Nacional de Seguridad. En esos días, estaba de actualidad la conversación mantenida con el entonces presidente Nixon en que se le pedía consejo para la utilización de armas nucleares en Vietnam.

Por aquel entonces, la guerra fría se encontraba en uno de sus puntos más delicados y a Kissinger se le planteó la necesidad de encontrar una alternativa viable al empleo del armamento nuclear. A tal interrogante parece contestar un documento fechado el 9 de junio de 1969, en el cual se transcribe la comparecencia de Donald M. Mc. Arthur -Director Adjunto de Investigación y Tecnología del Departamento de Defensa- ante el Subcomité de Dotaciones del Congreso de los Estados Unidos, órgano encargado de la asignación de presupuestos militares. Durante su intervención, Mc. Arthur solicitó a la cámara una partida presupuestaria de diez millones de dólares a fin de sufragar el desarrollo, en menos de diez años, de una nueva arma biológica consistente en un microorganismo contagioso capaz de destruir el régimen inmunológico humano.

Sus argumentos debieron resultar suficientemente convincentes para los miembros del Subcomité ya que Mc. Arthur obtuvo los diez millones de dólares que tanto necesitaba para mantener la seguridad del mundo occidental. Su discurso ante la Cámara de Representantes bien podría ser considerado como la partida de nacimiento del S.I.D.A.

Podríamos argumentar que el valor probatorio de que la intervención de Mc. Arthur haya sido la antesala del S.I.D.A. es relativamente pobre (ya que sólo expresaba un deseo, sin que existan indicios de que tan macabro proyecto llegase jamás a buen puerto y mucho menos de que tuviera alguna relación con el S.I.D.A.). Pero lamentablemente existen otras pruebas, cuando menos circunstanciales, como para completar la pesadilla ideada por Mc. Arthur.

Conforme las notas periodísticas de la época, la partida de nacimiento del proyecto habría estado datada en el año 1975, y el lugar de nacimiento habría sido el Centro de Investigación sobre Armamento Biológico de Ford Detrick, Maryland, en los Estados Unidos de Norteamérica

Precisamente en 1975, la sección de virus de ese centro de investigación militar pasó a denominarse Centro Frederick de Investigación sobre el Cáncer, dependiente del Instituto Nacional de Cáncer, organismo que, junto al Centro de Control y Prevención de Enfermedades, sito en Atlanta, tuvo un notable protagonismo en el desarrollo del arsenal biológico estadounidense. Allí prestaba sus servicios por aquel entonces Robert Gallo quien, curiosamente, descubrió en 1984 la existencia del V.I.H, -virus generalmente aceptado como causante del S.I.D.A., y enunció la teoría del origen africano de la enfermedad, convirtiéndose en referente imprescindible de la investigación sobre este tema. [5]

---

[5] Esta información surge de *El Informe Kissinger* (s. f.). Recuperado de www.elproyectomatriz.wordpress.com/.../experimentacion-armas-biologicas-ii/

Su hipótesis acerca de la semejanza entre el V.I.H. y el S.I.V., el virus de los simios africanos, radicaba en que éste habría sido transmitido a un ser humano a través de una mordedura. A partir de ahí, fundamentalmente por medio del sexo y las transfusiones de sangre, la enfermedad se habría ido extendiendo hasta alcanzar los niveles actuales.

Existen evidencias, plasmadas por los periódicos de la época y por la infinidad de notas editoriales de los medios gráficos de comunicación mundial, que dan cuenta de que, durante la primera mitad de la década de los setenta, Gallo estuvo trabajando para la C.I.A. (Central Intelligence Agency o Agencia Central de Inteligencia de los Estados Unidos de Norteamérica), en el marco de un proyecto secreto denominado M.K. – Naomi, relativo al desarrollo de armas biológicas, muy similares a lo que hoy conocemos como el S.I.D.A. o el Ébola. Durante la etapa en que este programa estuvo en funcionamiento se han asociado, a nivel sanitario, la incidencia de ciertos microorganismos infecciosos como el de la Escherichia Coli 157, la bacteria devoradora de carne, y los meningococos, así como de nuevos virus: el S.I.D.A., el Ébola, el Hanta y la Hepatitis C, entre otros.

También se verificaron aumentos en la mortandad asociada a cánceres de los tejidos blandos, como el de próstata, el de mama o los linfomas, todos ellos comúnmente achacados a la exposición a contaminantes químicos y ambientales o a la acción de toxinas de origen artificial.

La prensa estadounidense también revela que en Fort Detrick, más conocido como el paraíso de Maquiavelo, entre el otoño de 1977 y la primavera de 1978, habría nacido el V.I.H., hecho que, concretamente, habría tenido lugar en uno de los laboratorios conocidos como P4 -de máxima seguridad-, en el que se habrían combinado los materiales genéticos del Visna y el H.T.L.V.-I.

La fase experimental se habría llevado a cabo empleando como conejillos de indias a convictos de diversas prisiones federales, a los que se les habría ofrecido la conmutación de sus penas a cambio de su colaboración en un programa de investigación médica, una práctica habitual, aunque de sospechosa ética, en el sistema norteamericano.

3.5. LA TEORÍA DE PETER DUESBERG: INEXISTENCIA DEL VIRUS DEL H.I.V.

En medio de esta polémica y para hacer aún más confuso el asunto, en 1987 Peter Duesberg enunciaba una teoría según la cual el S.I.D.A. no estaría producido por ningún virus. A nadie se le escapa la idea de que si el V.I.H. no fuera el causante de la enfermedad, toda la historia que acabamos de relatar no tendría la menor base, por lo que entre los más suspicaces se sospechó que Duesberg no sería sino un mero embaucador al servicio de los intereses de los verdaderos creadores del S.I.D.A., y su maniobra de intoxicación.

Llegados a este punto, no podemos menos que plantear una pregunta impertinente: ¿cuál es la misteriosa razón que ha llevado a que las teorías de Duesberg y Gallo, sin comprobación experimental posible, hayan sido profusamente divulgadas a través de los medios de comunicación, mientras que la hipótesis de Segal, cuya comprobación experimental sería relativamente sencilla, ha sido sistemáticamente ignorada? En este caso no podemos hablar del rechazo que la comunidad científica y los medios de comunicación pudieron sentir ante una postura heterodoxa, ya que la teoría de Duesberg, que niega la existencia misma del virus, es bastante más extravagante que la de Segal, quien sólo sospechaba de su origen.

3.6. LA TEORÍA SOBRE HAITÍ Y EL CARIBE

Otras hipótesis sobre las que se ha teorizado al respecto tuvieron como eje la falta de trabajo y de posibilidades, la desigualdad social, el hambre y los elevadísimos niveles de indigencia, por parte de trabajadores haitianos, los cuales, puestos en situación apremiante, habrían emigrado hacia África en busca de nuevas oportunidades. Instalados en los suburbios del continente, estaban destinados a realizar aquellas tareas que ninguno de los residentes toleraban. Lejos de sus familias y especialmente de sus mujeres, habrían mantenido relaciones hetero u homosexuales altamente promiscuas.

De regreso a su país, habrían continuado los contactos sexuales, y por ende expandido la enfermedad, la cual ya se habría instalado en los centros asistenciales de salud (por ejemplo, en los bancos de sangre), continuando el contagio por una de las vías más rápidas de contaminación como la sanguínea a nivel transfusional.

A ello se suma que la región del Caribe es conocida como el lugar de esparcimiento sexual de residentes norteamericanos que buscan vastas y raras experiencias sexuales[6]. Es decir que en la región se habría creado, en términos de alteridad antropológica, uno de los contactos o intercambios de experiencias más peligrosos para la humanidad.

3.7. LA TEORÍA DEL EQUIPO FRANCES DEL INSTITUTO PASTEUR

En el mes de enero de 1983, el equipo del Instituto Pasteur en Francia se puso a trabajar sobre un ganglio extirpado a un paciente en lo que se llamó fase pre –S.I.D.A., buscando la presencia de una enzima específica de los retrovirus: la transcriptasa inversa. La investigación, llevada a cabo en materia de retrovirología humana, conforme lo apunta Sandra Wierzba (1996), se encontraba fuertemente marcada por algunos trabajos publicados por Gallo, investigador norteamericano que, en la década de los ochenta, había aislado el primer retrovirus humano, el H.T.L.V.-1, responsable de ciertas formas de leucemia.

A diferencia de Gallo, que buscaba esa misma forma de retrovirus en los enfermos de S.I.D.A., el equipo del Instituto Pasteur, dirigido por Luc Montangier, comenzó la búsqueda de un nuevo retrovirus en esos pacientes. El virus del S.I.D.A., provisoriamente bautizado "L.A.V.", fue aislado entre los meses de febrero y marzo del año 1983, en el mencionado Instituto francés.

3.8. ANEXO GRAFICO DE LA ESTRUCTURA DEL VIRUS DEL S.I.D.A.

El gráfico que plasmamos a continuación muestra un corte transversal de una célula del H.I.V. / S.I.D.A., cuya estructura determina su conformación vírica los componentes celulares que se insertan en la cédula blanco del organismo sano, para colonizar otras cédulas y provocar la infección. Esta célula contiene los siguientes elementos: una doble capa lipídica, la trnascriptasa reversa, la proteasa, la integrasa, el acido ribonucleico, la proteína gp 41 que interviene en el proceso de fusión con la célula blanco o sana, y la proteína gp 120 que finalmente se une a la célula blanco.

---

[6] En *El origen del SIDA. La historia jamás contada* (s. f.). Recuperado de www.proyectopv.org/1-verdad/origensida.htm

ESTRUCTURA DEL VIRUS DEL SIDA[7]

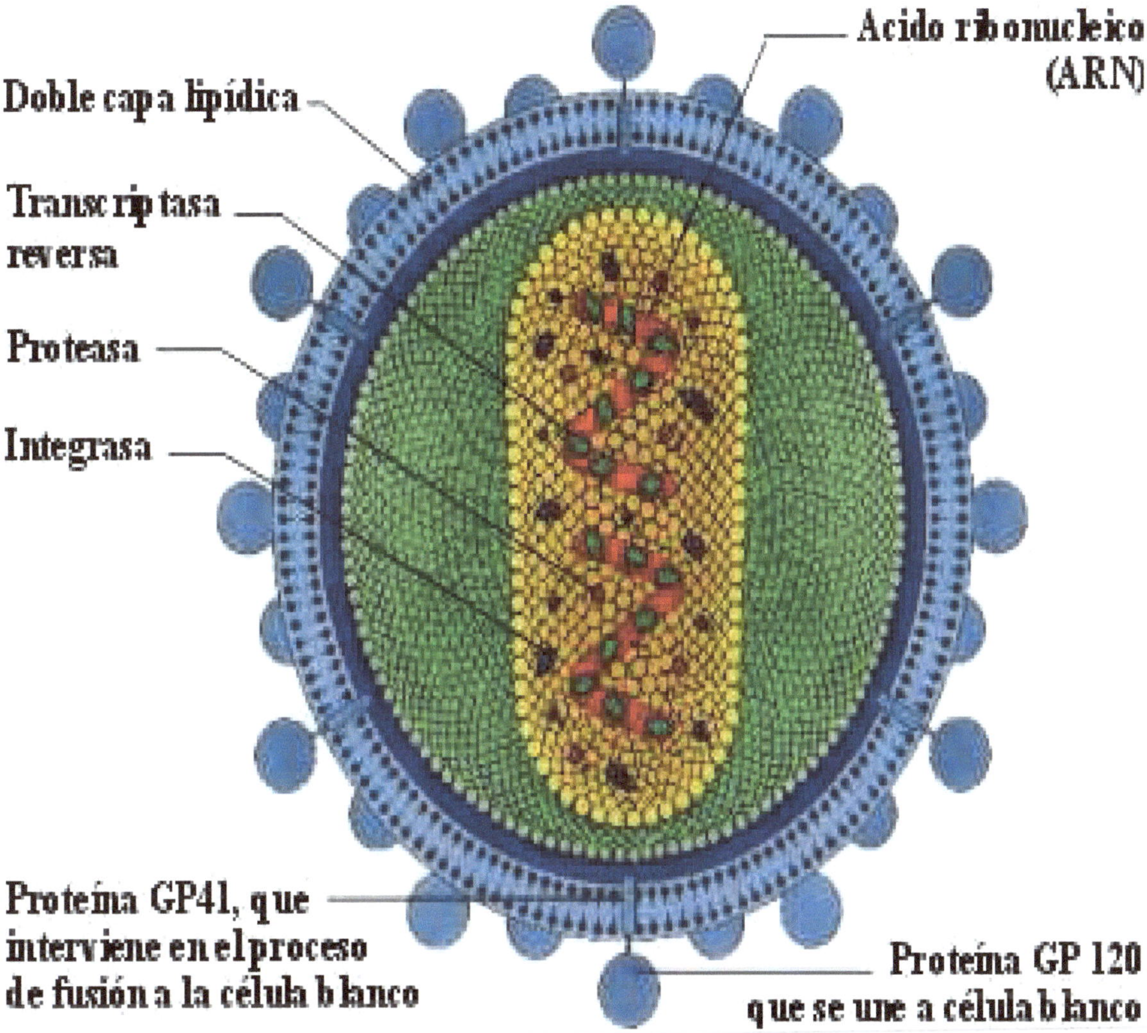

[7] Elaboración propia. Adaptado de *Imágenes de la célula del virus del sida*. www.ask.com/Fotos+Del+Sida

TEORIAS DE LA APARICION DEL H.I.V. /S.I.D.A. EN EL MUNDO

Estado Unidos (Año 1979)
Se asoció la parición del virus a supuestos Grupos de Riesgo.

a) Varones homosexuales promiscuos.
b) Hemofílicos.
c) Receptores de transfusiones sanguíneas.
d) Drogadictos endovenosos.
e) Teoría del paciente 0 (cero).
f) Arma biológica similar al virus del Ébola.

África Central

a) Varones heterosexuales Promiscuos.
b) Monos verdes o africanos.

Caribe

a) Intercambios asociados al turismo sexual norteamericano.

Haití

b) Emigración de Haitianos hacia África Central.
c) Pobreza y promiscuidad.
d) País de turismo sexual.

Europa
Instituto Biológico de Berlín

a) Dr. Jacob Segal descubre similitud entre el genoma del H.I.V., el virus del Visna y el H.T.L.V. – I.

Centros de Salud en el mundo
La infección se detecta en personas sometidas a:

a) Tratamientos de hemodiálisis,
b) Consumo de drogas endovenosas.
c) Relevamiento de alta promiscuidad sexual.
d) Transfusiones sanguíneas.

Francia
Luc Montangier.
Año 1983
Instituto Pasteur.

Argentina

Reporta el 1° caso de S.I.D.A. en el año 1982.

3.10. COLOFON

El S.I.D.A. apareció como nueva enfermedad en varones homosexuales en la sociedad norteamericana, entre los años 1979 y 1981. La enfermedad se asoció con la disminución de los linfocitos T4 e inmunodeficiencia progresiva, aparición de infecciones oportunistas y desarrollo de cierto tipo de tumores. Poco después se identificaron otros grupos de riesgo como hemofílicos, receptores de sangre, pacientes en tratamiento de diálisis y drogadictos endovenosos.

El mismo padecimiento se informó en África Central de manera inicial entre heterosexuales promiscuos, y en estudios posteriores se demostró que esta enfermedad estaba ya presente en otras regiones del mundo. Al principio hubo muchas teorías sobre la causa del S.I.D.A., y aunque su primitivo origen se desconoce, parece ser que inicialmente el retrovirus, proveniente de los monos verdes, infectaba a seres humanos en África Central. En nuestro país, el primer caso registrado data del año 1982 (Patito, 2001).

Esta gran pandemia de la segunda mitad del siglo XX (síndrome de inmunodeficiencia adquirida) fue descrita por primera vez en 1981, en Nueva York y San Francisco, como plasmáramos precedentemente, entre hombres homosexuales que presentaban enfermedades raras, como el sarcoma de Kaposi (enfermedad de la piel de características rojizas) y la Pneumonía por Pneumocystis carinii (hoy P. jirovecii, que es un tipo de afección pulmonar), dándose entonces la primera indicación de que la epidemia podía haber sido causada por un agente infeccioso. La identificación de que los pacientes hemofílicos, receptores de transfusión de sangre y hemoderivados, y drogadictos por vía intravenosa, eran personas con alto riesgo a desarrollar S.I.D.A., apoyó la idea que la enfermedad era producida por un agente infeccioso transmitido a través de la sangre.

En 1982, cuando se evidenció que los linfocitos T (CD4+) constituían la principal línea celular involucrada en la enfermedad, se atribuyó el hecho a que un nuevo retrovirus linfotrópico de células T humanas (HTLV-1), estaba implicado en la etiología.

Otras fuentes atribuyen la aparición y llegada del V.I.H. / S.I.D.A. a este continente en base a todo tipo de teorías conspirativas. Es así que algunas de ellas reflejan las rutas de la infección dentro de América. El puente podría haber sido Haití, único país conformado mayoritariamente por una población negra, donde la religión es cristiana y el idioma francés. Estas características, unidas a la pobreza del país, impulsaron la emigración de los lugareños hacia otras partes del mundo, arribando en su gran mayoría a África. En un continente descolonizado y desgarrado por luchas tribales, religiosas e independentistas en las que los haitianos no se interesaban, los trabajadores haitianos eran una importante fuerza de trabajo, recurriendo a relaciones sexuales ocasionales con diferentes personas, ya sea del mismo o del sexo opuesto. Al regresar a su patria, éstos podrían haber llevado el V.I.H. en la sangre, y comenzado con las primeras vías de contagio.

Tiempo después, el turismo estadounidense al Caribe se encargó del resto, de manera que el virus salido de las selvas africanas se expandió en las décadas siguientes, llegando luego a Buenos Aires.

La idea de que Haití podría haber jugado un papel especial en el desenvolvimiento de la pandemia del S.I.D.A. está presente en el descubrimiento del V.I.H.

Poco después del reconocimiento inicial del S.I.D.A. (Gottlieb, Schanker, Fan, Saxon & Weisman, 1981), la evidencia de la alta prevalencia del síndrome entre los inmigrantes haitianos de los Estados Unidos ayudó a alimentar la especulación de que Haití podía haber sido la fuente del misterioso nuevo síndrome, recién identificado (Gilbert, Rambaut, Wlasiuk, Spira, Pitchenik, & Worobey, 2007). Desde aquel entonces ha llegado a estar claro que el agente causativo, el V.I.H.-1 grupo M, en realidad no se originó en Haití sino en África central, aparentemente en algún momento alrededor de 1930.

Sin embargo, sigue existiendo la posibilidad de que Haití haya sido el punto de partida de la aparición del linaje del subtipo B, excepcionalmente difundido, y esta idea tiene implicaciones que se extienden más allá del interés histórico.

Algunos investigadores han notado que las secuencias haitianas del V.I.H.-1 tienden a ocupar posiciones basales en la filogenia del subtipo B, lo que sugiere que la epidemia se originó allí.

Otros arguyen vigorosamente que la epidemia de V.I.H. / S.I.D.A., haitiana fue inseminada desde los Estados Unidos, quizás después de que Haití se haya vuelto un destino popular de turismo sexual a mediados de los setenta. Sin embargo, estas hipótesis en competencia nunca han sido contrastadas rigurosamente, a pesar de su importancia para entender la difusión mundial y la diversidad genética del V.I.H.-1 relevante para la vacuna.

Para testear estas hipótesis, se recobraron secuencias genéticas completas de V.I.H.-1 y secuencias *gag* parciales de especímenes de archivo reunidos en 1982/3 de pacientes haitianos que habían ingresado recientemente en los Estados Unidos, y que se encontraban entre las primeras víctimas reconocidas de ese país.

Estas secuencias de archivo, al ser independientes y mucho más viejas que las cepas V.I.H.-1 haitianas publicadas previamente, ofrecen una oportunidad única en su género para resolver el origen y aparición del subtipo B. Proveen comprensión directa de la diversidad genética del V.I.H.-1 haitiano en un momento de tiempo excepcionalmente temprano, y una muestra no sesgada para el testeo de las hipótesis filogenéticos especificadas *a priori* que analizamos aquí.

Por todo esto, somos concientes de las dificultades de conocer en profundidad la realidad histórica de la enfermedad y su estado actual; en efecto, sobre ellos han teorizado tantos investigadores, que superan ampliamente la ficción.

Sabemos también que la aparición de la pandemia del H.I.V. / S.I.D.A. tuvo una gran repercusión en el mundo, y que atravesó todos los estratos sociales en sociedades de diferente nivel de desarrollo.

Por último, cabe señalar que se constituyó en objeto de estudio no solamente por parte de la medicina y las ciencias de la salud en general (incluyendo las medicinas alternativas), sino también de las ciencias sociales y humanas, tales como la psicología, la sociología, la comunicación social, la antropología, etc.

4. CAPITULO III: ASPECTOS MEDICOS SOBRE EL VIRUS DEL H.I.V. Y LA ENFERMEDAD DEL S.I.D.A. ESTADO DEL ARTE.

4.1. CARACTERISTICAS DEL VIRUS

El agente causal primario del S.I.D.A. es el denominado "virus de la inmunodeficiencia humana", H.I.V., cuya descripción se hizo por primera vez en el Instituto Pasteur de París en 1983. Actualmente pareciera estar claro que el agente causal del S.I.D.A. no es un solo virus sino varios relacionados, como el L.A.V. -2 y el H.T.L.V. -4, recientemente aislados en pacientes africanos (Bergoc, 1987).

El H.I.V., es un retrovirus que mide de cien a ciento veinte nanómetros, del tipo de los lentivirus, no relacionado (como se creía en un principio) con los oncovirus ni tampoco con los spumavirus.

El H.I.V. pertenece a la familia Retroviridae, subfamilia Lentivirinae (Moses & Moses, 1983). Es relativamente termo sensible, ya que se inactiva cuando es expuesto a 56°C durante treinta minutos. Los mejores desinfectantes son el cloruro de benzanconio, hipoclorito de sodio al 0.1%, etanol al 70%, glutaraldehído al 2% y los detergentes no iónicos. Se trata de un retrovirus con varias cubiertas externas proteicas capaces de cambiar en forma constante. Este retrovirus puede alojarse en un segmento del cromosoma y permanecer latente durante muchas generaciones celulares. El H.I.V. requiere de una enzima, la transcriptasa reversa, para multiplicarse. La variabilidad química de este virus ha complicado la investigación tanto para su tratamiento como para el desarrollo de una vacuna efectiva. El estado de portación es imprevisible, ya que puede variar de siete a nueve años o más (Patito, 2001).

La transmisión de enfermedades transfusionales es, en la actualidad, uno de los mayores desafíos que enfrentan los investigadores de dicha especialidad. A pesar de realizar furtivos intentos por combatir virus, bacterias, parásitos, etc., la ciencia médica a nivel mundial no ha logrado aún desarrollar equipos de detección serológica que confirmen que los agentes contaminantes y causantes de las enfermedades post-transfusionales se encuentran ausentes en el organismo humano.

No obstante ello, el mayor flagelo por combatir, o por lo menos controlar, es el virus de H.I.V., que provoca en estadios avanzados de la enfermedad el S.I.D.A., o Síndrome de Inmuno Deficiencia Adquirida. A pesar de los años de estudios llevados a cabo a nivel mundial respecto de este mal, que apareció en la últimas dos décadas de siglo XX y continúa haciendo estragos en los albores del siglo XXI, las soluciones o certezas de controlarlo definitivamente aún siguen siendo una utopía o una expresión de deseo a futuro.

Habiendo acortado el llamado "período de ventana" del H.I.V., que dura entre cuatro y seis semanas en una primera etapa, y entre dieciséis y veintidós días en la segunda (lapso que en la actualidad se redujo cinco días), durante el cual aparece la sangre donada como libre de virus (según los tests que detectan anticuerpos), ésta igualmente podría hallarse infectada y en consecuencia contaminar al receptor.

Cabe aclarar que la técnica de acortamiento del período de ventana a cinco días aún no se encuentra implementada en todo el país, tomando como consecuencia la referencia de los dieciséis días +/- el test que se utilice para realizar el análisis del H.I.V.

El agente causal del S.I.D.A. es el virus H.I.V., o virus H.I. -Human Inmunodeficiency Virus-, o sea Virus de Inmunodeficiencia Humano. Este virus altera progresivamente el sistema inmunitario del hombre, ya que penetra en ciertos glóbulos blancos, especialmente los linfocitos T4, y los destruye. En un organismo sano, estas células estimulan el sistema inmunitario y permiten la defensa del organismo contra los microorganismos, como las bacterias, los virus y los parásitos. La desaparición del sistema de defensa o sistema inmunitario expone al hombre a ciertas infecciones y también a ciertas formas de cáncer. El virus I.H., puede igualmente introducirse en las células cerebrales, atacar el sistema nervioso y provocar anomalías neurológicas. Una persona contaminada por el virus I.H. no está necesariamente enferma de S.I.D.A.

Después de una contaminación V.I.H., se pueden suceder cuatro estadios:

a. Período latente ("Windows Period"), en el que se producen anticuerpos, aunque no inmediatamente, y puede durar entre dos o tres meses y hasta más de un año. En este estadío, la persona contaminada puede transmitir el virus. Sin embargo, mientras no produzca anticuerpos, no se puede detectar que sea portador.

b. Fase seropositiva, en el curso de la cual el portador produce anticuerpos que revelan la infección y pueden ser detectados por un simple examen de sangre. No se manifiestan síntomas de la enfermedad, y sin embargo el portador puede contagiar.

c. Fase A.R.C. (“Aids Related Complex”), fase en la cual, además de la presencia de anticuerpos, se observan síntomas de morbidez, febrículas, sudores nocturnos, debilidad general, pérdida de peso, afección de ganglios linfáticos, lesiones cutáneas, etc.

d. Desarrollo completo del S.I.D.A. (”Full Blown Aids”), la fase más grave porque el sistema inmunitario se halla destruido y da lugar a toda clase de infecciones y diversas formas de cáncer. Después de un diagnóstico en este estadio, la duración media de la vida del enfermo es de dos años. La duración del período de incubación a partir de la contaminación hasta el desarrollo del S.I.D.A., es de cinco a seis años, con variaciones que pueden oscilar entre siete y hasta los diez años (Vansweevelt, 1992).

4.2. ANTIGENO P 24

Se ha demostrado que el S.I.D.A. es provocado no sólo por el retrovirus H.I.V.–I, sino también por un segundo retrovirus, distinto, pero relacionado, que se aisló por primera vez en dos individuos de África occidental en 1985, y que fue denominado como H.I.V. – II.

Los genomas de H.I.V. – I y H.I.V. – II exhiben aproximadamente un 60% de homología con los genes que codifican para proteínas estructurales y de polimerasa, y un 30 a 40 % de homología con los genes que codifican para otras proteínas virales. En consecuencia, las pruebas como la del sistema microelisa H.I.V. – I antígeno que puede detectar el antígeno de la nucleocápside P24 del H.I.V. – I, también detectan el antígeno de la nucleocápside del H.I.V. – II por reacción cruzada.

4.3. CICLO DE REPLICACIÓN DEL VIRUS

La célula C.D.4 es una de las principales células que protegen al organismo de la invasión de microorganismos. Puede ser penetrada por el V.I.H., el que incorpora su material genético (A.D.N.), se multiplica, y finalmente las células mueren.

Las células que el V.I.H. invade son esencialmente los linfocitos T (C.D.4+), pero también en menor medida los monocitos/macrófagos, las células dendríticas, las células de Langerhans y las células de microglía del cerebro. La replicación viral tiene pues lugar en tejidos diversos (de ganglios linfáticos, intestino, cerebro, timo, etc.). Los órganos linfoides, sobre todo los ganglios linfáticos, constituyen la principal sede de su replicación. El virus está presente en numerosos líquidos del organismo, en particular la sangre y las secreciones genitales.

4.4. LAS DIFERENTES ETAPAS DE REPLICACION DEL VIRUS DEL H.I.V.

4.4.1. LA FIJACIÓN: representa la primera etapa en la invasión de una célula. Se basa en el reconocimiento mutuo y acoplamiento de proteínas de la envoltura del virión, las g.p120 y g.p41, y los receptores de la célula blanca, los C.D.4. Este reconocimiento no es posible sin ayuda de co-receptores propios de las células susceptibles de ser invadidas; en el caso de los macrófagos son los C.C.R.5, y en el caso de los L.T.4, los C.X.C.R.4, que interactúan con la proteína superficial. Macrófagos y L.T.4 tienen en común su principal receptor, el receptor C.D.4. Este reconocimiento es condición obligada para que el virus llegue a penetrar en la célula y continuar con el proceso de infección.

4.4.2. LA PENETRACIÓN: es el segundo paso. Una vez reconocido el virión por los receptores de superficie, se vacía dentro de la célula, fusionándose la envoltura lipídica del virión con la membrana plasmática de la célula. Protegidos por la cápside y las nucleocápsides, los dos A.R.N. mensajeros que forman el genoma viral y sus proteínas asociadas se encuentran ahora en el citoplasma. Luego ocurre la eliminación de las cubiertas proteicas, cápside y nucleocápsides, quedando el A.R.N. vírico libre en el citoplasma y listo para ser procesado.

4.4.3. LA TRANSCRIPCIÓN INVERSA DEL A.R.N. VÍRICO PARA FORMAR A.D.N.C (A.D.N. COMPLEMENTARIO, MONOCATENARIO) CON LA MISMA INFORMACIÓN: Cada una de las dos moléculas de ARN llega desde el virión asociada a una molécula de transcriptasa inversa que se ocupa del proceso. Las dos moléculas de A.D.N.c se asocian para formar una molécula de A.D.N., que es la forma química de guardar la información que una célula eucariota es capaz de procesar (Merigan Jr., Barlett & Bolegnesi, 1999).

4.4.4. INTEGRACIÓN DEL GENOMA VÍRICO EN EL GENOMA DE LA CÉLULA HUÉSPED: Para ello, penetra en el núcleo y se inserta en el A.D.N. celular con ayuda de una integrasa, que procede del virión infectante.

4.4.5. LA TRANSCRIPCIÓN DEL A.D.N. VÍRICO POR LOS MECANISMOS NORMALES DE LA CÉLULA: El resultado de la transcripción es un A.R.N.m

(A.R.N mensajero). El A.R.N.m obtenido es complejo, constituido por una sucesión de intrones (partes no informativas) y exones (partes informativas). Debe ser procesado por cortes y reempalmes antes de que la información que contiene pueda servir para fabricar las proteínas correspondientes. Una vez procesado, el A.R.N.m puede salir del núcleo a través de los poros nucleares.

4.4.6. LA TRADUCCIÓN: Una vez en el citoplasma, el A.R.N.m proporciona la información para la traducción, es decir, la síntesis de proteínas, que es realizada a través del aparato molecular correspondiente, del que forman la parte fundamental los ribosomas. El resultado de la traducción no consiste inmediatamente en proteínas funcionales, sino en poliproteínas que aún deben ser cortadas en fragmentos. Por acción de peptidasas específicas del V.I.H., las poliproteínas producto de la traducción son procesadas, cortándolas, para formar las proteínas constitutivas del virus. A las proteínas víricas fabricadas se ensamblan, junto con A.R.N., provirales, para formar los componentes internos de la estructura del virión, los que constituyen la cápside y su contenido.

4.4.7. LA GEMACIÓN: El último paso ocurre cuando los nucleoides víricos se aproximan a la membrana plasmática y se hacen envolver en una verruga que termina por desprenderse, formando un nuevo virión o partícula infectante. En cada célula infectada se ensamblan varios miles de nuevos viriones, aunque muchos son incompletos y no pueden infectar (Dybull, Connors y Fauci, 2006).

4.5. ANEXO GRAFICO DE LA CONTAMINACION DEL VIRUS DEL H.I.V.[8]

La figura que mostramos a continuación se corresponde con la explicación que acabamos de brindar, a modo de complementar gráficamente la compleja interacción del virus con las cédulas orgánicas del ser humano, cuando ingresa al cuerpo y comienza a contagiar o colonizar grupos de células sanas, como comúnmente se lo denomina en la jerga médica.

[8] Elaboración propia. Adaptado de *Ciclo de replicación viral del H.I.V.* www.lossecretosdelavida.galeon.com También en Ciclo viral y de replicación V.I.H. www.youtube.com/watch?v=emzDHb2e3oU

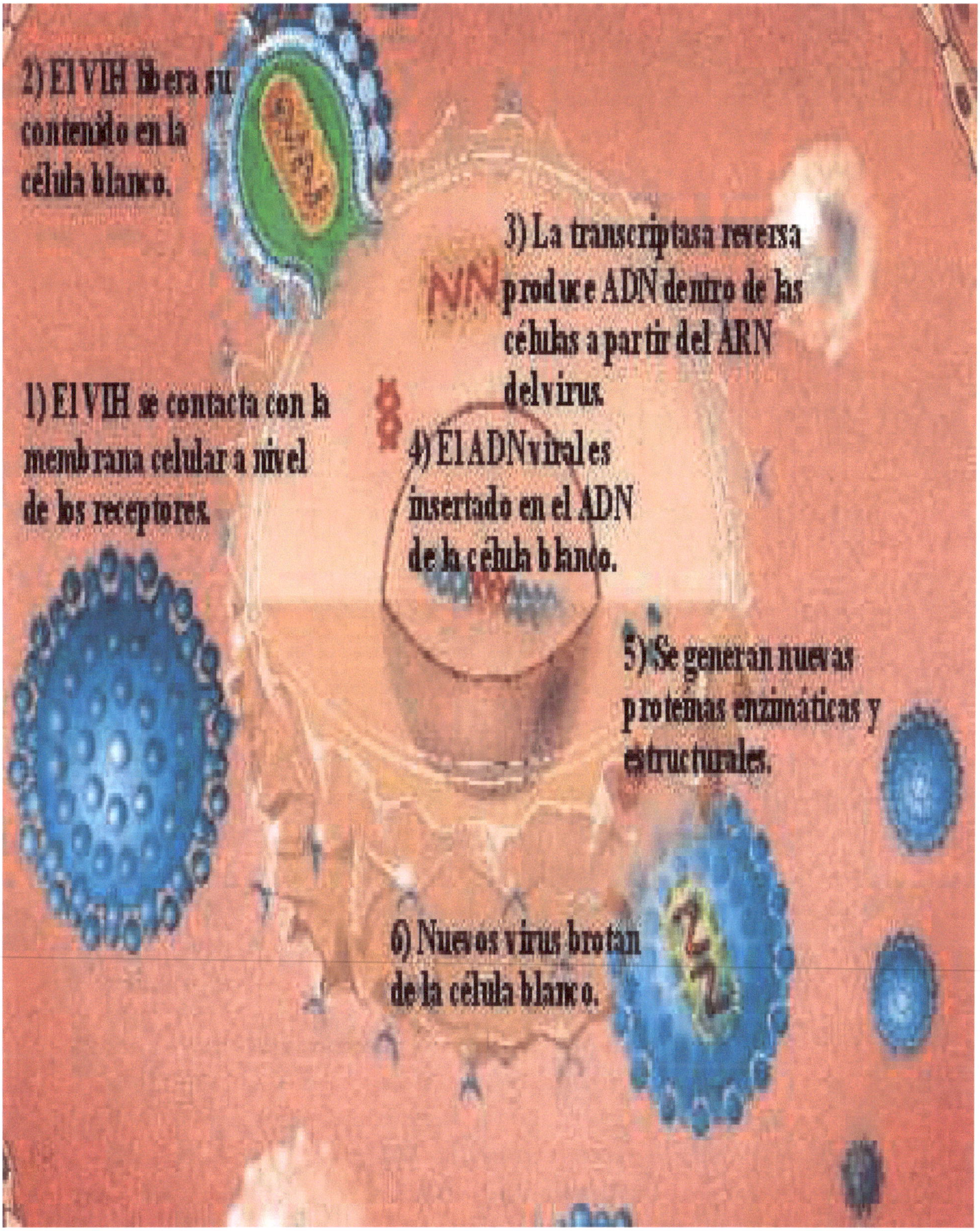
2) El VIH libera su contenido en la célula blanco.
3) La transcriptasa reversa produce ADN dentro de las células a partir del ARN del virus.
1) El VIH se contacta con la membrana celular a nivel de los receptores.
4) El ADN viral es insertado en el ADN de la célula blanco.
5) Se generan nuevas proteínas enzimáticas y estructurales.
6) Nuevos virus brotan de la célula blanco.

4.6. VIAS DE TRANSMISION DEL H.I.V.

En este apartado, vamos a detenernos en analizar las vías de transmisión del virus del H.I.V., de manera de desmitificar la cantidad de informaciones erróneas que se publican a lo largo del mundo.

El H.I.V. ha sido aislado en semen, sangre, secreciones vaginales, saliva, lágrimas, leche humana y orina.

El modo principal de transmisión del H.I.V. es a través del contacto sexual con una persona infectada, siendo el semen el material que más contagia debido a la gran cantidad de la secreción y a poseer linfocitos y células dendríticas.

La secreción vaginal también contagia pero en proporción mucho menor. La probabilidad de contraer el mal está en relación con el número de contactos sexuales diferentes, es decir, con el grado de promiscuidad; por otro lado, la existencia de una lesión favorece la entrada del virus (Bergoc, 1987).

Es posible también contraer la enfermedad al recibir sangre u órganos o tejidos de un donante portador. A pesar de que la incidencia epidemiológica mundial por transfusión sanguínea es todavía baja, es de esperar un incremento notable en los próximos años si no se toman las medidas de prevención adecuadas. En nuestro país, al momento de la publicación del trabajo citado, no estaba implementado un control obligatorio de los bancos de sangre existentes ni de donantes a fin de excluir la posibilidad de transmisión por esta vía ni existía la obligatoriedad de realizar los testeos en las unidades de sangre. En la actualidad ya no se discute el estricto control exigido por la legislación en los bancos de sangre y por las normas nacionales e internacionales de la medicina transfusional.

Por otra parte, una madre infectada puede contagiar a su hijo durante el embarazo, el parto y la lactancia; las estadísticas revelaban, en 1987, que una madre portadora del H.I.V. tenía un 10-40% de probabilidades de tener un primer hijo con S.I.D.A., y un 90% de probabilidades de tener un segundo hijo con S.I.D.A., el que moriría en el término de aproximadamente cinco meses. En la actualidad, la Sociedad Argentina de Infectología, junto con otras instituciones internacionales, han tomado los recaudos necesarios para tratar a las embarazadas portadoras del virus del H.I.V., y se han descripto casos en que los recién nacidos sobreviven sin problemas y negativizan su carga viral.

Los toxicómanos que comparten jeringas u agujas para la inyección de drogas también conforman un grupo de alto riesgo para contraer el mal. En nuestro país particularmente, la incidencia del S.I.D.A. en drogadictos que se inyectan es alta y está creciendo vertiginosamente. Esta causa se vincula directamente con el contagio por vía transfusional, ya que si bien existen formularios de autoexclusión de donantes de sangre que llaman a la reflexión y a una autoevaluación de la propia conciencia, no existiendo evidencia médica clara de signos de drogadicción – como las venas marcadas o lastimadas por pinchazos– y pasando el interrogatorio, este donante puede mentir, donar sangre, estar infectado y en un período de ventana y generar una situación innecesaria de contagio y propagación del virus.

De mismo modo, el uso del material médico contaminado implica un alto riesgo de infección, por lo que se hace más que nunca imprescindible el uso de jeringas y agujas, espéculos, material odontológico, etc., debidamente esterilizado o descartables.

4.7. DESARROLLO DE LA ENFERMEDAD DE S.I.D.A.[9]

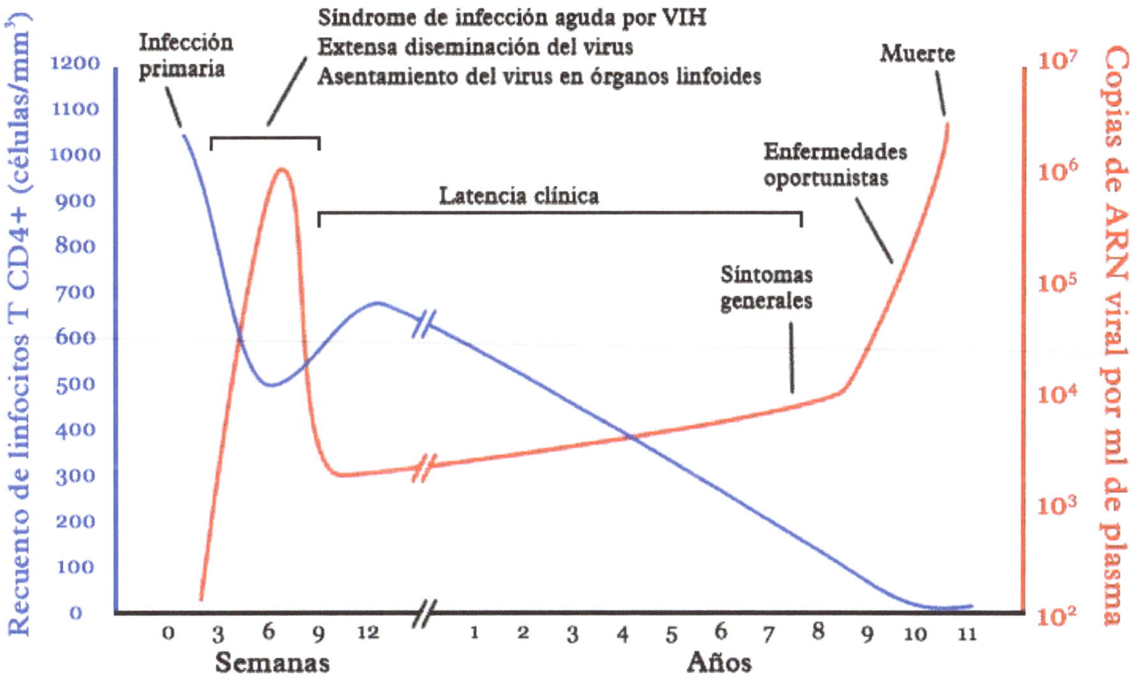

---

[9] Tomado de Oliveira, Jurema (usuário). Diagrama sobre la historia natural de la infeccion por H.I.V. Creative Commons Attribution/Share-Alike License. Hiv-timecourse.png

El gráfico representa con línea azul las semanas o años en que el virus del H.I.V. puede desarrollar la enfermedad del S.I.D.A. en el organismo humano. La línea roja muestra la replicación viral del H.I.V. desde su ingreso en el organismo, el período de ventana que puede extenderse hasta las doce semanas, como estipulan los especialistas del Ministerio de Salud de la Provincia de Buenos Aires, la aparición de síntomas generales, las enfermedades oportunistas y la muerte.

4.8. CONTROL DE LA EPIDEMIA EN EL MUNDO

A finales de 2005, aproximadamente treinta y ocho millones seiscientas mil personas eran seropositivas en todo el mundo. Ese mismo año, se registraron dos millones novecientos mil nuevos infectados y dos millones ochocientas mil / dos millones doscientos mil muertes por SIDA. Así, en términos absolutos, el número de personas seropositivas sigue aumentando por el crecimiento continuo de la población mundial, y porque los medicamentos antirretrovirales permiten prolongar la vida de los infectados.

Sin embargo, en términos relativos, la proporción anual de nuevos infectados por el VIH entre la población mundial (incidencia del VIH) se está estabilizando, y la proporción de adultos seropositivos (prevalencia del VIH) se está estabilizando en torno al 1%. En varios países, los cambios en el comportamiento y los programas de prevención han contribuido a reducir el porcentaje de nuevos infectados. [10]

Actualmente, más personas que nunca viven con el VIH, en gran parte debido al mayor acceso al tratamiento. A fines de 2010, aproximadamente treinta y cuatro millones de personas [treinta y un millones seiscientos mil– treinta y cinco millones doscientos mil] vivían con el V.I.H. en todo el mundo, un 17% más que en

---

[10]La situación de la epidemia del S.I.D.A. en 2007 publicada por ONUSIDA/OMS proporciona una mejor estimación del número de personas infectadas por el virus sida. Una mejor recopilación de datos y mejores métodos de estimación condujeron a la revisión de las estadísticas. El número total estimado de personas seropositivas al final del 2007 es de treinta y tres millones doscientos mil, con dos millones quinientos mil nuevos infectados y dos millones cien mil muertes (Organización de las Naciones Unidas, 2011). Esta reducción de las cifras respecto a años anteriores no significa una tendencia en la epidemia, que aún sigue creciendo, sino un refinamiento de los datos. Por ejemplo, según esta nueva estimación, el número de personas seropositivas en 2005 sería de aproximadamente treinta y dos millones. Los nuevos cálculos muestran la misma tendencia general en la epidemia que anteriores estimaciones, es decir, una estabilización del crecimiento desde el fin de los años noventa, pero con un incremento continuo del número de personas infectadas por el virus.

2001. Esto refleja el continuo incremento en el número de las infecciones por el V.I.H., y la expansión significativa del acceso al tratamiento antirretrovírico, que ha ayudado a reducir las muertes relacionadas con el S.I.D.A., especialmente en los últimos años (Organización de las Naciones Unidas, 2011)

4.9. PERSONAS QUE VIVEN CON EL V.I.H.

El número de personas que mueren por causas relacionadas con el S.I.D.A. disminuyó a un millón ochocientos mil [un millón seiscientos mil–un millón novecientos mil] en 2010, desde el nivel máximo de dos millones doscientos mil [dos millones cien mil–dos millones quinientos mil] alcanzado a mediados de los años dos mil. Desde 1995, se ha evitado un total de dos millones quinientos mil muertes en países de ingresos bajos y medianos debido al tratamiento antirretrovírico que se introdujo, según los nuevos cálculos de ONUSIDA. Gran parte de ese éxito proviene de los últimos años, cuando se produjo una rápida ampliación del acceso al tratamiento; así, solo en 2010, se evitaron setecientos mil muertes relacionadas con el S.I.D.A. La proporción de mujeres que viven con el VIH se ha mantenido estable al 50% en todo el mundo, aunque este grupo de población es más afectado en África subsahariana (59% de todas las personas que viven con el VIH) y el Caribe (53%).

4.10. INFORME DE ONUSIDA PARA EL DÍA MUNDIAL DEL S.I.D.A.

En 2010, hubo dos millones setecientos mil [dos millones cuatrocientos mil–dos millones novecientos mil] de nuevas infecciones por el V.I.H., que incluye una cifra estimada de trescientos noventa mil [trescientos cuarenta mil–cuatrocientos cincuenta mil] niños. Esto representó un 15% menos que en 2001, y un 21% por debajo del número de nuevas infecciones en el nivel máximo de la epidemia en 1997. El número de personas que se infectan por el V.I.H. sigue en descenso, en algunos países más rápido que en otros. La incidencia del V.I.H. ha caído en treinta y tres países, veintidós de los cuales pertenecen a África subsahariana, la región más afectada por la epidemia de S.I.D.A.

4.10.1. ÁFRICA SUBSAHARIANA

África subsahariana sigue siendo la región más afectada por el VIH. En 2010, alrededor del 68% de todas las personas que vivían con el VIH residían en África subsahariana, una región que representa solo el 12% de la población mundial. Además, África subsahariana representó el 70% de las nuevas infecciones por el

V.I.H. en 2010, aunque hubo una reducción notable en la tasa regional de nuevas infecciones. La epidemia sigue siendo más grave en África meridional, donde Sudáfrica tiene el mayor número de personas que viven con el VIH (un número estimado de cinco millones seiscientas mil) que cualquier otro país en el mundo.

Casi la mitad de las muertes por enfermedades relacionadas con el S.I.D.A. en 2010 se produjeron en África meridional. El S.I.D.A. se ha cobrado al menos un millón de vidas por año en África subsahariana desde 1998. Sin embargo, desde entonces, las muertes relacionadas con el S.I.D.A. han disminuido a un ritmo constante, a medida que aumentaba el acceso al tratamiento antirretrovírico gratuito. El número total de nuevas infecciones por el VIH en África subsahariana ha disminuido más del 26%, hasta un millón novecientos mil [un millón setecientas mil–dos millones cien mil] desde los dos millones seiscientas mil [dos millones cuatrocientas mil–dos millones ochocientas mil] estimadas en el punto máximo de la epidemia en 1997. En veintidos países subsaharianos, las investigaciones muestran que la incidencia del V.I.H. se redujo más del 25% entre 2001 y 2009. Esto incluye algunas de las epidemias más grandes del mundo: Etiopía, Nigeria, Sudáfrica, Zambia y Zimbabwe.

La incidencia anual en Sudáfrica, aunque aún es alta, disminuyó un tercio entre 2001 y 2009: de 2,4% [2,1%–2,6%] a 1,5% [1,3%–1,8%]. De manera similar, las epidemias en Botswana, Namibia y Zambia parecen estar en declive. Las epidemias en Lesotho, Mozambique y Swazilandia parecen haberse estabilizado, aunque en niveles inaceptablemente altos. A escala mundial, las nuevas infecciones por el V.I.H. alcanzaron su nivel máximo en 1997.

4.10.2. CARIBE

El Caribe tiene la segunda prevalencia regional más alta del VIH después de África subsahariana, aunque la epidemia se ha desacelerado considerablemente desde mediados de los años noventa. En la región del Caribe, las nuevas infecciones por el V.I.H., se redujeron un tercio desde los niveles de 2001. En la República Dominicana y Jamaica, la incidencia del V.I.H., se ha reducido un 25%, mientras que en Haití ha disminuido aproximadamente un 12%.

La desaceleración de la incidencia del V.I.H., y el acceso cada vez mayor a los servicios de prevención del V.I.H. para las mujeres embarazadas ha conducido a una marcada disminución en el número de niños con nuevas infecciones por el V.I.H., y en las muertes relacionadas con el S.I.D.A. entre niños. Las relaciones sexuales sin protección son el principal modo de transmisión en el Caribe.

El número de personas que viven con el V.I.H. también se ha reducido ligeramente desde los primeros años del nuevo milenio. El mayor acceso al tratamiento antirretrovírico ha llevado a una caída considerable en la mortalidad asociada con el S.I.D.A. (Organización de las Naciones Unidas, 2011)

4.10.3. ASIA

Aunque la tasa de prevalencia del V.I.H. es considerablemente inferior en Asia que en algunas otras regiones, el tamaño absoluto de la población asiática eleva a la población de este continente al segundo lugar entre las personas que viven con el V.I.H. En Asia oriental y sudoriental, el número estimado es de doscientos setenta mil [doscientos treinta mil –trescientos cuarenta mil] nuevas infecciones por el V.I.H. en 2010, lo que representa una disminución del 40% en relación con el nivel máximo de la epidemia en 1996.

En India, el país con el mayor número de personas que viven con el V.I.H. en la región, las nuevas infecciones por el V.I.H. disminuyeron en un 56%. La prevalencia del V.I.H. entre los grupos de población clave más expuestos al riesgo de infección (en particular, profesionales del sexo, personas que se inyectan drogas y hombres que tienen relaciones sexuales con hombres) es alta en varios países asiáticos, aunque, con el tiempo, el virus tiende a propagarse a otros grupos de población. Las tendencias generales en esta región ocultan variaciones importantes en las epidemias, tanto entre los países como dentro de ellos. En muchos países asiáticos, las epidemias nacionales están concentradas en relativamente pocas provincias.

En China, por ejemplo, cinco provincias representan el 53% de las personas que viven con el V.I.H.-1, mientras que una porción desproporcionadamente grande de la carga de Indonesia se encuentra en las provincias de Papúa y Papúa Occidental.

4.10.4. EUROPA ORIENTAL Y ASIA CENTRAL

En Europa oriental y Asia central, desde 2001, hubo un aumento pronunciado en el número de personas que viven con el V.I.H. La Federación de Rusia y Ucrania representan casi el 90% de la epidemia de la región de Europa oriental y

Asia central. El uso de drogas inyectables sigue siendo la causa principal de infección por el V.I.H. en esta región, aunque una transmisión considerable también se presenta en las parejas sexuales de las personas que se inyectan drogas. Hay pocos indicios de que la epidemia se haya estabilizado en la región, y las nuevas infecciones por el V.I.H., y las muertes relacionadas con el S.I.D.A. siguen en aumento.

Después de la ralentización en los primeros años del nuevo siglo, la incidencia del V.I.H., en Europa oriental y Asia central se ha acelerado nuevamente a partir de 2008. A diferencia de la mayoría de las otras regiones, las muertes relacionadas con el S.I.D.A. siguen elevándose en Europa oriental y Asia central. En Europa oriental y Asia central, el número de personas que vivían con el V.I.H. se elevó un 250% de 2001 a 2010.

4.10.5. ORIENTE MEDIO Y ÁFRICA DEL NORTE

Las tendencias relacionadas con el V.I.H. en Oriente Medio y África del Norte varían, ya que la incidencia, la prevalencia y las muertes relacionadas con el S.I.D.A. están en aumento en algunos países, mientras que en otros la epidemia es estable. En general, la prevalencia del V.I.H. en la región es baja, excepto en Djibouti y la región meridional de Sudán, donde la epidemia se está generalizando (Organización de las Naciones Unidas, 2011).

4.10.6. AMÉRICA LATINA

En general, las epidemias del V.I.H. en América Latina son estables. Un descenso constante en las nuevas infecciones por el V.I.H., anuales desde 1996, se estabilizó en los primeros años del nuevo milenio y ha permanecido estable desde entonces en los cien mil casos [setenta y tres mil - ciento treinta y cinco mil] por año. El número total de personas que viven con el V.I.H. en esta región sigue en crecimiento. Ese incremento se atribuye parcialmente al aumento en las personas que viven con el V.I.H., y que reciben tratamiento antirretrovírico, lo que ha ayudado a reducir el número de muertes anuales relacionadas con el S.I.D.A. Más de un tercio (36%) de los adultos que vivían con el V.I.H. en esta región en 2010 eran mujeres.

Por su parte, el número de niños menores de quince años que viven con el V.I.H. en esta región ha disminuido. Hubo un descenso considerable en las nuevas infecciones por el V.I.H., y las muertes relacionadas con el S.I.D.A en los niños entre 2001 y 2010.

4.10.7. OCEANÍA

El número de nuevas infecciones por el V.I.H. anuales en Oceanía aumentó lentamente hasta los primeros años del nuevo milenio, y luego decayó. El número de personas que viven con el V.I.H. en esta región alcanzó un número estimado en cincuenta y cuatro mil [cuarenta y ocho mil –sesenta y dos mil] a fines de 2010, aproximadamente un 34% más que el número estimado para 2001. La mortalidad relacionada con el S.I.D.A. ha disminuido considerablemente. (Organización de las Naciones Unidas, 2011)

4.10.8. AMÉRICA DEL NORTE Y EUROPA OCCIDENTAL Y CENTRAL

La epidemia de V.I.H. en América del Norte y Europa occidental y central permanece obstinadamente estable, a pesar del acceso universal al tratamiento, de la atención y el apoyo, y de la amplia sensibilización sobre la epidemia y las causas de la infección por el V.I.H.

La incidencia del V.I.H. ha cambiado poco desde 2004. El número total de personas que viven con el V.I.H. en América del Norte y Europa occidental y central alcanzó un número estimado de dos millones doscientas mil [un millón novecientas mil–dos millones setecientas mil] en 2010, aproximadamente un tercio (34%) más que en 2001. Más de la mitad (cerca de un millón doscientas mil) de las personas con V.I.H. en esta región residen en los Estados Unidos de Norteamérica. El número creciente de personas que viven con el V.I.H. refleja la disponibilidad a gran escala del tratamiento antirretrovírico, especialmente en los países con las epidemias más grandes, lo que ha reducido de manera significativa la mortandad relacionada con el S.I.D.A. El número de muertes relacionadas con el S.I.D.A. ha variado poco desde 2000, a pesar del aumento del 34% en el número de personas que viven con el V.I.H.

Las tendencias recientes varían a lo largo de la región. Las tasas de casos diagnosticados de infección por el V.I.H. se duplicaron entre 2000 y 2009 en Bulgaria, República Checa, Hungría, Lituania, Eslovaquia y Eslovenia, y aumentaron más del 50% en el Reino Unido. Por otro lado, los diagnósticos nuevos de infección por el V.I.H. disminuyeron más del 20% en Letonia, Portugal y Rumania.

A pesar de que se ha avanzado notablemente en los esfuerzos por acabar con las nuevas infecciones por el V.I.H., la cifra total de nuevas infecciones por el virus (dos millones quinientas mil en 2011) sigue siendo elevada. Los datos disponibles indican que, para seguir reduciendo los casos de nuevas infecciones por el V.I.H., es necesario aumentar la provisión de servicios de prevención del V.I.H. combinados. Por ejemplo, a través de la circuncisión masculina médica voluntaria sería posible prevenir aproximadamente una de cada cinco nuevas infecciones en África oriental y meridional para el año 2025.

Asimismo, se señala que el V.I.H. sigue afectando de una manera desproporcionada a los profesionales del sexo, a los hombres que tienen relaciones sexuales con hombres, y a los usuarios de drogas inyectables. Por lo general, los programas de prevención y tratamiento del V.I.H., están siendo incapaces de llegar a estos grupos de población clave.[11]

Onusida se centrará en los próximos años en apoyar a los países para acelerar el acceso a las pruebas y el tratamiento del V.I.H., ya que sabemos que es posible mejorar la cobertura de una forma rápida y eficaz trabajando más para ofrecer a las poblaciones clave servicios básicos relacionados con el V.I.H.

Por último, conforme los datos estadísticos relevados por la Organización de las Naciones Unidas para el S.I.D.A., Onusida, del año 2011, se calcula que treinta y cuatro millones (treinta y un millones cuatrocientas mil – treinta y cienco millones novecientas mil) de personas viven con el H.I.V., en el mundo. Dos millones quinientas mil (dos millones doscientas mil– dos millones ochocientas mil) personas contrajeron la infección por el H.I.V., y dos millones setecientas mil (un millón quinientos mil – un millón novecientos mil) personas fallecieron a causa de enfermedades relacionadas con el S.I.D.A.

4.11. LA SITUACION EN LA ARGENTINA

En la Argentina viven hoy alrededor de ciento treinta mil personas infectadas por el V.I.H., la mitad de las cuales conoce su condición. Están bajo tratamiento aproximadamente cuarenta y tres mil personas, y casi el 70% de ellas recibe la medicación del Ministerio de Salud de la Nación (Argentina. Ministerio de Salud de la Nación, 2010) (Falistocco, Iglesias, Wellwe, Silva Nieto, Adaszko y Ziaurriz, 2011).

---

[11] ONUSIDA (2012) informaba de un descenso de más del 50% en los casos de nuevas infecciones por el V.I.H. en veinticinco países, a tan solo mil días del vencimiento del plazo en el cual los países debían haber cumplido ciertos objetivos mundiales en la materia.

La epidemia afecta principalmente los grandes conglomerados urbanos en todas las ciudades capitales del país. En el período 2007-2009, el 40% de los nuevos diagnósticos seguía correspondiendo a residentes de la Ciudad de Buenos Aires y el conurbano bonaerense. El 70% de la epidemia se concentra en la Provincia de Buenos Aires, en la ciudad homónima, y en las provincias de Santa Fe y Córdoba.

De acuerdo con los datos disponibles a la fecha, cuatro de cada mil personas mayores de quince años están infectadas con el H.I.V., y en los últimos tres años, una de cada cinco que se diagnostica tiene cuarenta y cinco años o más.

Nuestro país, como lo expresamos en las consideraciones finales de éste capítulo, ha implementado desde hace más de dos décadas los mismos testeos de screening para la detección del H.I.V. y para el diagnóstico confirmatorio que se emplean en el mundo. Por ello, llegado a este punto, consideramos atinado hacer conocer cuáles son las técnicas de exámenes bioquímicos de las más variadas marcas y fabricantes utilizadas en casi todos los bancos de sangre en la Argentina.

4.12. TÉCNICAS DE EXAMENES QUIMICOS PARA LA DETECCIÓN DEL VIRUS DEL H.I.V. UTILIZADOS EN LA ARGENTINA

4.12.1. SFD H.I.V. 1/2 PA. ESPECIFICACIONES TÉCNICAS

El SFD H.I.V., 1/2 PA, está diseñado para que sirva como herramienta para la detección de anticuerpos frente al V.I.H. – 1 y/o el V.I.H. – 2 y como ayuda en el diagnóstico de la infección por V.I.H. – 1 o V.I.H. – 2. Esta prueba es especialmente idónea para el cribado (testeo) de donantes de sangre y poblaciones de alto riesgo. La prueba puede realizarse en muestras de plasma o suero. La valoración de este ensayo puede interpretarse de manera cualitativa y/o semicuantitativa (Laboratorio Bio Rad Fijurebio, s. f.).

4.12.2.1. SISTEMA MICROELISA. VIRONOSTIKA H.I.V. UNI. FORM II PLUS O. ESPECIFICACIONES TÉCNICAS

Vironostika H.I.V. Uni –Form II plus O es un enzimoinmunoensayo (ELISA) para la determinación cualitativa de anticuerpos frente al virus de la inmunodeficiencia humana tipo 1 y 2 (anti –H.I.V.-1, anti – H.I.V.-2 y anti – H.I.V.-1 grupo 0) en suero o plasma humanos, y está indicado para el screening (testeo y descarte) del donante de sangre, así como también ayuda diagnóstica de las condiciones clínicas relacionadas a la infección por H.I.V. -1 y/o H.I.V. -2, como por ejemplo el S.I.D.A.

4.12.2.2. INFORMACION MÉDICA DEL FABRICANTE

Los virus de la inmunodeficiencia humana tipo 1 y tipo 2 son los agentes etiológicos del Síndrome de Inmunodeficiencia Humana y condiciones relacionadas con el mismo. El H.I.V. ha sido aislado de pacientes con S.I.D.A., del complejo relacionado con S.I.D.A. (C.R.S.) y de individuos sanos con alto riesgo de S.I.D.A. La infección por H.I.V. es seguida por una enfermedad aguda con características de tipo gripal.

Esta fase puede pasar inadvertida, y la relación con la infección H.I.V. en muchos casos no está clara. A la fase aguda le sigue típicamente un estado de portador asintomático que progresa hacia el S.I.D.A., clínico en el 50% aproximadamente de los individuos infectados, dentro de los diez años después de la seroconversión (Laboratorio Organon Teknika, s. f.).

4.12.3.1. GENSCREEN ULTRA H.I.V. AG –AB. –ESPECIFICACIONES TÉCNICAS.

El test Genscreen Ultra V.I.H., Ag-Ab es un estuche de inmunoanálisis enzimático para la detección del antígeno V.I.H., p24 y anticuerpos relacionados con el virus de la inmunodeficiencia humana V.I.H. 1 (grupos M y O) y el V.I.H. 2 en el suero o plasma humanos. El estuche se puede usar tanto para la detección sistemática de antígenos como de anticuerpos relacionados con el V.I.H.

4.12.3.2. INFORMACION MÉDICA DEL FABRICANTE.

El Síndrome de Inmunodeficiencia Adquirida es una enfermedad infecciosa inducida por un virus y caracterizada por una inmunidad fuertemente deprimida. Se han aislado dos tipos de virus relacionados con el grupo Lentivirus en los linfocitos de pacientes que sufren de S.I.D.A., o de sus prolegómenos.

El primero, denominado V.I.H. 1, fue aislado en Francia y luego en los Estados Unidos. El segundo, denominado V.I.H. 2, fue aislado en dos pacientes que vivían en África y ha demostrado ser el responsable de un nuevo foco de S.I.D.A., en el África Occidental. El conocimiento sobre la variabilidad genética de las cepas de virus V.I.H. se adquirió mediante la secuenciación de los genes GAG, POL y ENV de las cepas representativas de cada subtipo.

Los virus V.I.H. 1 se dividen en dos grupos: el grupo M, que incluye nueve subtipos de A a I, y el grupo O. El virus V.I.H. 2 incluye cinco subtipos. La distribución geográfica de los diferentes subtipos está ya bastante bien definida. Algunas variantes del V.I.H. 1 solo tienen un 70% de homología por los genes GAG y POL en las principales cepas clínicas, y un 50% por el gen ENV; estas diferencias pueden explicar el fracaso del diagnóstico de la infección en algunos pacientes.

Las diversas cepas clínicas del V.I.H. 2 comparten antígenos comunes con el virus V.I.S. de los simios en todas las proteínas de envoltura y del centro vírico con una heterología igual al 30%. Los antígenos y los anticuerpos relacionados con el V.I.H. aparecen y son detectables en las diferentes etapas de la seroconversión y de la infección (Laboratorio Bio-Rad, s. f.).

4.12.4.1. VIRONOSTIKA H.I.V. UNI-FORM II AG/AB. ESPECIFICACIONES TÉCNICAS

Dispositivo de diagnóstico médico in vitro Vironostika H.I.V., Uni-Form II Ag/Ab, es un enzimoinmunoanálisis (ELISA) para la detección de anticuerpos frente al virus de la inmunodeficiencia humana tipo 1 y/o 2 (anti –V.I.H. 1, anti V.I.H. 2 y anti V.I.H. grupo O) y del antígeno V.I.H. 1 en plasma y suero humanos, indicado para el cribado de las donaciones de sangre, como ayuda para la evaluación de las condiciones clínicas de personas que presenten un estado desconocido en relación con la infección por V.I.H. -1 y/o V.I.H.-2 (Laboratorio Biomerieux, s. f. b).

4.12.4.2. INFORMACION MÉDICA DEL FABRICANTE

La evidencia serológica de la infección con V.I.H. se puede obtener analizando la presencia de antígenos de V.I.H., o de anticuerpos en el suero o en el plasma de individuos posiblemente infectados con V.I.H. Generalmente, los antígenos sólo se pueden detectar en la fase aguda y en la fase sintomática del S.I.D.A. Los anticuerpos frente al V.I.H. -1 y/o V.I.H. -2 se pueden detectar prácticamente durante todo el período de infección, desde o poco después de la fase aguda, hasta la fase final del S.I.D.A. Ello explica su empleo en el serodiagnóstico de la infección con V.I.H., y en el cribado de sangre y sus derivados.

La mejora constante de la sensibilidad de las pruebas ha reducido la llamada fase de ventana (o sea, el intervalo de tiempo entre la infección con el virus

V.I.H. y el momento en que los anticuerpos frente al V.I.H. pueden ser detectados por pruebas de anticuerpos V.I.H. de alta sensibilidad).

La reducción adicional de este período de ventana se puede lograr incorporando la detección de antígenos V.I.H. en estas pruebas de anticuerpos V.I.H., posibilitando la detección de individuos infectados en un momento lo más temprano posible.

4.12.5.1. VIRONOSTIKA H.I.V. 1 ANTIGEN. ESPECIFICACIONES TÉCNICAS

El dispositivo de diagnóstico médico in vitro, Vironostika H.I.V. -1 Antigen es un enzimoinmunoanálisis (ELISA) para la detección cualitativa y cuantitativa del antígeno nuclear p24 del virus de la inmunodeficiencia humana tipo 1 (V.I.H. -1) en suero o plasma humano o en sobrenadante de cultivo celular. Vironostika H.I.V. -1 puede usarse como ayuda en el diagnóstico de la infección por H.I.V., para cribar el estado desconocido del Ag V.I.H. -1 (por ejemplo de sangre donada), y para la detección del antígeno del V.I.H. -1 en cultivos celulares in vitro -2 (Laboratorio Biomerieux, s. f. a).

4.12.5.2. INFORMACION MÉDICA DEL FABRICANTE.

El Síndrome de Inmonudeficiencia Adquirida (S.I.D.A.) es un trastorno de inmunosupresión caracterizado por la reducción de la población de linfocitos CD 4+ colaboradores/inductores. Un estado de inmunodeficiencia progresiva y grave va acompañado de una amplia variedad de manifestaciones clínicas, entre las que se incluyen infecciones oportunistas, un conjunto de tumores malignos y, con frecuencia, la presencia de trastornos neurológicos.

Se ha demostrado que el agente etiológico del S.I.D.A., y las enfermedades relacionadas (complejo relacionado con el S.I.D.A.) es el virus de inmunodeficiencia humana tipo 1 (V.I.H. -1). Este virus se transmite por contacto sexual, pero también mediante el uso de agujas de inyección contaminadas o a través de la administración de sangre contaminada durante una transfusión. El V.I.H. también puede atravesar la placenta.

Asimismo, se ha demostrado que el S.I.D.A. también está provocado por un segundo retrovirus humano, distinto pero relacionado, aislado por primera vez en dos africanos occidentales en 1985, y denominado V.I.H. -2. La propagación del V.I.H. -2 es limitada y se encuentra de forma casi exclusiva en los residentes de la región en la que se descubrió por primera vez. Los genomas del V.I.H. -1 y el V.I.H. -2 muestran una homología de aproximadamente el 60% en genes que codifican las proteínas nucleares. Por tanto, determinadas pruebas (como el Vironostika H.I.V. -1 Antigen), que son capaces de detectar el antígeno nuclear del V.I.H. -1, también pueden detectar el antígeno nuclear del V.I.H. -2, que presenta una reacción cruzada.

4.12.6. AXSYM SYSTEM. H.I.V. 1/ 2 g O. ESPECIFICACIONES TECNICAS

AxSYM H.I.V. 1/2 g O es un enzimoinmunoensayo de micropartículas (MEIA) para la detección cualitativa de los anticuerpos frente al virus de la inmunodeficiencia humana tipo 1 (grupos M y O) y/o tipo 2 (V.I.H. -1/V.I.H. -2) en suero o plasma humanos, y se utiliza como ayuda en el diagnóstico de las infecciones por V.I.H. El ensayo AxSYM H.I.V. 1/2 g O no distingue entre la reactividad de anticuerpos frente al V.I.H. -1 y V.I.H. -2 (Laboratorio Abbott, s. f.).

4.12.7. MUREX H.I.V. ANTIGEN MAB. ESPECIFICACIONES TÉCNICAS

Murex H.I.V., Antigen Mab es un enzimoinmunoensayo (EIA) para la detección de antígenos de core p24 del virus de la inmunodeficiencia humana (H.I.V.) en suero, plasma o sobrenadante celular.[12]

4.12.8. DETERMINE….H.I.V. -1/2. ESPECIFICACIONES TÉCNICAS.

Este es un equipo de los denominados screening (descarte), utilizados solamente en la emergencia. El tiempo de espera de siembra de la muestra es de quince minutos. Su conservación oscila entre los 2 y los 30º C, y puede ser utilizado en muestras de sangre total, suero o plasma (Laboratorio Cromoion, s. f.).

4.12.9. BIOLOGIA MOLECULAR POR P.C.R. (REACCION DE POLIMERASA EN CADENA) Y N.A.T. (TECNOLOGIA DE ACIDOS NUCLEICOS)

La Biología Molecular ha venido avanzando en la tecnología médica desde finales de 1860, en que Miescher aisló una nucleoproteína (que finalmente resultó ser un ácido nucleico); años más tarde, en la década del cuarenta, Avery y sus

---

[12] Murex H.I.V., Antigen Mab es un enzimoinmunoensayo (EIA) para la detección de antígenos de core p24 del virus de la inmunodeficiencia humana (H.I.V.) en suero, plasma o sobrenadante celular (Laboratorio Abbott, s. f.)..

colaboradores demostraron que ésta contenía la información genética en la bacteria Pneumococcus.

En la década de 1950, Watson y Crick, en base a los estudios de cristalografía de rayos x de Franklin, identificaron la estructura de doble hélice del ácido desoxirribonbucleico (A.D.N.). El posterior entendimiento de la replicación del D.N.A. o A.D.N., junto con el descubrimiento de Komberg en la década del cincuenta, acerca de la D.N.A. polimerasa capaz de sintetizar fragmentos de D.N.A., fueron la base de los desarrollos tecnológicos que derribaron el dogma genético D.N.A.-R.N.A. o A.R.N. (Acido Ribonucleico). Luego, en 1970, se descubrió la proteína Transcriptasa Reversa, encontrada en algunos virus R.N.A. (llamados retrovirus) – como el H.I.V., que permite al R.N.A., ser copiado D.N.A. (Del Rey Pineda, 2004).

Esto permitió que, transcurridos diez años, el investigador "Millus" amplificara segmentos con la reacción en cadena de la polimerasa (P.C.R.), método que pronto se convertiría en un procedimiento de rutina en los laboratorios de biología molecular, modificando en el corto plazo radicalmente el diagnóstico clínico.

El N.A.T. (Tecnología de Ácidos Nucleicos), en principio, reduce el riesgo residual de infecciones virales transmitidas por transfusión. Más aún: se están implementando en los últimos tiempos para otros contagios por la vía transfusional.

La metodología N.A.T. ha demostrado en algunos casos ser suficiente para mejorar la transfusión segura comparada con el tamizaje basado solo en la detección de anticuerpos. De esta manera, es imprescindible contar con ambas metodologías para disminuir la probabilidad de no detectar productos sanguíneos infectantes (Del Rey Pineda, 2004).

Además de todas las determinaciones bioquímicas que hemos expuesto, suelen utilizarse las técnicas de biología molecular para continuar trabajando en el Programa Nacional de "sangre segura".

Las técnicas mencionadas hasta ahora se refieren a las utilizadas en las prácticas hospitalarias diarias de los bancos de sangre de la Ciudad Autónoma de Buenos Aires. Se trata de pruebas de simple sembrado de descarte, test rápidos, confirmatorios de la seroconversión (no diagnósticos), ya que, por disposición legal, el método diagnóstico no puede ser realizado por un banco de sangre, sino que debe hacerse a pedido y consulta de un médico infectólogo en el servicio de laboratorio del nosocomio.

Los diferentes métodos de Screening, tales como Ensimoinmunoensayo, Elisa, etc., son utilizados en la mayoría de los bancos de sangre de la Ciudad de Buenos Aires. Además se suelen utilizar técnicas de biología molecular tales como P.C.R. y N.A.T.

Los prospectos que nos sirvieron de base para el relevamiento de los datos fueron obtenidos en dos hospitales municipales de agudos, el Dr. Francisco Santojanni y el Dr. José María Ramos Mejía; el empleo de las técnicas de diagnóstico mencionadas se encuentran consensuadas por el Gobierno de la Ciudad de Buenos Aires y por el Comité de Transfusiones que funciona en todos los centros asistenciales de la jurisdicción.

4.13. LA HEMOVIGILANCIA COMO METODO DE CONTROL DE LOS BANCOS DE SANGRE

4.13.1. CONSIDERACIONES GENERALES

La H.V. (Hemovigilancia) es el término moderno que se utiliza para definir el sistema que permite la detección, registro y análisis de la información relativa a los efectos adversos e inesperados de la transfusión sanguínea.

Aunque este sistema ya se utilizaba en algunos bancos de sangre hospitalarios y Centros de Transfusión, la finalidad última de la H.V. es garantizar la notificación sistemática de los efectos adversos y la homogeneidad de la información registrada. Ambos aspectos son requisitos imprescindibles para conseguir una valoración objetiva de los datos que nos permiten introducir correcciones y acciones preventivas.

Los sistemas de H.V. ofrecen un nuevo modo de aumentar el nivel de calidad y de seguridad de la transfusión sanguínea en el ámbito de aplicación de cada programa, disponiendo los recursos humanos, técnicos y económicos allí donde la cadena transfusional se haya relevado más frágil.

Aunque la H.V. suele relacionarse con el acto transfusional y las complicaciones inmediatas y tardías que pueden suceder, su marco de actuación abarca toda una cadena que comienza por la selección de los donantes y la extracción de sangre, continúa con las complicaciones de la donación y el procesamiento y análisis de los componentes sanguíneos, y finaliza con la transfusión y los efectos adversos e inesperados que puede presentar el receptor (Sociedad Española de Transfusión Sanguínea [SETS], 2006).

4.13.2. LA HEMOVIGILANCIA, UNA IDEA DE RAICES EUROPEAS. LOS PIONEROS FRANCIA E INGLATERRA

Actualmente, todos los países de la Unión Europea disponen de un programa estatal de H.V. Francia e Inglaterra son los países europeos pioneros, y en ambos, funcionan sistemas muy diferentes en cuanto a su grado de complejidad, al tipo de complicaciones e incidentes a notificar, y al grado de gravedad de los mismos; sin embargo, a pesar de estas diferencias, los dos sistemas se han demostrado eficaces, por lo que constituyen sendos ejemplos de la utilidad e interés de los sistemas de H.V. Los informes anuales publicados por estos países y los diferentes documentos que con fines educativos y de mejora de la actividad transfusional han sido elaborados a partir del análisis de sus resultados, dan buena prueba de ello.

La publicación de la Directiva Europea de transfusión 2002/98/CE del 27/01/2003 y, posteriormente, de la Directiva sobre H.V., 2002/61/CE del 30/09/2005, marcaron un punto de inflexión en la evolución y grado de desarrollo de los sistemas europeos de H.V., ya que, lo que podía considerarse una recomendación, se convirtió más tarde en una obligación para todos los estados miembros de la Unión. Así, se puso punto final al clásico debate en torno al carácter voluntario u obligatorio de las notificaciones de efectos adversos e incidentes de la transfusión, que lógicamente, devienen obligatorias.

La primera Directiva dedica dos artículos en el capítulo V a la H.V.: el artículo 14 se refiere íntegramente a la “trazabilidad” de los componentes sanguíneos, y el artículo 15 a la “notificación de los incidentes y complicaciones graves de la transfusión”. La segunda Directiva está dedicada en su totalidad a la H.V., y en ella se despliegan de forma detallada los artículos 14 y 15 de la Directiva General.

Se entiende por trazabilidad la capacidad para identificar al receptor de cada componente sanguíneo y, a la inversa, a todos los donantes que hayan intervenido en la transfusión de un determinado paciente. La trazabilidad no queda garantizada por el hecho de conocer el destinatario teórico de un componente sanguíneo; se requiere la confirmación en el punto de destino de que el paciente ha sido finalmente transfundido con el componente previsto para él. También se requiere que en los documentos empleados durante el proceso se incluya la información adecuada y suficiente de cualquier efecto adverso inmediato que pudiera producirse tras la transfusión sanguínea.

Un aspecto de interés adicional a los sistemas de H.V. es el mecanismo de alerta. Se trata del circuito que debe permitir la comunicación rápida de aquellos indeseables que puedan afectar a más de un donante o receptor, a fin de actuar, en cada caso, con la máxima celeridad y eficacia. Un ejemplo paradigmático de la necesidad de un mecanismo de alerta corresponde a los casos de receptores que han adquirido una infección supuestamente transmitida por un componente sanguíneo, y que nos obliga a localizar a los restantes receptores o a aquellos hemocomponentes que aún no se hubieran transfundido. Otro posible ejemplo se refiere a los problemas, probados o potenciales, asociados a los materiales empleados en el procesamiento de los componentes sanguíneos, que obligarían a comunicar esta información a todos los centros que los pudieran estar utilizando para ser retirados de los mismos (SETS, 2006).

4.13.3. LA HEMOVIGILANCIA EN ESPAÑA

La organización política y administrativa del Estado Español en Comunidades Autónomas (C.C.A.A.), así como la transferencia de las competencias sanitarias desde la administración central a la autonómica, ha impulsado la organización de su propio programa de H.V. por parte de cada C.C.A.A. No obstante, cuando hablamos del sistema de Hemovigilancia Español, nos referimos a la suma de los diecisiete sistemas de H.V. autonómicos.

Actualmente sigue vigente el acuerdo suscripto en el mes de octubre del año 2003, por la Sociedad Española de Transfusión Sanguínea (S.E.T.S.), la Asociación Española de Hematología y Hemoterapia (A.E.H.H.) y el Ministerio de Sanidad, que ha supuesto un empuje importante para la implantación en España de un sistema de H.V. correspondiente al ámbito estatal. Fruto de ese acuerdo surgió el Programa Estatal de Hemovigilancia (P.E.H.V.), con sede en el Ministerio de Sanidad, responsable de la recepción de los datos procedentes de las diferentes C.C.A.A., de la elaboración del informe anual y de la conexión con los otros sistemas Europeos. El P.E.H.V. ha elaborado el primer informe oficial sobre las complicaciones e incidentes de la transfusión en España correspondiente al año 2004.

Con fecha 15 de septiembre de 2005, se hizo público el Real Decreto 1088/2005 que recoge la transposición a la normativa española de la Directiva Europea 2002/98/CE, y el 31 de agosto de 2006 fue la fecha límite para la transposición de la Directiva sobre H.V., 2005/61/CE, de manera que España se encuentra, al igual que los restantes países de la Unión Europea, con la obligación de cumplir con esas normativas.

El Ministerio de Sanidad, a través de su grupo de trabajo de H.V., distribuyó entre las C.C.A.A. una serie de documentos para la notificación de complicaciones e incidentes de la transfusión que, con pequeñas modificaciones, continúan en vigencia. Estos documentos incluyen:

a) notificación de un incidente relacionado con la transfusión;
b) notificación de un incidente relacionado con la donación;
c) notificación de un incidente relacionado con la preparación de componentes sanguíneos; y
d) un total de once cuestionarios relativos a los principales efectos adversos de la transfusión en los que se recogen con detalle las características clínicas de cada complicación, los estudios necesarios para efectuar el diagnóstico y una valoración del grado de gravedad e imputabilidad de la complicación observada (SETS, 2006).

4.13.4.1. LA HEMOVIGILANCIA EN LA ARGENTINA.

Las normas que regulan la actividad de la medicina en la Argentina están mencionadas en el apartado "Legislación general atinente al S.I.D.A.", y "Legislación específica atinente al S.I.D.A."

Además, hemos descripto específicamente las técnicas, tanto de screening como las de tamizaje y los métodos confirmatorios, que por ley deben de utilizarse en los bancos de sangre. No obstante ello, la normativa vigente en la República es constantemente revisada y modificada en consonancia con el Ministerio de Salud de la Nación, la Asociación Argentina de Hemoterapia e Inmunohematología, las normas técnicas internas de los Centros de donación sanguínea actualizadas periódicamente, los criterios impuestos por el Plan Nacional de Sangre para la selección de donantes emanados del Ministerio de Salud de la Nación, las Guías y principios para una práctica Transfusional Segura, impartidas por la Organización Mundial de la Salud (O.N.U.S.I.D.A.), y las constantes reuniones de los Comités de transfusiones que en la actualidad funcionan en casi todo el país (a nivel central en la Ciudad Autónoma de Buenos Aires, a nivel regional en las provincias del interior del país, y a nivel centro asistencial en las comunidades más alejadas o pequeñas).

4.13.4.2. PLAN NACIONAL DE SANGRE

Desde el inicio de la terapéutica con productos sanguíneos, muchos avances científicos se desarrollaron y muchas metas fueron alcanzadas. En los últimos años, la disponibilidad de productos de la sangre cada vez más seguros ha sido identificada como un punto crítico y motivó cambios radicales en la hemoterapia, especialmente en la donación y producción de componentes sanguíneos.

La Organización Mundial de la Salud abordó esta cuestión en diversas oportunidades. En mayo de 1975, en ocasión de la 28º Asamblea Mundial de la Salud, se instó a los países miembros a alentar la creación de servicios de medicina transfusional basados en la donación voluntaria y no remunerada de sangre, y a promulgar leyes efectivas para regir esos servicios y adoptar medidas esenciales para proteger y promover la salud de los donantes y receptores de sangre (Resolución AMS 28.72).

En 1987, el Comité Ejecutivo reiteró su apoyo a dicha Resolución, pero reconoció las dificultades técnicas, administrativas, económicas y éticas de la situación, en particular, en los países en desarrollo. Así, mediante la Resolución CE79.R1 se solicitó a los países establecer políticas nacionales que posibiliten el suministro adecuado y oportuno de sangre y componentes seguros y su utilización racional.

Dicha política nacional estipula el compromiso y apoyo del gobierno al programa de sangre, y requiere de leyes y reglamentaciones que permitan implementar las normas nacionales, disponer de fondos suficientes y crear un Sistema Nacional de Sangre que proporcione sangre segura a todos los habitantes.

En nuestro país, la Ley Nacional de Sangre Nº 22.990 de 1983 y su Decreto Reglamentario 375/89, establecieron los principios fundamentales y definieron dos institutos fundamentales.

El Sistema Nacional de Sangre, integrado por las autoridades nacionales y provinciales, instituciones con servicios de hemoterapia, bancos de sangre, asociaciones de donantes, plantas de hemoderivados y otras instituciones que tengan relación con la utilización de la sangre.

El Organismo Rector General, perteneciente a la estructura orgánica del Ministerio de Salud Nacional (autoridad de aplicación) y que cumple las funciones de orientación, coordinación y supervisión operativa y de las relaciones inter-jurisdiccionales del Sistema Nacional de Sangre.

A pesar de la existencia de este marco legal desde 1989, recién en los últimos años fue aprobado un Plan Nacional de Sangre (Resolución Nº: 70/02). La ausencia del mismo había generado un sistema donde fue una constante la proliferación de bancos de sangre atomizados (más de trescientos en el sector oficial), generalmente ligados a los hospitales, sin recursos para hacer frente a las crecientes exigencias de la seguridad sanguínea, especialmente después de la aparición del V.I.H. como pandemia.

El Plan Nacional de Sangre se creó para transformar esta realidad, y utiliza como estrategias tres ejes de acción:

a) el eje **regulatorio,** a través de la convocatoria de una Comisión Nacional para la actualización de la reglamentación de la Ley Nº: 22.990 y la redacción de las Normas Nacionales de Hemoterapia.
b) el eje **informativo,** mediante la unificación de registros del Sistema Nacional de Hemoterapia (planillas de datos estadísticos de donantes, receptores y prácticas) y sistematización del envío de datos desde las provincias al nivel central, para su posterior análisis.
c) el eje **educativo,** que consiste en la constitución de equipos provinciales de hemoterapia integrados por médicos, técnicos, bioquímicos, comunicadores sociales y agentes comunitarios entre otros, con el objetivo de capacitarlos a fin de que desarrollen sus propios programas provinciales de hemovigilancia (Argentina. Ministerio de Salud, s. f.).

4.13.4.3. DIA NACIONAL DE LA HEMOVIGILANCIA

El Ministro de Salud de la Nación ha definido como una de las funciones esenciales de salud pública el Programa de Sangre Segura, y es por ello que en los últimos años la disponibilidad de productos de la sangre cada vez con mayores exigencias de seguridad motivó cambios radicales en la hemoterapia, especialmente en los procesos de donación y producción de componentes sanguíneos.

Son para destacar los conceptos del entonces Ministro de Salud argentino Ginés González García, quién expresó: "La problemática de la donación de sangre es una cuestión de todos, o la resolvemos entre todos, o no tiene salida. En los últimos tiempos hemos conseguido mejorar la conciencia solidaria y colectiva porque algunos temas, como la donación de sangre, no tienen ninguna posibilidad de ser resueltos si no es incentivando el compromiso social. Esto no es solamente la celebración de un día [refiriéndose al 14 de junio del año 2007, como el día Nacional de la Hemovigilancia], sino que es una política que hacemos cada día". (Argentina. Universidad Nacional del Nordeste, 2007)

En función de ello, el Ministerio estableció una política nacional que cuenta con leyes y reglamentaciones dirigidos a la creación de un Sistema Nacional de Sangre capaz de proporcionar el suministro adecuado, oportuno y seguro de sangre y sus componentes.

El Plan Nacional de Sangre fue creado en el año 2002, en el marco del Programa Federal de Salud, para llevar adelante dicha política, conjuntamente con los programas provinciales de hemoterapia.

En este contexto, se ha actualizado la reglamentación de la Ley Nº 22.990 y la redacción de las normas nacionales de hemoterapia; se estableció un Sistema de Información, mediante unificación de registros; y se constituyeron y capacitaron equipos provinciales que han desarrollado sus propios programas de hemoterapia en las veinticuatro jurisdicciones del país, contando cada una de ellas con un Convenio de Adhesión al Plan Nacional de Sangre. También se desarrollan acciones de gestión de calidad, un Programa de evaluación externa del desempeño en el tamizaje de infecciones transmisibles por transfusión y programas de promoción de la donación de sangre en todas las jurisdicciones.

El Ministerio de Salud de la Nación, a través del Plan Nacional de Sangre, para contribuir al desarrollo de los programas provinciales y al proceso de afianzamiento de los centros regionales, distribuyó y capacitó en el uso de un programa informático para bancos de sangre a lo largo de dieciséis instituciones hasta la fecha, y dispuso la provisión de bienes e insumos en función de las necesidades y grado de avance de los programas de hemoterapia, a fin de superar las inequidades existentes.

Asimismo, se distribuyeron reactivos para el tamizaje de infecciones transmisibles por transfusión para seiscientos sesenta mil donaciones de sangre, equipamiento de laboratorio para dieciséis bancos de sangre centrales (Jujuy, Formosa, Chaco, Misiones, Corrientes, Tucumán, Salta, Mendoza, San Juan, La Rioja, Córdoba, Santa Fe, Entre Ríos y tres centros en la provincia de Buenos Aires) y de cadena de frío para el resto de las provincias (cuatrocientos noventa y cuatro bienes); hardware para bancos centrales y hospitales centinela de la red de hemovigilancia (doscientas dieciocho computadoras e impresoras); software de gestión para bancos de sangre, ciento treinta y ocho puestos de trabajo, veintiséis impresoras de etiquetas y cuarenta y un lectores de código de barras, provisión de materiales didácticos y de difusión (doscientos juegos conteniendo: cuatro guías de capacitación, video, C.D. o disco compacto y cassete de audio con spot publicitario, afiches de dos modelos y folletos de tres modelos), provisión de materiales de promoción del Plan Nacional de Sangre y la donación voluntaria (pecheras, pins, gorras, bolígrafos, remeras y exhibidores de gigantografías con el material descriptivo del proceso de donación de sangre), móviles de transporte de componentes sanguíneos y móviles para transporte de personal y materiales de colecta que están en proceso de entrega)[13]. (Argentina. Universidad Nacional del Nordeste, 2007)

4.13.4.4. LA RESOLUCIÓN DEL MINISTERIO DE SALUD DE LA NACIÓN 364/2008

Esta Resolución Ministerial creó el Registro de servicios de hemoterapia, integrante del Sistema Nacional de Sangre en virtud del Expediente Nº 1-2002-2577/08-0 de este Ministerio, en el ámbito de la Subsecretaría de Políticas de Regulación y Fiscalización. La resolución es concordante con la Ley Nº 22.990 de Sangre, su Decreto Reglamentario Nº 1338/04 y las Resoluciones Nº 70 de fecha 28 de febrero de 2002 y 865 de fecha 13 de junio de 2006, resolviendo varios puntos.

---

[13] Este programa trató de confirmar el trabajo que venían desarrollando los bancos de sangre de la Argentina, sistematizando aún más la información, la registración y el control, en pos de la hemovigilancia y el cuidado constante y seguro, hacia un Plan Nacional de Sangre que se extienda a lo largo y a lo ancho de toda la República. Veremos más adelante que no es privativa de naciones desarrolladas la hemovigilancia, sino una denodada tarea por tratar de llegar a garantizar la optimización del trabajo de los servicios de medicina transfusional, no solamente en la Ciudad Autónoma o en la provincia de Buenos Aires, sino también en el resto del país (Argentina. Universidad Nacional del Nordeste, 2007).

Estableció en sus principios fundamentales que el Ministerio de Salud de la Nación, en su carácter de autoridad de aplicación, y las autoridades jurisdiccionales, adoptaran las medidas que garanticen a los habitantes el acceso a la sangre humana y sus componentes y derivados, en forma, calidad y cantidad suficiente.

Además, queda a cargo de la autoridad de aplicación, a través del Ente Rector General, la sanción de las normas para el establecimiento y funcionamiento de un sistema de información, registro, catastro y estadística que comprenda a todos los niveles de dirección y ejecución del sistema, como así también la reunión, ordenamiento y reserva de la información ejecutiva, estadística y de catastro que les resulte necesaria a los fines de la dirección superior del sistema, y la supervisión y evaluación de los resultados del servicio, y elevación a la autoridad de aplicación de un informe anual.

Estableció también que los integrantes del Sistema Nacional de Sangre deben documentar sus actividades a través de un sistema de registro único para todo el país, de acuerdo con lo que se disponga en las normas administrativas y técnicas, y elevar la información de lo realizado a la autoridad jurisdiccional respectiva, quienes a su vez tienen a su cargo la remisión de toda la información que requiera la autoridad de aplicación nacional.

Continúa la vigencia de las normas técnicas y administrativas de hemoterapia que fueron establecidas por Resolución Ministerial Nº 865/06, especificando que los integrantes del Sistema están obligados a documentar sus actividades.

Prevé asimismo que los servicios tengan un sistema de registro específico que permita trazar la unidad de sangre, componente o derivado sanguíneo, desde su obtención hasta su destino. Una Memoria Anual que cuantifica lo realizado deberá ser confeccionada y elevada a la autoridad sanitaria jurisdiccional y a la autoridad de aplicación nacional.

El Plan Nacional de Sangre establecerá la metodología y formato de la información requerida por el organismo rector general para registrar y otorgar una identificación única, a cada servicio de hemoterapia ingresado al Registro, así como la acreditación del envío de la Memoria Anual de actividades.

Dicho organismo rector será responsable del correspondiente análisis de los datos ingresados y elevación de los informes a las autoridades nacionales y jurisdiccionales, y los programas provinciales de hemoterapia recibirán periódicamente la nómina de servicios de hemoterapia registrados así como los datos actualizados de la información remitida, con la finalidad de facilitarles el ejercicio de su responsabilidad de supervisión, control y fiscalización (Argentina. Ministerio de Salud, 2008).

4.13.4.5. LA RESOLUCION DEL MINISTERIO DE SALUD DE LA NACION Nº 797/2013

El pasado 03/07/2013, el Ministerio de Salud, en su carácter de autoridad de aplicación, reguló las medidas que deben adoptar las autoridades jurisdiccionales, a efectos de garantizar a los habitantes el acceso a la sangre humana y sus componentes en forma, cantidad y calidad suficiente, cuya resolución explicamos en sus partes más relevantes.

El Decreto Nº 1.338/04 faculta al Ministerio de Salud de la Nación en su carácter de autoridad de aplicación a dictar las normas complementarias, aclaratorias, administrativas y técnicas que resulten necesarias. Asimismo, la Resolución Nº 70/02 del Ministerio de Salud ha establecido como organismo rector general del Sistema Nacional de Sangre a la Subsecretaría de Políticas, Regulación y Fiscalización, con las responsabilidades y funciones establecidas en la Ley Nº 22.990. El Decreto Nº 1338/04 en su artículo 19, establece que el organismo rector general debe cumplir las funciones establecidas en el artículo 21 de la Ley Nº 22.990 a través del Plan Nacional de Sangre.

El artículo 21 en su inciso 1) establece que la autoridad de aplicación, a través del ente rector general fijará las normas técnicas y administrativas que reglamenten la habilitación, funcionamiento, control, inspección y supervisión de los servicios de hemoterapia, bancos de sangre y demás establecimientos comprendidos en este cuerpo legal. Por la Resolución del Ministerio de Salud Nº 865/06 se establecieron las normas técnicas y administrativas de hemoterapia vigentes, considerando que los avances del progreso científico hacen necesario contar con actualizaciones periódicas de las normas de la especialidad.

Por ello se convocó a la Comisión constituida por el artículo 3 del Decreto 1.338/04, que tuvo a su cargo la revisión y actualización de las normas administrativas y técnicas de hemoterapia, así como también la consideración de los criterios para la selección de donantes de sangre propuestos por el Plan Nacional de Sangre.

Es así que, actuando el Ministerio de Salud en ejercicio de las facultades conferidas por la Ley de Ministerios t.o.1992, modificada por Ley Nº 26.338, se aprobaron las nuevas normas administrativas y técnicas y los criterios de selección de donantes de sangre, y se derogó la Resolución Nº 865 del 13 de Junio de 2006 del Ministerio de de Salud (Argentina. Ministerio de Salud, 2012).

4.13.4.6. PROCEDIMIENTO DE CITACION Y SEGUIMIENTO EN LOS HOSPITALES DE LA CIUDAD AUTONOMA DE BUENOS AIRES EN DONANTES DE SANGRE CON SEROLOGÍA REACTIVA PARA H.I.V.

Una vez extraída la unidad de sangre del donante, luego de haberse sembrado la serología y la misma arroje como resultado "reactiva", los pasos a seguir deben ajustarse a un procedimiento implementado en los servicios de medicina transfusional de los nosocomios de la Ciudad Autónoma de Buenos Aires.

Una vez que se cuenta con todos los resultados de serologías reactivas para H.I.V., tanto en la técnica de p24 (buscando anfígeno viral) como la técnica de Elisa (buscando el anticuerpo), se le envía al donante una citación por teléfono-grama al domicilio que indicó como propio el día de la donación en las planillas de entrevista médica. El teléfono-grama posibilita avisar por carta al servicio hospitalario si llego la notificación al donante, si lo recibió otra persona, si el domicilio estaba cerrado y nadie respondió en él o si se conoce al destinatario.

El donante, habiendo sido notificado, concurre nuevamente al banco de sangre, se lo identifica personalmente solicitándole el Documento Nacional de Identidad, y se le habilita una planilla de estilo.

Se le realiza una entrevista médica privada para observar y relevar si tuvo conductas de riesgo condicionantes de enfermedades infecciosas de trasmisión sexual trasmisibles por transfusión sanguínea, antecedentes de drogadicción, etc. El donante firma al pie de esa planilla, aclara su nombre y su número de documento a efectos de garantizar su concurrencia al hospital y la veracidad de sus dichos.

Seguidamente se le extrae una nueva muestra de sangre y se realiza todo el estudio serológico nuevamente en el servicio de hemoterapia, además de enviar una nueva muestra al laboratorio central del hospital para realizar un estudio confirmatorio de H.I.V., con el método western Blot. En el laboratorio se ingresa la muestra del donante con siglas que lo identifiquen utilizando números y letras, de manera de preservar en todo momento su intimidad y la confidencialidad de los datos.

A las cuarenta y ocho horas posteriores a la toma de la nueva muestra de sangre, el donante debe concurrir al servicio de medicina transfusional, y si el resultado es negativo o no reactivo, se le entrega el informe de "falso positivo", hecho bastante frecuente en los bancos de sangre debido a que se utilizan métodos de screening y no confirmatorios, y se retira sin problemas, utilizándose dicha unidad de sangre para transfundir.

Generalmente, el resultado de "falso positivo" suele darse por interferencias de alguna proteína que tuvo el donante en el momento de la donación y fueron detectados por los analizadores de sangre de hemoterapia que suelen ser muy sensibles. No obstante ello, cabe aclarar que, en hemoterapia, la zona gris (duda entre un falso positivo), error de técnica o contaminación de placa de sembrado del H.I.V., es muy amplia, para asegurar la calidad del producto a transfundir. Es por ello que se extreman las medidas de seguridad, a efectos de no causarle un perjuicio al receptor de sangre.

Si el resultado obtenido de la nueva muestra del donante de sangre es positivo/reactivo, el jefe del servicio de medicina transfusional convoca al psicólogo de guardia, quien se encargará de entregar el informe del resultado, y luego se lo pondrá en manos de un infectólogo del hospital para realizar el seguimiento y/o tratamiento de la enfermedad.

En este estadio, el donante de sangre queda clasificado en la estadística hospitalaria como portador o enfermo de H.I.V.[14]

4.13.4.7. EL TRATAMIENTO EN LA PROVINCIA DE BUENOS AIRES. LAS RECOMENDACIONES DADAS POR LOS ESPECIALISTAS. LAS TECNICAS UTILIZADAS Y METODOLOGIA EMPLEADA. DIAGNÓSTICO DE INFECCIÓN POR V.I.H.

---

[14] Procedimiento de citación y seguimiento en los hospitales de la Ciudad Autónoma de Buenos Aires en donantes de sangre con serología reactiva para H.I.V. Hospital Dr. "Fundación Francisco Santojanni". Jefa de Servicio de Medicina Transfusional Dra. Estela González. Entrevista realizada el 25/10/2012.

4.13.4.7.1. INTRODUCCIÓN

La infección por el virus de la inmunodeficiencia humana va seguida de un período oligosintomático de duración variable que oscila entre dos y diecisiete años. En la mayoría de los casos, la respuesta humoral, es decir, la aparición de anticuerpos específicos contra el V.I.H., se presenta entre la segunda y la octava semana posteriores al momento inicial de la infección (primoinfección).[15]

El diagnóstico de infección en adultos y en el niño mayor de dieciocho meses se realiza por métodos serológicos a través de la búsqueda de anticuerpos específicos anti –V.I.H.

El tiempo que transcurre desde la primoinfección hasta la aparición de los anticuerpos específicos es un período de silencio serológico llamado "período de ventana", y se caracteriza por una activa replicación viral y por la ausencia de anticuerpos anti V.I.H. La duración de este período oscila entre quince días y tres meses.

Los métodos de diagnóstico virológicos se basan en la aplicación de técnicas de laboratorio que identifican el virus o sus componentes estructurales, y consisten en la amplificación del material genético viral integrado en linfocitos por D.N.A.-P.C.R., la amplificación material genético del virus libre en suero o plasma humano (ARN– H.I.V., cualitativo/cuantitativo), y la detección Antígeno p.24 (que es la principal proteína estructural del virión) por ELISA.

El diagnostico virológico cobra importancia en tres situaciones: diagnóstico temprano en lactantes expuestos perinatales al V.I.H. (hijos de madre infectada), sospecha de infección reciente (período ventana), y en casos de individuos con indeterminación serológica prolongada (Resultado de Western blot indeterminado).

4.13.4.7. 2. DIAGNÓSTICO SEROLÓGICO

---

[15] Información obtenida en Buenos Aires (Provincia). Ministerio de Salud. Centro Provincial de Referencia de VIH. Departamento de Agentes Infectocontagiosos. Programa del Ministerio de Salud de la Provincia de Buenos Aires. Recuperado de www.ms.gba.gov.ar/sitios/laboratorio/vih-**sida**

La identificación de los anticuerpos específicos anti H.I.V. se realiza a través de dos niveles de pruebas serológicas, las pruebas de tamizaje o screening y las pruebas suplementarias.

4.13.4.7.2.1. PRUEBAS DE TAMIZAJE

Se utilizan técnicas de gran sensibilidad para detectar a todos los individuos infectados. Esta alta sensibilidad puede generar resultados reactivos en ausencia de infección por V.I.H. ("falsos positivos").

Las pruebas de tamizaje comúnmente usadas son Enzimoinmunoensayo (ELISA) de 3ª generación, que detecta I.g.G. / I.g.M. de H.I.V. 1 y 2; ELISA 4ª generación, que detecta I.g.G./.I.g.M.; Ag viral, que confiere mayor sensibilidad rediciendo el período ventana; y pruebas de aglutinación de partículas de gelatina sensibilizadas Inmuno – Dot.

4.13.4.7.2.2. INMUNOCROMATOGRÁFICAS (TEST RÁPIDOS)

Su resultado se informa como REACTIVO o NO REACTIVO. En el caso de resultado reactivo se requiere confirmación por técnicas suplementarias, mientras que, ante un resultado no reactivo, se interpreta como un individuo V.I.H. – Negativo.

4.13.4.7.2.3. PRUEBAS SUPLEMENTARIAS O DE CONFIRMACIÓN

Es el segundo nivel de pruebas serológicas. Con ellas se confirma el resultado reactivo de las pruebas de tamizaje.

La más difundida es el Western blot. Se compone de tiras de nitrocelulosa donde los antígenos virales están purificados y separados por tamaño y peso molecular; cuando se enfrenta al suero del paciente, permite identificar cada uno de los anticuerpos presentes. Esta técnica se diferencia de las pruebas de tamizaje, que detectan los anticuerpos en su totalidad sin discriminar de AC.

Los resultados de Western blot se interpretan observando las bandas coloreadas que se identifican según su posición y características particulares: gp 160/120, p66, p55, p51, gp41, p31 p24 y p17.

Las recomendaciones del C.D.C. (M.M.W.R. 1989:38:1) indican las especificaciones que a continuación detallamos.

Western Blot POSITIVO: presencia como mínimo de 2 de las bandas gp 160/120, gp 41, p.24.

Western Blot Indeterminado: presencia de bandas que no cumplan con el criterio de positivo.

Western Blot Negativo: ausencia total de bandas.

4.13.4.7.2.3.1. INTERPRETACIÓN DE LOS RESULTADOS DE WESTERN BLOT

Positivo: significa que el individuo está infectado por el virus V.I.H. Negativo: indica que el individuo no está infectado por el virus V.I.H. Indeterminado: En este punto se generan dudas y no se puede decir que esté o no infectado. Las bandas que se observan pueden producirse por V.I.H., o bien debido a artefactos que se deben a la manufactura y/o a la muestra del paciente.

Se debe pedir una nueva muestra a los tres meses para estudiar la aparición o desaparición de V.I.H.- bandas.[16]

El resultado de la prueba de tamizaje solo se informa cuando es No – Reactivo. Los resultados de tamizaje Reactivos deben confirmarse por Western blot, los cuales siempre se informan como POSITIVO, NEGATIVO o INDETERMINADO.

4.13.4.7.2.3.1.1. CRITERIOS A SEGUIR EN CADA CASO

4.13.4.7.2.3.1.1.1. RESULTADO NEGATIVO

Excluye infección por V.I.H., salvo que ésta haya sido muy reciente (período de ventana). En caso de que se sospeche esta situación, se recomienda repetir el estudio entre los tres y los seis meses siguientes.

4.13.4.7.2.3.1.1.2. RESULTADO POSITIVO

---

[16] Información obtenida en Buenos Aires (Provincia). Ministerio de Salud. Centro Provincial de Referencia de VIH. Departamento de Agentes Infectocontagiosos. Programa del Ministerio de Salud de la Provincia de Buenos Aires. Recuperado de www.ms.gba.gov.ar/sitios/laboratorio/vih-**sida**

Antes de entregar un resultado Positivo, hay que confirmar la identidad del paciente para asegurarse de que esa persona es la "dueña" de la muestra original. Para ello se toma una nueva muestra, a la que solo se le realiza una prueba de tamizaje.

En este caso, se deberá evaluar su estado virológico e inmunológico (determinación de carga viral plasmática y recuento de linfocitos T C.D.4. positivos).

4.13.4.7.2.3.1.1.3. RESULTADO INDETERMINADO

Frente a un resultado indeterminado, se toma una posición expectante. Los datos epidemiológicos son aquí de suma importancia. Se debe repetir la determinación a los tres meses subsiguientes. Puede ser que mantenga la indeterminación por más de seis meses. En este caso se considera no infectado, pero no podrá ser donante de sangre ni de órganos.

4.13.4.7.2.3.1.1.4. SITUACIÓN PARTICULAR EN GESTANTES

Un estudio realizado entre los hospitales públicos de la provincia de Buenos Aires demostró que uno de cada cinco resultados de prueba de tamizaje reactivo en mujeres embarazadas corresponde a un resultado de Western blot indeterminado o negativo. En ese caso, existe la duda acerca de si se trata de un falso reactivo biológico o de una seroconversión reciente. Lo conveniente es repetir el análisis dentro de los quince días subsiguientes para verificar la aparición de nuevas bandas debidas a V.I.H., y realizar una evaluación epidemiológica cuidadosa, estudiar serológicamente a su pareja sexual o bien la posible adicción a las drogas por vía endovenosa, etc., antes de decidir una intervención terapéutica apresurada.

También es oportuno, si se dispone, realizar una técnica de biología molecular, A.R.N.-V.I.H. o D.N.A.-H.I.V.P.C.R, sobre una nueva muestra.

4.13.4.7.2.4. USO DE LOS TESTS RÁPIDOS

El test rápido es una prueba de tamizaje que produce un resultado en veinte minutos o menos. Se desarrolla en un solo paso, sin equipamiento adicional, con muestras de suero, plasma o sangre entera. El resultado se lee visualmente y puede desarrollarse en forma individual.

La realización de este test está sujeta a las mismas consideraciones ético – legales que cualquier otro test serológico para V.I.H. Por tratarse de una técnica de tamizaje, los resultados reactivos deben confirmarse por técnicas suplementarias (Western Blot).

La sensibilidad y especificidad del test Determine T.M H.I.V. 1+2 es del 100% y 99,5% respectivamente, similar a la de los ELISA para V.I.H. de 3° generación (Estudio multicéntrico – Red de Laboratorios – Programa Provincial de S.I.D.A.). En estudios con paneles de seroconversión, la sensibilidad disminuyó respecto de ELISA 3° Generación 79,07% versus 86,05%. Por lo tanto, cualquier resultado obtenido del test rápido debe ser corroborado por técnicas serológicas convencionales.

4.13.4.7.2.4.1. INDICACIONES PARA EL USO EN GESTANTES A TÉRMINO O PARTURIENTAS

Por sus características, los tests rápidos pueden usarse para tomar una decisión terapéutica en situación de emergencia. Un resultado reactivo se considerará provisoriamente positivo. La confirmación de este resultado debe realizarse lo más rápidamente posible. En gestantes que llegan al parto sin serología para V.I.H. previa, la realización de un test rápido es la única posibilidad de testeo disponible para implementar la profilaxis preventiva específica.

La Ley Nacional 23.798 y el Decreto reglamentario N° 1.244/91 exigen el consentimiento informado escrito para la realización del estudio. La Convención Internacional de los Derechos del Niño legitima la participación de menores entre catorce y veintiún años en el consentimiento informado. La realización del test rápido también requiere consentimiento informado pre- test.

4.13.4.7.2.4.2. INTERPRETACIÓN DE LOS RESULTADOS

El resultado NO REACTIVO no requiere implementación de profilaxis preventiva. El resultado REACTIVO se considera provisoriamente positivo, y requiere profilaxis preventiva a la madre y al niño y la suspensión provisoria de la lactancia hasta tanto se haya confirmado la positividad para V.I.H.

4.13.4.7.2.4.3. METODOLOGÍA DE TRABAJO

La realización del test rápido estará a cargo del personal del servicio de guardia del laboratorio hospitalario quien, frente a la emergencia, informará el resultado al medico solicitante. Diariamente informará al jefe de laboratorio (o a quien éste delegue la responsabilidad) de los tests realizados y sus resultados mediante la confección de una planilla donde figure el código de la paciente y el resultado. La muestra se remitirá al Servicio de Laboratorio de serología.

4.13.4.7.2.5.1. DIAGNÓSTICO DE INFECCIÓN EN NIÑOS EXPUESTOS PERINATALES AL V.I.H.

Los niños expuestos al H.I.V. nacen con un patrón V.I.H. - I.g.G idéntico al materno debido al pasaje pasivo a través de placenta.

Desde el punto de vista serológico, en los niños no infectados se observará aclaramiento fisiológico progresivo de anticuerpos I.g.G. durante seis y doce meses de vida o más. Este proceso se llama seroconversion.

Los niños infectados verticalmente experimentan un proceso de seroconversion que se visualiza con el sostén de las bandas en Western blot más allá de los dieciocho meses de vida.

Para arribar a un diagnóstico pediátrico en tiempo y forma se aplican las técnicas virológicas que detallamos a continuación.

4.13.4.7.2.5.1.1. CADENA DE REACCION DE POLIMERASA (P.C.R.).

El P.C.R. o Polymerase Chain Reaction es una técnica que se usa para amplificar un fragmento de ADN. Tras la amplificación, resulta más fácil identificar con muy alta probabilidad virus y bacterias causantes de una enfermedad, identificar personas (cadáveres) o hacer una investigación científica sobre el A.D.N. amplificado. Detecta secuencias del provirus en los linfocitos T de sangre periférica del niño. La sensibilidad es de 30 – 50 % en niños recién nacidos hasta el 100 % luego del tercer mes de vida. Excluir sangre de cordón. P.C.R. positiva dentro de las primeras cuarenta y ocho horas de vida, presumiblemente indique infección intra útero.

4.13.4.7.2.5.1.2. ANTIGENO PROTEINA 24 (P24)

Es la proteína estructural del virus. Su detección en suero o plasma (ELISA) es sencilla, rápida y económica. La sensibilidad de esta técnica es nula al momento de nacer y luego alcanza un promedio de 60 %; su especificidad es del 100%. No debe aplicarse dentro de los primeros diez – quince días de vida del niño por resultados falso positivos.

4.13.4.7.2.5.1.3. A.R.N.-V.I.H. PLASMÁTICO.

El ARN producto de la replicación viral en plasma se detecta con alta sensibilidad.

Los resultados de estos test deben interpretarse en el marco de un algoritmo y no de un único resultado individualmente. No son pruebas diagnósticas sino que se consideran de investigación.

4.13.4.7.3. LA REGULACION DE LA LEY PROVINCIAL DE HEMOTERAPIA

4.13.4.8. LA LEY Nº 11725/95, SU DECRETO REGLAMENTARIO Nº 3716/97 Y SU ANEXO

Las disposiciones de la ley en el ámbito de la provincia de Buenos Aires regulan la actividad hemoterapéutica, así como todas las actividades relacionadas con la extracción, manejo, producción, transfusión, etc., de la sangre humana. Su artículo 1º declara de interés provincial las actividades relacionadas con la sangre, sus componentes y sus derivados, que se determinen en el texto de la Ley Nº 22.990, declarando de interés nacional a la Ley Nacional de Sangre. Su artículo 2º faculta a la autoridad de aplicación, a través del Poder Ejecutivo Provincial a dictar las normas técnicas y administrativas a las cuales deberán ajustarse todas las actividades relacionadas con la sangre humana y sus derivados. El artículo 3º declara como autoridad de aplicación en el ámbito provincial al Ministerio de Salud de la provincia de Buenos Aires. El artículo 4º crea el Sistema Provincial de Hemoterapia, adherido al Sistema Nacional creado por la Ley Nº 22.990. El artículo 7º dispone que el Sistema Provincial de Hemoterapia brindará asistencia técnica a los servicios de hemoterapia y bancos de sangre que funcionen en establecimientos públicos y/o privados del ámbito municipal, como también podrá realizar acuerdos de cooperación tecnológica, formación de recursos humanos, investigación y/o producción e intercambio de subproductos sanguíneos con los municipios del territorio bonaerense.[17]

---

[17] Datos obtenidos de Buenos Aires (provincia). *Ley Provincial 11725*. Recuperado de www.labovirtual.com.ar/hemoterapia.htm

A través de su Decreto Reglamentario Nº 3.716/97, se disponen los aspectos técnicos y administrativos no regulados por la ley. Así, declara que serán de aplicación en la ley provincial todas las normas establecidas por la Ley Nº 22.990 y su Decreto Reglamentario, en aquellos aspectos técnicos y administrativos que no se encuentren expresamente regulados de modo particular en el presente reglamento. Categoriza a la donación de sangre, así como también a la donación de otros órganos y tejidos, como el objetivo prioritario del más alto interés sanitario y social. Define a la actividad hemoterapéutica, sistematiza la utilización de la sangre humana y sus derivados sanguíneos, regula los servicios de hemoterapia provinciales, ratifica la autoridad de aplicación, y específicamente y en un acápite aparte delimita las normas técnicas que se trazan en línea recta desde la selección de los donantes de sangre en la etapa pre-donación, la entrevista médica, los controles clínicos básicos, las restricciones y rechazos a la donación, culminando con la transfusión y la preparación de sus hemoderivados.[18]

En su Anexo I de Registros, la citada ley dispone del Instructivo para confeccionar, donde debe constar la siguiente información: a) el Resumen Mensual de Hemoterapia[19], b) la Ficha de preparación de hemocomponentes[20], c) la Ficha de Transfusión[21], d) la Ficha de prevención de la Enfermedad Hemolítica del Recién Nacido, e) fichas y estadísticas de las determinaciones serológicas reactivas por marcador y métodos de screening, f) Ficha de Donación de la provincia de Buenos Aires[22], g) la planilla a completar por el médico interviniente en la entrevista pre-donación[23], h) un documento anónimo y confidencial, solo identificado con el número de donante, conocido en la especialidad como "autoexclusión"[24], i) el Formulario de solicitud de hemocomponentes, de transfusión sanguínea y hemoderivados para ser

---

[18] Recuperado de http://www.gob.gba.ar/legislación/legislación/97-3716.htlm

[19] Entre cuyos datos filiatorios más importantes destacamos el nombre y tipo del establecimiento, su dependencia, partido y región sanitaria, las camas disponibles, los egresos, los partos, el tipo del servicio de hemoterapia, etc.

[20] Que incluye la inmunohematología en donantes, inmunoserología, fraccionamiento de hemocomponentes, plasma enviado a planta de hemoderivados, y calidad de hemocomponentes producidos.

[21] En ella aparecen la evaluación clínica pre-transfusional, los hemocomponentes, la transfusión por servicios, las unidades descartadas por serología reactiva, las reacciones adversas de la transfusión, y la transfusión autóloga.

[22] Conteniendo datos personales del donante, datos clínicos y datos de la extracción, tales como el número de bolsa, la tipificación de su grupo sanguíneo (A.B.O.) y factor (R.H.).

[23] Incluyendo el consentimiento informado y la voluntariedad del acto de donación sanguínea.

[24] Éste está destinado a depositarse en un buzón habilitado a tal fin, en aras de que en su fuero más íntimo, el donante se autoexcluya y su sangre no sea utilizada.

reinfundidos a los pacientes, j) el Formulario de solicitud de Hemocomponentes y Hemoderivados[25], y k) el Formulario de notificación de serología reactiva[26].[27]

La notificación al donante de serología reactiva se realiza en la misma forma en que lo explicamos para el procedimiento de la Ciudad Autónoma de Buenos Aires y los formularios que describimos en el anexo del contexto del decreto reglamentario de la Ley Provincial de Hemoterapia, que, con sencillas modificaciones, son los mismos utilizados en la Ciudad mencionada.

Nos interesa remarcar, llegado a este punto, la seriedad y el profesionalismo con los que se trabaja desde los bancos de sangre, en el marco de la hemovigilancia argentina.

4.14. VACUNACION TERAPEUTICA DEL V.I.H. / S.I.D.A. LOS TRATAMIENTOS ACTUALES

El tratamiento estándar del V.I.H. / S.I.D.A. consiste en una combinación de opciones de terapia antirretroviral (A.R.T.) en la que se emplean, como mínimo, dos tipos de agentes antirretrovirales (A.R.V.s), y requiere que se lo aplique de por vida. La A.R.T. de primera línea es simple y altamente supresita, contándose con una batería de drogas que inhiben a distintas partes del ciclo de vida del V.I.H. para terapias eficaces de segunda, tercera y ulteriores líneas. No obstante, estas drogas no curan la enfermedad ni reconstituyen la inmunidad específica del V.I.H.

La interrupción del tratamiento y los problemas de adherencia conducen a un rápido robote del virus y al desarrollo de resistencia a las drogas. Ambos hechos, así como los casos de cáncer no definitorio de S.I.D.A., han aumentado significativamente, incluso bajo terapia alternativa supresita. Hoy en día, uno de los objetivos del tratamiento de la enfermedad por V.I.H. es llegar a una "cura funcional", es decir, a una remisión mediante el control por inmunidad mediada del avance de la enfermedad asociada al V.I.H., y la erradicación de los reservorios de V.I.H. (Nátz y Lisziewicz, 2012)

---

[25] El cual se envía al centro regional por ayuda de unidades sanguíneas faltantes en los bancos de sangre.

[26] Todos los documentos del banco de sangre (la serología reactiva y no reactiva, los libros de donantes, embarazadas, grupos sanguíneos, derivados sanguíneos, transfusiones realizadas, etc.) se archivan en el Servicio de Hemoterapia.

[27] Toda la información detallada en el párrafo fue recuperada de www.labovirtual.com.ar/hemoterapia.htm

La idea que llevó a los investigadores al desarrollo de la vacuna terapéutica “Dermavir” fue inspirada por una observación clínica clave que demostró que es posible en un futuro lograr una inducción del control inmune a largo plazo contra en V.I.H.

La composición farmacológica de dicha vacuna se propone promover la inmunidad celular específica de pacientes V.I.H. (+), a fin de controlar la replicación del virus y llegar a una “cura funcional”. De esta forma, conforme opinan los autores, la ”Dermavir” podría modificar el paradigma del tratamiento del V.I.H., ofreciendo a los pacientes una opción para interrumpir con seguridad el tratamiento por vía de drogas orales, al impulsar a su propio sistema inmune a imponerse a la enfermedad por V.I.H.

4.15. COLOFON

En este capítulo expusimos los aspectos médicos del H.I.V. – S.I.D.A. más relevantes. Si bien el capítulo no agota las fuentes de información existentes en la materia, intentamos mostrar aquí la forma prolija y profesional como se suelen tratar los casos de dicha enfermedad en los dos puntos más álgidos del país, es decir, en la Ciudad Autónoma de Buenos Aires y en la provincia de Buenos Aires (conurbano bonaerense), por las razones que pasamos a considerar a continuación.

Las dos grandes urbes mencionadas concentran la mayor cantidad de habitantes del país, por lo cual la recolección de sangre por donación en los servicios de medicina transfusional hace la diferencia con respecto al resto de las provincias argentinas.

Hemos observado que los métodos utilizados no difieren prácticamente de los de otros países del mundo, ya que su fabricación es extranjera y la licencia de distribución del producto es nacional. Es decir que, en relación con los avances en la investigación del H.I.V., nuestro país se encuentra a la altura de los países tecnológicamente desarrollados.

Destacamos además la seriedad y el celo profesional con el que se trabaja desde los bancos de sangre y servicios de hemoterapia de cualquier centro de salud, por pequeño que sea. El cuidado y respeto por las personas que de una manera altruista voluntariamente donan su sangre en pos de beneficiar a un semejante es otro de los puntos a remarcar.

Hemos estudiado en profundidad el Programa de Hemovigilancia, que en nuestro país funciona muy bien, con profesionales que se dedican a sus quehaceres de manera denodada y responsable, aplicando las normativas nacionales, provinciales, resoluciones ministeriales, normas internacionales, etc., y con estrictos controles de la epidemia, elaborando los informes requeridos a las autoridades de aplicación del Plan Nacional de Sangre, todo ello sin la necesidad de importar ideas o acoplar normativas ajenas. O sea que, en materia de hemovigilancia, nos encontramos a la altura de otros países del mundo, tales como las naciones europeas y latinoamericanas.

Pudimos comprobar que el período de ventana aún existe, en tanto aún no apareció una vacuna para impedir el contagio y la cura definitiva del S.I.D.A., conforme la estructura biológica del virus y su replicación dentro del organismo humano.

Hemos precisado también algunos conceptos de las terapias médicas actuales en torno al tratamiento de los infectados, siendo cautos en el manejo de la información (ya que la presente no es una tesis en fisiología), reconociendo que el H.I.V. / S.I.D.A. dejó de ser una problemática menor desde hace muchos años, para convertirse en una verdadera pandemia que azota a la humanidad.

Dejamos establecido asimismo que el período de ventana de la infección fue acortado en gran medida, variando a lo largo del tiempo: mientras que, al momento del descubrimiento del virus, dicho período se prolongaba hasta un año, hoy, con equipos de detección viral de tercera generación, fue abreviado a veintidós días (González, 2012); con técnicas como el P24, a dieciséis días; con N.A.T., a dieciséis / once días, coincidiendo el Ministerio de Salud de la Provincia de Buenos Aires, que se extiende entre quince y noventa días, pero no se halló hasta el momento el "kit" de detección viral que arroje cero enfermedad o riesgo cero de contraer la infección.

En resumen, asumimos una posición de coincidencia con el tratamiento e investigación de la enfermedad del H.I.V./S.I.D.A. tal como se realiza desde los bancos de sangre de nuestro país, y sus mecanismos de protección sanitaria; esperamos aún la eliminación definitiva del problemático período de ventana del virus.

5. CAPITULO IV: CASOS ESPECIALES EN LA MEDICINA TRANSFUSIONAL. METODOS PALIATIVOS A LA TRANSFUSION SANGUINEA

Muchos son los caminos utilizados a través de la historia de la medicina transfusional, en pos de tratar de disminuir las vías o riesgos de contagio de enfermedades y evitando sus consecuencias. Cierto es que desde hace más de tres décadas, en la práctica médico quirúrgica se utiliza el recupero de tejido sanguíneo por medio de un proceso físico – mecánico (esfuerzo del hombre con ayuda tecnológica) dado por los paños utilizados en la cirugía o los campos quirúrgicos.

Expondremos ahora algunos de los métodos utilizados como paliativos al uso de la transfusión de sangre, a los que denominamos casos especiales en la medicina transfusional, destinados a evitar la transfusión de sangre y disminuir el riesgo de contagio de H.I.V. durante el período de ventana, relevando el estado del arte médico en una tesis cuyo impacto y relevancia jurídica intentamos desentrañar, a los fines de brindar un marco de protección legal a la enfermedad del S.I.D.A. en nuestro medio.

5.1. RECUPERACION INTRA OPERATORIA DE SANGRE (R.I.O.S.)

La sangre se recoge del campo quirúrgico, se lava una cantidad de variable de veces por medio de máquinas especialmente diseñadas para ello, se separan los glóbulos rojos de los otros componentes, los glóbulos rojos se filtran a través de filtros de microagregados y se reinfunde al paciente durante o después de la cirugía.

La práctica es también conocida la técnica como Recuperación Intraoperatoria de Glóbulos Rojos (R.I.G.R.) y Recuperación Postoperatoria de Sangre (R.P.S), dependiendo el momento en que se dé la recuperación del tejido sanguíneo, y puede utilizarse en el período intra y post operatorio. Este método para obtener y transfundir sangre autóloga es el que menor impacto tiene sobre la fisiopatología del paciente, ya que en realidad lo que se colecta es la sangre que había sido perdida por el propio paciente, con el objeto de reducir la exposición a sangre alogénica (o sangre de donante de banco). Los dispositivos tecnológicos son denominados “Cell-Saber” o rescatadores celulares.

5.1.1. VENTAJAS DE LA UTILIZACIÓN DEL R.I.O.S.

Las ventajas de la utilización del R.I.O.S. son la disminución del uso de sangre alogénica, la facilidad para ser programado en la emergencia, las bajas posibilidades de cometer errores administrativos y la no alteración de la fisiología del paciente, entre otras.

5.1.2. DESVENTAJAS DEL USO DEL R.I.O.S.

Sus desventajas son su elevado costo (el más alto de los procedimientos de sangre autóloga -sangre del mismo paciente-), el requerimento de la presencia de un operador experimentado y la posibilidad de que se produzcan complicaciones (tales como tales como coagulopatías de consumo o hemólisis) con el paciente, de no realizarse en forma apropiada.

5.1.3. CONTRAINDICACIONES DE SU UTILIZACIÓN

Su utilización está contraindicada cuando se usan materiales microfibrilares de colágeno como hemostáticos, frente a fluidos corporales infectados en pacientes con prótesis, cuando el paciente es portador de un virus letal que puede infectar a los operadores, etc. (Asociación Argentina de Hemoterapia e Inmunohematología, 2007a)

5.2. SANGRE AUTÓLOGA PREOPERATORIA

Otro de los métodos utilizados es el programa de donación de sangre autóloga preoperatoria (Iñiguez, 2009). La primera transfusión autóloga o autotransfusión, como se la denomina en la jerga medica, fue realizada por el Dr. Blundell en el siglo XIX, a una puérpera (paciente que acababa de parir), y a partir de entonces se ha convertido en una de las alternativas transfusionales que continúa siendo utilizada.

La T.A. o transfusión autóloga es el procedimiento médico por el cual se reinfunde a un paciente sangre o hemocomponentes que le han sido extraídos previamente. De acuerdo al momento en que haya sido extraída se tratará de sangre autóloga pre-operatoria, intra-operatoria o post-operatoria (Asociación Argentina de Hemoterapia e Inmunohematología, 2007a).

Las primeras referencias sobre este procedimiento en la literatura médica datan de 1921, cuando el Dr. Grant, cirujano norteamericano, describió e hizo pública en la comunidad científica de la época, la reinfusion de quinientos ml. de sangre autóloga a un paciente que había sido sometido a una neurocirugía veinticuatro horas antes. Pero en realidad, tal y como lo expresáramos al comienzo del capitulo, fue Blundell, obstetra y fisiólogo británico, quien realizó la primera autotransfusión a una paciente, reinfundiéndole su misma sangre perdida durante el pos parto.

Se han usado dos métodos principalmente para la transfusión autóloga: en uno el enfermo es sangrado durante un mes más o menos antes de la transfusión, y la sangre se almacena en estado líquido; en el otro el enfermo es sangrado durante varios meses y los hematíes se conservan congelados (Mollison, 1987).

Sin embargo, en la década del 70' se comenzó a utilizar rutinariamente en Francia y los Estados Unidos y su desarrollo alcanzó su mayor auge en la década de los 80', debido al advenimiento del virus del H.I.V. (Iñiguez, 2009)

Según los análisis científicos, el 50% de la sangre utilizada por medio de ésta técnica tuvo lugar en el Reino Unido en circunstancias quirúrgicas. A pesar de que existen evidencias que permiten la reducción de los umbrales de la transfusión publicadas, también existe evidencia de la mala utilización de la sangre.

Las técnicas que permiten la utilización de sangre autóloga son: a) P.D.L. (Predepósito en Estado Líquido); b) H.A.N. (Hemodilución Aguda Normovolémica) y c) R.I.O.S. (Recuperación Intra y Post Operatoria de Sangre) (Asociación Argentina de Hemoterapia e Inmunohematología, 2007a).

5.3. PRE – DEPOSITO EN ESTADO LIQUIDO (P.D.L.)

Con la extracción de una unidad de sangre autóloga se disminuye el hematocrito (valor de laboratorio que marca el volumen total de sangre en el cuerpo humano) del paciente –donante, se moviliza el hierro de depósito corporal y ante eso la eritropoyetina endógena estimula la producción de glóbulos rojos. Para que este proceso tenga lugar en forma rápida, eficaz y segura para el paciente, los depósitos deben ser capaces de ofrecer a la transferrina, que es la proteína que lleva el hierro desde los depósitos a los precursores eritropoyéticos, suficiente hierro para que la hemoglobina se eleve luego de cada extracción de sangre. De este modo, se puede realizar la extracción subsecuente de unidades autólogas, cifra que puede alcanzar hasta cuatro o más unidades, cada cuatro a siete días.

El P.D.L. puede ser utilizado también en pediatría, en pacientes que van a ser sometidos a cirugías ortopédicas, cardiovasculares, cirugía plástica, neurocirugía, etc.

5.3.1. BENEFICIOS DE LA UTILIZACIÓN DE ESTA TÉCNICA

Los beneficios son: disminución del uso de sangre homóloga (de dador de sangre de banco), del riesgo de adquirir enfermedades infecciosas, y de los efectos inmunosupresores de la transfusión. También podemos citar la utilización de la propia sangre cuando se poseen múltiples anticuerpos contra antígenos de los glóbulos rojos y la eliminación de aloinmunización a antígenos de leucocitos, plaquetas y proteínas del plasma (lo cual en los niños y adolescentes es de gran importancia por su impacto en el futuro transfusional del paciente, en los embarazos, en futuros transplantes, etc.).

5.3.2. RIESGOS E INCONVENIENTES DE SU UTILIZACIÓN

Los riesgos son la selección incorrecta del donante, mala disposición del paciente, infección bacteriana silenciosa, posibilidad de que la operación se posponga por razones institucionales o del paciente, complicaciones durante la extracción (atención en un ambiente inadecuado, extracción de un porcentaje de volemia -volumen total sanguíneo del cuerpo humano- inapropiado-), contaminación bacteriana, y/o problemas en la conservación de la sangre (desarrollo bacteriano por mal control de los refrigeradores, pérdida de las unidades depositadas por corte de energía eléctrica, errores en la adjudicación del componente, es decir, transfundir a otro paciente su unidad de sangre autóloga, etc.).

5.3.3. CONTRAINDICACIONES DEL P.D.L.

La estimación de la pérdida de sangre no la justifica; falta de aceptación del procedimiento por el paciente, no otorgando su consentimiento para su realización; red venosa no apta para la extracción; intolerancia al suplemento del hierro, etc.

Si bien en términos médicos esta técnica es considerada exitosa, no debemos pasar por alto las críticas que desde la especialidad se le hacen respecto del porcentaje de descarte, ya que terminan no siendo utilizadas las unidades de sangre entre un 6 y un 31%. Los errores, desventajas y contraindicaciones antedichas, la carencia de análisis acerca de la influencia del P.D.L. sobre morbi-mortalidad, y sobre todo sus costos, impiden recomendar esta técnica conforme lo explican especialistas sobre el parámetro eficiencia de la misma.

5.4. HEMODILUCION AGUDA NORMOVOLEMICA (H.A.N.)

Es el procedimiento por el cual se extrae sangre al paciente en el preoperatorio inmediato con el objeto de reservarla para su infusión durante o al finalizar la cirugía. Se repone con expansores de volumen (cristaloides o coloides) la volemia extraída. Se desciende de ese modo el hematocrito, lo cual hará que cuando se produzca el sangrado, la masa eritrocitaria perdida sea menor por estar la sangre del enfermo diluida. Esta situación optimiza las condiciones reológicas de la sangre. El procedimiento está limitado según los especialistas a pacientes con patologías específicas como hemoglobinopatías, otras anemias, desórdenes de la hemostasia, inestabilidad hemodinámica afecciones de la función cardíaca o pulmonar, emergencias quirúrgicas, y es muy útil en personas que no pueden realizar predepósito por razones médicas, o en aquéllas que por cuestiones religiosas no aceptan la extracción ni la transfusión de sangre, como los testigos de Jehová.

5.4.1. VENTAJAS DEL USO DEL H.A.N.

Ellas son: disminuyen el uso de sangre alogénica en pacientes con y sin predepósito y de las reacciones transfusionales por error de unidad; la sangre extraída es fresca, con todos los factores de coagulación y plaquetas; posee un menor costo que la sangre homóloga; y resulta aplicable en casi todos los procedimientos quirúrgicos.

5.4.2. DESVENTAJAS DEL USO DEL H.A.N

Citamos entre otras: reducción de la reserva amortiguadora de masa de glóbulos rojos ante una hemorragia masiva, menor liberación de oxígeno a los tejidos, mayor posibilidad de requerirse un catéter pulmonar y una vía arterial en los pacientes y de una estadía mayor en el quirófano en pacientes pequeños, etc.

No obstante ello, de acuerdo con el balance realizado por los especialistas en relación a la eficacia de la utilización del H.A.N., los estudios contienen errores metodológicos y carecen de análisis acerca de la morbi–mortalidad y de costos económicos, por lo que no se puede suministrar una recomendación.

Su utilización, si bien interesante y altamentebeneficiosa, fue declinando en la segunda mitad de la década de los noventa, cuando en los países desarrollados se consideró que estos procedimientos tenían un costo elevado, al tener en cuenta el uso excesivo, a veces no justificado, que producía un alto porcentaje de descarte de unidades antólogas.

Todo ello se debe a que, por protocolo profesional, la sangre no puede ni debe ser utilizada para otra persona que su propio donante, razón por la cual, en caso de no ser utilizada, debe desecharse, malgastando en términos económicos concretos, horas hombre, material descartable y espacio en los bancos de sangre. Asimismo, en los países subdesarrollados de America Latina y específicamente de Sudamérica, los altos costos de dichas prácticas y los escasos recursos con los que normalmente se cuenta, hacen que la práctica referenciada sea indicada en los casos en los cuales concretamente el paciente utilice su propia sangre.

Si bien es cierto que este es uno de los métodos más seguros para trabajar en medicina transfusional, no es menos cierto que no siempre se indica este procedimiento, ya que la evaluación previa y el estado general del paciente son sumamente importantes para llevarlo a cabo. Es decir, no siempre los pacientes están en condiciones médicas de donar su propia sangre para ser utilizada con posterioridad; por el contrario, la mayoría de los casos en los cuales los pacientes necesitan ser transfundidos, se dan con extrema necesidad de incorporación de tejido sanguíneo externo o de donante de banco.

5.5. DONACION AUTOLOGA PRE-OPERATORIA (D.A.P.)

Sucintamente explicaremos el método, siguiendo los lineamientos de Iñiguez (2009). Se considera D.A.P. (donación autóloga preoperatoria) a la modalidad de Transfusión Autóloga que consiste en la extracción de dos o más unidades de sangre a un paciente que va a ser sometido a una cirugía programada, para tratar de cubrir las necesidades de transfusión durante la cirugía y el periodo postoperatorio. De esta manera se busca reducir o evitar la exposición de sangre o componentes sanguíneos alogeneicos. Todo paciente clínicamente estable que va a ser sometido a una cirugía programada puede eventualmente someterse a un programa de D.A.P.

Sus contraindicaciones son: foco infeccioso con riesgo de bacteriemia, hipertensión arterial no controlada, arritmias ventriculares, infarto agudo de miocardio o accidente cerebro vascular en los últimos seis meses, enfermedad cardiorrespiratoria grave, estenosis aórtica, epilepsia no controlada, red venosa deficiente (generalmente se da tal situación en pacientes con patologías nefrológicas y sometidos a sesiones de diálisis), antecedentes de mala tolerancia a la extracción de sangre en pacientes hemodinámicamente compensados y con valores de laboratorio de referencia normal.

5.5.1. VENTAJAS DE SU UTILIZACIÓN

La posibilidad de reducir o evitar la exposición a sangre y componentes alogénicos presenta los siguientes beneficios: evita las infecciones transmisibles por transfusión; previene la alonmunizacion a anfígenos eritrocitarios al disminuir el riesgo de exposición a sangre alogenita; proporciona sangre compatible para pacientes con múltiples aloanticuerpos o anticuerpos de alta incidencia; imposibilita el desarrollo de la enfermedad injerto contra huésped post transfusional; previene reacciones febriles, hemolíticas y alérgicas asociadas a la transfusión de sangre y componentes sanguíneos; estimula la eritropoyesis; disminuye el riesgo de la inmunomodulacion. Este mecanismo podría inducir en pacientes oncológicos cambios en la inmunidad innata y celular que se relacionarían con recurrencia de la enfermedad de base y aumento del riesgo de infecciones perioperatorias

5.5.2. DESVENTAJAS DE SU UTILIZACIÓN

No elimina los riesgos de contaminación bacteriana, es incompatible ABO por error administrativo o sobrecarga circulatoria, y la sangre no transfundida se descarta. Esto aumenta el costo, generalmente cuando se utiliza sin indicación precisa. Puede provocar anemia en el perioperatorio, con mayor probabilidad de exposición a transfusiones alogenitas, si no se cumplen estrictamente los requisitos previstos en cuanto al tiempo necesario para efectuar las extracciones.

Si bien es cierto que el D.A.P. genera un sin fin de controversias entre los especialistas de la medicina transfusional, respecto de la utilización o inutilización de la sangre de determinado donante, su conservación, descarte, etc., debemos dejar en claro que es uno de los métodos mas eficaces para prevenir las infecciones transfusionales, ya que de utilizarse la unidad de sangre o algún hemocomponente, el paciente recibirá su propio tejido sanguíneo.

Su protocolo de indicación medica en cuanto a la preparación y condiciones de morbilidad del paciente en la utilización de esta técnica, exceden el marco de nuestra investigación.

5.6. ERITROPOYETINA (E.P.O.)

La E.P.O. es una hormona glicoproteica cuya función principal, no la única, es la regulación de la producción de glóbulos rojos de la sangre, y con ello de todos los procesos relacionados con la formación de energía por vía aeróbica. Esta función tan importante para el mantenimiento de la vida y el bienestar ha dado lugar a un gran desarrollo en su conocimiento, y a que, desde hace tiempo, la ciencia médica la haya sintetizado mediante técnicas recombinantes. Esta hormona, producida en el riñón a nivel del mesangio (red celular presente en el glomérulo renal), tiene por finalidad aumentar la producción eritrocitaria en la medula ósea, incrementando la diferenciación y proliferación de precursores eritroides. El principal estimulo para la liberación de E.P.O. es la hipoxia (falta de oxigeno en los tejidos), que aumenta la expresión génica del gen de la EPO. Los niveles normales oscilan entre 4 – 30 mU/ml y aumentan en la medida que la hipoxia sea mas severa.

La E.P.O. se obtiene por recombinación genética; es exactamente igual que la E.P.O. humana endógena y se utiliza desde 1986. Este polipéptido glucosilado esta compuesto con ciento sesenta y seis aminoácidos y posee un peso molecular de treinta y cuatro mil dalton.

5.6.1. VENTAJAS DE LA ERITROPOYETINA

La eritropoyetina está indicada en casos de:

1) anemia de los pacientes con insuficiencia renal crónica;

2) prevención de anemia en los pacientes prematuros con peso entre setecientos cincuenta y mil quinientos grs. al nacer y edad gestacional menor a treinta y cuatro semanas;

3) prevención y tratamiento de anemia en pacientes adultos con tumores sólidos, sometidos a quimioterapia con polvo liofilizado;

4) tratamiento de la anemia en pacientes adultos con mieloma múltiple, linfoma de hodking de bajo grado o leucemia linfocitica crónica;

5) aumento del rendimiento de la sangre autóloga en los programas de autotransfusión;

6) incremento de la masa pre–quirúrgica eritrocitaria en pacientes Testigos de Jehová;

7) anemia de los pacientes con S.I.D.A.; y

8) anemia de los pacientes con enfermedades crónicas, tales como artritis reumatoidea, infección crónica, etc.

5.6.2. DESVENTAJAS DE LA ERITROPOYETINA

Su empleo está proscripto frente a:

1) hipertensión arterial no controlada;

2) hipersensibilidad al principio activo;

3) primer Trimestre del embarazo; y

4) antecedente de accidente coronario, cerebrovascular o episodios tromboembólicos en el último mes (para los pacientes en programa de autotransfusión).

5.7. HEMOGLOBINA MODIFICADA

Otro sustituto de la sangre humana, al igual que la E.P.O., es la hemoglobina modificada, es decir la alteración natural de la proteína que transporta oxígeno al tejido sanguíneo por la mano del hombre. Si bien la ciencia bioquímica viene realizando desde hace más de veinte años aportes a este método, de acuerdo con los avances de la medicina mundial, solamente se realizaron pruebas de laboratorio en ratas, pero no en seres humanos.

Los métodos descriptos en el presente capítulo (que no configuran la totalidad a nivel mundial, ya que no pretendemos desarrollar una tesis de medicina), en opinión de los especialistas de la medicina transfusional, son mecanismos paliativos a corto plazo en pos de solucionar la deficiencia orgánica de ciertos pacientes, y se los emplea por diversas razones (temor al contacto con sangre humana de terceros, motivos religiosos, expresiones de voluntad a través de directivas anticipadas, etc.). Cabe agregar que se trata de soluciones preventivas, pero no curativas.

En el caso de los testigos de Jehová, en sus postulados médico–religiosos, se recomienda el empleo de posibles sustitutos de las transfusiones sanguíneas, a fin de ser evitadas. "En una atmósfera de respeto mutuo, se consideran las diversas estrategias de conservación de la sangre que han sido usadas para tratar a los testigos de Jehová. Tales estrategias incluyen la hemodilución normovolémica aguda, la recuperación de sangre perioperatoria, la hipotensión controlada, factores hematopoyéticos como la Eritropoyetina, uso de hierro, ácido fólico, vitamina B 12 y otros agentes hemostáticos que reducen la pérdida de sangre y sustitutos de la sangre cuando estén disponibles para uso clínico como los transportadores de hierro y el perfluorocarbono" (Retamales, 2006, p. 284).

La sangre humana, compuesta en su tejido líquido por células formes, no formes (como las plaquetas), glóbulos blancos y glóbulos rojos, líquido celular plasmático, sales y minerales, en la medida en que se encuentre libre de virus, bacterias, parásitos y lejos del período de ventana del virus del H.I.V., es la que orgánicamente mejor responde, ya sea en la urgencia, la emergencia o en tratamientos a largo plazo.

Es así que, si bien muchas veces se pretende el reemplazo definitivo de la sangre a través de mecanismos tecnológicos novedosos, ellos constituyen, en nuestra opinión, meros intentos por sustituir un tejido corporal humano dentro de un laboratorio químico, cuyo nivel de excelencia en el tratamiento y cura de enfermedades todavía se está muy lejos de alcanzar.

5.8. COLOFON

En el presente capítulo repasamos los métodos alternativos a la transfusión de sangre humana, para responder a diversas problemáticas que se plantean, tanto en el aspecto médico como ético-religioso. Entre éste último cabe destacar el caso de los seguidores de la Comunidad Pastoral de los Testigos de Jehová, cuya prédica para lograr su salvación influyó en el desarrollo de la implementación de modelos de laboratorio alternativos que intentan obtener algunos resultados similares a la transfusión sanguínea.

Dimos repaso, pues, a métodos tales como la transfusión autóloga, la Eritropoyetina, la hemoglobina modificada, etc.

Sabemos que cada uno de estos sistemas alternativos tiene ventajas y desventajas, beneficios y perjuicios y que, en rigor de verdad, el enfermo debe encontrarse, conforme la opinión de los especialistas en la materia, en condiciones médicas especiales para poder soportar cada uno de los paliativos; es decir que los mismos no pueden generalizarse para todos los organismos, debido a los efectos adversos que pueden provocar.

Si bien sabemos de su gran utilidad, insistimos una vez más en este corolario que la sangre humana en su totalidad es, hasta la fecha, insustituible.

6. CAPITULO V: LA RESPONSABILIDAD CIVIL. CONTAGIO DE H.I.V. POR TRANSFUSIONES SANGUINEAS

6.1.1. LA RESPONSABILIDAD CIVIL MÉDICA

"El estudio de la responsabilidad civil médica en general resulta sobradamente justificado en el ámbito de la medicina asistencial no solo por la trascendencia de los bienes jurídicos que pueden resultar inmediatamente lesionados por la actividad médica, como son la vida y la integridad física, amparados al más alto nivel en nuestra Constitución; sino también por la complejidad y la pluralidad de interrogantes que presenta el tratamiento legislativo y jurisprudencial de la responsabilidad civil en éste ámbito, los cuales demandan ser clarificados en pos de la seguridad jurídica". Con estas palabras, correspondientes a María del Carmen García Garnica (2006, p. 200), damos paso, pues, a los aspectos eminentemente jurídicos de la temática, y en particular, con la responsabilidad civil.

A título ilustrativo, y sin ánimo exhaustivo, continúa la autora comentando que basta poner de relieve que la determinación del régimen jurídico aplicable a este supuesto de responsabilidad civil depende de la calificación que se dé a la relación jurídica subyacente entablada entre el paciente y el prestador de la asistencia sanitaria, tarea en la que concurren una pluralidad de circunstancias y criterios. Así, por ejemplo, el carácter contractual o extracontractual de dicha relación incide de manera directa en cuestiones tan trascendentes como el plazo de prescripción (García Garnica, 2006), los que en nuestra legislación de fondo, se encuentran dispuestos por los arts. 4023[28] y 4037[29] C.C., respectivamente. Por otra parte, la naturaleza privada o pública del prestador de salud determinará la jurisdicción y el régimen jurídico aplicable en materia de responsabilidad civil médica.

El vasto conocimiento que se tiene en la actualidad del tema de la responsabilidad profesional excede las pretensiones de nuestro trabajo; por ello, vamos a introducir la problemática de la responsabilidad civil médica general de forma muy somera, para abocarnos seguidamente al tema sanguíneo y a la responsabilidad derivada del contagio del H.I.V. / S.I.D.A., por vía transfusional.

---

[28] Dice textualmente dicho artículo: "Toda acción personal por deuda exigible se prescribe a los diez años, salvo disposición especial. Igual plazo regirá para interponer la nulidad, trátese de actos nulos o anulables, si no estuviere previsto un plazo menor".
[29] El cual afirma: "Prescríbese por dos años, la acción por responsabilidad civil extracontractual".

Partiendo del concepto de que la transfusión de sangre humana hacia un enfermo significa la consecución de la vida, o el tratamiento indicado para que el paciente sobreviva hasta el día de su muerte en las mejores condiciones posibles, es que pusimos énfasis en el tema extremando al máximo los mecanismos de bioseguridad dentro de los bancos de sangre, apuntando al acto pre-transfusional como primera medida, y como factor preponderante después al acto transfusional propiamente dicho.

La utilización de la sangre humana posee connotaciones éticas, sociológicas y antropológicas; por ello, en la actualidad, los países desarrollados promueven políticas orientadas a la administración del "recurso sangre humana", basados en sus implicancias económicas y sociales. Esto les ha llevado a generar sistemas nacionales, en los cuales el Estado ejerce una acción de regulación y control a través de sus ministerios de salud.

En nuestro medio, debe actuar el Ministerio de Salud de la Nación (oficina de control de los bancos de sangre), a propuesta de la A.A.H.I. (Asociación Argentina de Hemoterapia e Inmunohematología), con el fin de extremar los cuidados, tanto en el momento previo a la transfusión (esto es, a través de la tipificación de grupos sanguíneos, utilización de material descartable, buen tratamiento de los hemocomponentes, idoneidad laboral, conocimiento profesional de la materia, etc.), cuanto en el momento del acto transfusional en sí.

De acuerdo con la Ley 17.132[30] de Ejercicio Profesional de la Medicina, el acto transfusional constituye un acto de cirugía menor, un "transplante de tejido". De este modo, la ley persigue evitar la mala praxis, rompiendo el nexo causal entre el hecho ilícito o la antijuridicidad y el daño.

Enmarcando el aspecto jurídico de la cuestión, la actividad transfusional proviene de una relación contractual, tanto médica como paramédica, y conlleva una responsabilidad de medios, puesto que lo único que se puede asegurar durante el acto

---

[30] La Ley 17.132 establece las Reglas del Arte de Curar para el Ejercicio de la Medicina, Odontología y Actividades de colaboración de las mismas. Según su artículo 23, las transfusiones de sangre y sus derivados en todas sus fases y formas, deberán ser indicadas, efectuadas y controladas por médicos, salvo casos de fuerza mayor. Los bancos de sangre y servicios de hemoterapia de los establecimientos asistenciales oficiales o privados deberán tener a su frente a un médico especializado en hemoterapia y estar provistos de los elementos que determine la reglamentación. Los establecimientos asistenciales oficiales o privados deberán llevar un libro registro donde consten las transfusiones efectuadas, certificadas con la firma del médico actuante. El transfusionista, el director del establecimiento y la entidad asistencial serán responsables del incumplimiento de las normas precedentes.

que mencionamos, es que el tratamiento esté bien realizado y no la posterior sanación del enfermo.

Teniendo en cuenta el factor de atribución, se pueden distinguir dos supuestos: a) su responsabilidad por la actividad desarrollada por los técnicos y auxiliares, y de la cual el médico es el único responsable por disposición legal, y b) la responsabilidad que le es imputable por el daño ocasionado en el desarrollo específico de su actividad técnico científica.

a) Responsabilidad indirecta o refleja: la responsabilidad del médico hemoterapeuta jefe de servicio por la responsabilidad desarrollada por sus técnicos y auxiliares surge de la conjunción de los arts. 58 de la Ley 22.990 y 1113 del Código Civil en el ámbito privado, y del art. 1112 del Código Civil en la esfera pública. La legislación imputa responsabilidad a este profesional en base al factor de atribución objetivo de garantía, por cuanto él es el único, jurídica y científicamente, en condiciones de evaluar, pronosticar, diagnosticar, etc. (Ghersi, 1998)

b) La relación de dependencia, de la cual habla el art. 1113 del Código Civil, no se refiere únicamente a la laboral, sino a una relación de dependencia civil, concepto mucho más amplio y flexible, que se caracteriza por la posibilidad del principal de dar instrucciones u órdenes al dependiente, máxime en la relación bajo análisis donde, por sobre todas las demás, existe una dependencia científica. En el ámbito público, la responsabilidad del hemoterapeuta como Jefe de Servicio surge por aplicación del art. 58 de la Ley 22990[31] y del art. 1112 del Código Civil, ya que pesa sobre el superior jerárquico un deber de vigilancia como conducta propia de su función, sin perjuicio de la responsabilidad que le cabe objetivamente al Estado, por falta o prestación deficiente del servicio de salud.

La doctrina y la jurisprudencia admiten que la responsabilidad indirecta o refleja por el hecho de otro de ningún modo suprime la responsabilidad directa, por lo que aún sin culpa del dependiente, el comitente debe responder por su propio hecho.

c) La responsabilidad médica y el factor subjetivo de atribución: La obligación asumida por el médico hemoterapeuta no difiere en términos generales de las asumidas por otros profesionales de la rama de la medicina. El médico es responsable tanto frente al dador como al transfundido, ya que posee una obligación de medios. Esto implica que deberá poner toda su diligencia en el cumplimiento del proceso que

---

[31] Argentina. Ley Nacional de Sangre 22.990. Recuperado de www.fbioyf.unr.edu.ar/evirtual/mod/resource/view.php

forma parte de la obligación asumida, de manera que resulta relevante la aplicación de los artículos 512, 902 y 909 del Código Civil. No se debe olvidar que el acto o actividad transfusional comienza con el donante, continúa con el procesamiento de la sangre y sus hemoderivados y finaliza en el receptor. Ésta es una de las características distintivas de esta especialidad, ya que dentro de una misma obligación profesional, intervienen diferentes sujetos (Ghersi, 1998).

Otro elemento a tener en cuenta en el desarrollo de la actividad es la potencialidad del riesgo, por cuanto, si bien los avances científicos de las últimas décadas han permitido mejorar el proceso técnico favoreciendo al paciente, ya que sólo se transfunde el elemento necesario para mejorar su patología (verbigracia, glóbulos rojos, plasma, plaquetas, etc.), estos mismos procedimientos han potenciado la expansión del daño, por cuanto de lo extraído de un donante, se obtienen diferentes hemoderivados que son transfundidos a diversos pacientes. En cuanto a los presupuestos de la responsabilidad civil, el hecho humano se presenta como un comportamiento externo, por el cual se le imputa la responsabilidad en el acto transfusional de sangre o hemoderivados contaminados, ocasionando un daño físico y psíquico en el paciente. Este daño debe encontrarse en un nexo adecuado de causalidad con la práctica médica, debiendo tenerse especial consideración de las circunstancias de persona, tiempo y lugar (responsabilidad subjetiva).

La jurisprudencia ha entendido que el médico demandado por una acción de daños y perjuicios puede argumentar y demostrar, para eximirse de responsabilidad, que el hecho invocado no configura uno de aquéllos que puedan ser tipificados como falta médica, o bien que no existe relación causa – efecto entre la falta imputada y el daño causado, pero como la prueba negativa puede resultar difícil de producir, el médico deberá orientar su defensa, en el sentido de acreditar una causa por la cual no debe responder, o sea, una causa extraña a la conducta profesional. De este modo, se pueden mencionar distintos supuestos que liberan al médico de responsabilidad, tales como error excusable, caso fortuito, conducta del enfermo, fracaso del tratamiento bien indicado y estado de necesidad.

Dentro de la esfera de la antijuridicidad, el incumplimiento en el ámbito contractual consiste en no observar la conducta científica debida que integra el contenido de la obligación, esto es, no aplicar los conocimientos y reglas del arte propio en su profesión. No hay que olvidar que es el hemoterapeuta quien tendrá la última palabra, acerca de si es viable o no una transfusión sanguínea por el profesional tratante. Resultan ejemplos específicos de conductas antijurídicas el incumplimiento total o parcial del deber de información, tanto al donante como al receptor (obligación que ha adquirido una relevancia incuestionable en el ámbito de los servicios médicos y que constituye uno de los puntos más debatidos de la responsabilidad médica), la no realización de todas las pruebas serológicas legalmente exigidas o el incumplimiento de las normas de la medicina transfusional vigente. (Weingarten, 1997) (Ghersi, 1998)

Frente a la existencia de estas conductas antijurídicas, existen las denominadas "causales de justificación, o eximentes de responsabilidad", sistematizadas por la doctrina penal, ya que en el ámbito civil carecemos de normativas propias al respecto.

6.1.2. EXIMENTES DE RESPONSABILIDAD

Estas causales de justificación permiten borrar el carácter antijurídico del acto médico, pudiendo mencionarse, entre otros, los actos ejecutados en cumplimiento de un deber, la legítima defensa, el estado de necesidad, etc.

a) La legítima defensa: el ejercicio de la actividad transfusional implica exponerse a un riesgo constante, tanto para el donante, como para el receptor, para el médico, técnico y auxiliares, que hacen de la manipulación de sangre su actividad permanente. Los médicos especialistas en hemoterapia se encuentran normalmente expuestos a los riesgos de la actividad que desarrollan, pero existen situaciones en las cuales se enfrentan a riesgos extraordinarios, por ejemplo, en el supuesto en el cual el empleador no pone a su disposición todas las medidas de bioseguridad que protegen al trabajador. En esta situación, el profesional puede negarse a atender al paciente, ejerciendo una legítima defensa de su propia vida, existiendo una omisión culpable del empleador que produce un desplazamiento de la relación de causalidad.

En este sentido, la jurisprudencia ha entendido que la falta de presupuesto no puede justificar la ausencia de un equipo de tecnologías cerradas en el servicio de hemoterapia de un hospital público, en tanto ello importa la pretensión de excusar la desaprensión del Estado para atender la salud de la población.[32]

b) Estado de necesidad: éste es un instituto de raigambre penal, que fue acogido en el ámbito civil, fundándose en el principio del "interés preponderante". En

---

[32] Dado que en este capìtulo se referencian fallos a partir de la doctrina de diferentes autores, decidimos conservar las citas originales, aùn cuando no se siguen las normas de A.P.A., como en el caso que sigue: CNCiv, Sala D, 29/2/96, JA, 1996-IV-386.

algunas ocasiones especiales, el ejercicio de la actividad médica lleva al profesional a ocasionar daños menores, a fin de evitar la producción de otros mayores (art. 34 Código Penal). Frente a un conflicto de intereses se protege el de mayor valor, en detrimento del de menor valor.

Para que opere esta justificación de obrar antijurídico, opina Graciela Lovece (1998) que es necesaria la concurrencia de los siguientes requisitos: 1. que el estado de necesidad no sea provocado por quien lo invoca para justificarse; 2. que el riesgo sea inminente e inevitable; y 3. que exista una proporción entre el hecho dañoso y el peligro que se ha evitado. El estado de necesidad es la respuesta adecuada para los casos de emergencia en los cuales el médico deber realizar una transfusión sin el tiempo necesario para efectuar los testeos previos.

c) Falta de consentimiento del paciente: existen situaciones (tales como el caso de los Testigos de Jehová) en las cuales los pacientes no acceden a que se les practique una transfusión sanguínea, pero admiten la utilización de técnicas alternativas. El médico se eximirá de responsabilidad frente a la existencia de una negativa expresa del paciente a ser transfundido, o a la negativa de sus familiares si éste no estuviere en condiciones de expresarla.

Nuestra jurisprudencia es contradictoria con respecto a la autorización de una transfusión de sangre contra la voluntad de quienes, por objeción de conciencia, la rechazan, aún cuando la indicación médica de transfundirlo indique lo contrario. No obstante, el desarrollo y las sentencias de nuestros tribunales han marcado la tendencia de respetar la decisión del paciente: "Si el paciente se encuentra en pleno uso de sus facultades mentales y se opone a someterse a la transfusión sanguínea, el médico no podrá desconocer la voluntad de aquél ni ella ser suplida por una autorización judicial".[33]

La referencia jurisprudencial en este punto está representada por dos casos emblemáticos en los que ha tomado intervención nuestra Corte Suprema de Justicia nacional, "Bahamnodez, Marcelo" y "Albarracini, Pablo". En el primero de ellos, nuestro máximo tribunal autorizó la transfusión sanguínea, pero cuando la orden judicial se hizo efectiva, el paciente se encontraba dado de alta médica y en franca mejoría. El segundo caso, del año 2012, fue absolutamente decisorio para que nuestro máximo

---

[33] Juzgado Nacional de 1ª Instancia en lo. Civil. Nº: 26, 1/3/88, ED, 138-364.

tribunal cambiara su doctrina y se ciñera al respeto absoluto de la voluntad del paciente.

Como lo comentamos en el capítulo quinto de nuestro trabajo, los momentos históricos y las enfermedades eran distintos, y el desarrollo tecnológico y el conocimiento médico, diferentes. En Bahamondez, la Corte Suprema interpretó que no seguir las indicaciones médicas, cuando la patología lo requería, debería ser interpretada a asimilar la voluntad del paciente a una especie de suicidio lentificado, enmarcando el caso en el extremo de su interpretación como un tipo de práctica eutanásica. El último dio origen a la sanción de la Ley 27.642 de muerte digna, reformando la Ley 26.529/2009 de Historia Clínica, derechos del paciente y consentimiento informado, disponiendo en su art. 11 y 11 bis no solo el respeto a la decisión del enfermo, en cuanto extienda una directiva anticipada en las condiciones reguladas por la norma, sino también la no imputación de responsabilidad civil, penal y administrativa para que el profesional, ante una eventualidad de esta naturaleza, respete la voluntad del ciudadano.

En este punto, debemos realizar una valiosa aclaración con respecto a los métodos alternativos de la transfusión sanguínea y las negativas religiosas a tales prácticas, tal y como se plantean cuando estamos frente a un testigo de Jehová. En la mayoría de las situaciones, hemos observado que la solución propuesta como método alternativo es la Eritropoyetina o EPO, para lo cual aclararemos el concepto médico seguidamente. La eritropoyetina humana recombinante es una hormona glicoproteica que estimula la formación de eritrocitos (glóbulos rojos jóvenes). En los seres humanos principalmente es producida en el riñón en un 90%, y el resto en el hígado, aunque también sobre todo en fetos, en cerebro y en útero. La EPO producida en el riñón estimula a las células madre de la médula ósea para que aumenten la producción de eritrocitos (Luksenburg, Weir & Wager, 2004).

El problema con la E.P.O. se presenta en cuanto al tiempo que la misma necesita para evidenciar mejoría en el paciente, siendo éste, precisamente, de varios días desde su aplicación. Si bien es efectiva, no contraataca la urgencia de un enfermo que necesariamente requiere una unidad de sangre (Asociación Argentina de Hemoterapia e Inmunohematología, 2007b).

Aclaramos este importante punto, toda vez que muchas veces se cree erróneamente que la negativa a aplicarla es únicamente una cuestión monetaria, y se obliga a los centros asistenciales a poseer depósitos de EPO, y que con ello bastaría para erradicar todo virus que puede contagiarse por medio de una transfusión. Lamentablemente, esta creencia está muy lejos de la realidad.

Ahora bien, el derecho opera en el plano deontológico, no nace del hecho ("ex facto non oritus ius"), y por tal razón lleva implícita la sujeción a valores y elecciones de índole moral. De tal modo, los tres pilares o principios fundamentales en que se asienta la Bioética (Cortina, 1983), esto es, la autonomía (o respeto de la autonomía), la beneficencia / no maleficencia, y la justicia, que constituyen imperativos éticos, suministran pautas generales que operan a modos de principios rectores y orientadores para el esclarecimiento de los conflictos jurídicos que vinculan al hombre con la medicina y las ciencias vinculadas con la salud en general (Maliandi, 2009).

Uno de los capítulos más estudiados en Bioética es la relación médico - paciente, que en los últimos tiempos ha experimentado un profundo cambio. Sucintamente aclararemos algunos conceptos hoy vigentes y trazaremos el marco histórico del consentimiento informado.

Hasta hace por lo menos dos siglos, la expectativa social asociada con esta relación era que el médico, quien tenía el conocimiento científico y gozaba de una gran legitimidad social en la cultura occidental, para aliviar la salud del paciente o para salvar su vida, estaba facultado para adoptar las terapéuticas más convenientes aún ante la resistencia del enfermo, pues se suponía que conocía mejor que este último qué era lo más adecuado para él. En consecuencia, tomaba las decisiones que consideraba correctas, en tanto el paciente se limitaba a escuchar lo que aquél quisiera decirle y a acatar las instrucciones impartidas. La única discusión posible se vinculaba con el seguimiento del tratamiento y la "obediencia" del enfermo, que podía ser reprendido o tildado de "mal paciente" en caso de no cumplir puntualmente con las indicaciones del facultativo. La situación descripta perduró durante mucho tiempo.

No obstante, algunos precedentes aislados afirmaron la necesidad de proteger al individuo en su derecho a que nadie toque su cuerpo sin autorización. Así, en 1767, se conoció en Inglaterra la sentencia dictada en el caso "Slater vs. Beiker y Stapleton", que estableció que era razonable comunicar al enfermo lo que se iba a hacer con él, para que pueda armarse de valor y ponerse en situación, y considerar los beneficios o la utilidad del consentimiento, sin asignarle una importancia y trascendencia mayor (Borrajo, 2002).

Muchos años después, otro tribunal –esta vez de los Estados Unidos de Norteamérica–, en el caso "Mohr vs. Williams", en 1905,[34] sostuvo que se debía considerar un agravio cualquier procedimiento empleado por el médico sin el consentimiento previo del paciente (Engelhardt, 1995).

Pero sin dudas, el precedente más conocido y trascendente en el tema ha sido el caso "Schlondorff",[35] en el cual el juez Benjamín Cardozo afirmó que "todo ser humano en edad adulta y en su sano juicio tiene derecho a determinar lo que se debe hacer con su propio cuerpo. El cirujano que realice una operación sin el consentimiento del enfermo comete una agresión por cuyos daños es responsable". Este pronunciamiento significó un hito en cuanto a la construcción doctrinaria del denominado "consentimiento informado", pues éste es considerado fuente de autoridad de las intervenciones médicas y de la intrusión en el cuerpo ajeno.

Se ha sostenido que el término "consentimiento informado", no obstante su uso generalizado proveniente de la doctrina anglosajona, es inapropiado, resultando más precisa la denominación "asentimiento informado". Se argumento que el paciente no está en condiciones técnicas para discutir con el profesional ni éste negocia con el paciente la terapéutica adecuada. También se ha dicho que el consentimiento alude a la formación del contrato, en cambio el asentimiento responde a una legitimación para el acto de disposición o ejecución. (Weingarten, 1997) (Ghersi, 1998) (Highton y Wierzba, 1991; Bueres, 1992). Se afirma que en el contrato médico resulta difícil separar ambos aspectos, pues los actos negociables que están destinados a expresar el consentimiento importan al mismo tiempo la disposición de derechos personalísimos (Lorenzetti, 1997; Highton y Wierzba, 1991). Por tal razón, preferimos mantener la denominación corriente, sin soslayar los dos aspectos que contiene el concepto, uno de ellos encaminado a esclarecer el discernimiento, y el otro, vinculado con la libertad, en la que se hallan involucrados derechos personalísimos del paciente.

El consentimiento informado es fundamental para que el paciente asuma los riesgos inherentes a la actuación profesional en cuestión. Debe entenderse por tal la declaración de voluntad efectuada por un paciente, por la cual, luego de brindársele una suficiente información referida al procedimiento o intervención que se

[34] Mohr vs. Williams, 95, Minn., 261,104 N.W.12 (1905).
[35] Schlondorff vs. Society of N.Y. Hospital, 211, N.Y.125, 105 N.E.92. 93 (1914).

le propone como médicamente aconsejable, éste decide prestar su conformidad y someterse a tal procedimiento o intervención.

La noción del consentimiento informado comprende dos aspectos, y la doctrina impone al profesional dos deberes: a) que el médico obtenga el consentimiento del paciente antes de llevar a cabo el tratamiento; y, b) que el médico revele adecuada información al paciente, de manera tal que le permita a éste participar en la toma de una decisión acerca del tratamiento propuesto. Básicamente los "elementos" de la revelación están dados por la naturaleza y el objetivo del tratamiento propuesto, sus riesgos y beneficios y las alternativas posibles.

El elemento sobre el que más énfasis se ha puesto es el de los riesgos. En principio, el profesional debe tener en cuenta cuatro aspectos de riesgo: su naturaleza, su magnitud, la probabilidad de que el riesgo se materialice y la inminencia de la posibilidad de materialización.

En la Argentina, la Ley 17.132 de ejercicio de la medicina, odontología y actividades de colaboración da una pauta específica en cuanto dispone en el inc. 3° de su art. 19 que los profesionales que ejerzan estas actividades deben "respetar la voluntad del paciente", es decir, que debe requerirse el consentimiento de los pacientes o sus representantes como paso previo a la realización de un procedimiento, debiendo éste prestarse por escrito cuando se trate de una operación mutilante.

Concluyendo, quien ejerce la profesión médica debe responder por faltar a las obligaciones especiales que la ley le impone, según se requieran para configurar el deber de reparar.

La carga probatoria de los presupuestos de responsabilidad viene dada por el art. 375 del Código Procesal Civil y Comercial de la Nación, aunque en la actualidad se ha venido abriendo paso la concepción de las llamadas cargas probatorias dinámicas, que pone el peso de la prueba, según las circunstancias del caso, en cabeza de la parte que se encuentre en mejores condiciones de adoptar elementos de convicción para el juez. En el ámbito de la responsabilidad profesional, y especialmente en el caso médico, éste se encuentra en una situación de superioridad técnica con respecto del paciente; en consecuencia, tendrá la carga exclusiva o concurrente de demostrar que obró en forma diligente o que la causa del daño no se originó en su actuación, desplazando la relación de causalidad.

Doctrinariamente, se afirma que para obtener una indemnización por daños se deben dar una serie de presupuestos que hacen a la responsabilidad civil. No todos los autores coinciden en cuáles son dichos presupuestos. Para algunos, son la antijuridicidad, el daño, el factor de atribución y la relación de causalidad, mientras que, para otros, dichos presupuestos son el hecho humano, el daño y la relación de causalidad.

Llegado a este punto, debemos tener en cuenta que la Teoría de la responsabilidad civil se mueve sobre dos órbitas, la subjetiva y la objetiva. Reconociendo que la órbita en la que se desarrolla la actividad transfusional y sus profesionales de la salud es la contractual, y tratándose de una responsabilidad de medios, no se observan inconvenientes para que cualquier tipo de situaciones suscitadas en el ámbito laboral estén sujetas a prueba, o sea que dependen de los tres ítems en los que se basa la responsabilidad civil subjetiva, los cuales son, según Alterini y López Cabana (1999), las circunstancias de persona, tiempo y lugar.

Queda demostrado entonces que la responsabilidad subjetiva, ya sea a través de la culpa o dolo, solo podrá ser imputada al profesional médico o paramédico a través de la mala praxis como única fuente reparadora del daño transfusional, emanada de los arts. 512, 902, 909, 1109 y concordantes del Código Civil.[36] Algunos ejemplos serían si se cometiera algún error al obtener el consentimiento informado por parte del paciente, obtenerlo de manera forzada respecto a la realización de análisis de H.I.V, la no realización de los testeos serológicos a las unidades de sangre a transfundir, etc. Es decir que, de darse alguno de estos supuestos, deben demostrarse negligencia, impericia, imprudencia o inobservancia de los deberes del arte y la profesión, o actuar a sabiendas de que se está causando un mal.

[36] Los artículos del Código Civil argentino que se aplican en este caso son los que a continuación se detallan. Art. 512: La culpa del deudor en el cumplimiento de la obligación consiste en la omisión de aquellas diligencias que exigiere la naturaleza de la obligación, y que correspondiesen a las circunstancias de las personas, del tiempo y del lugar.
Art. 902: Cuanto mayor sea el deber de obrar con prudencia y pleno conocimiento de las cosas, mayor será la obligación que resulte de las consecuencias posibles de los hechos.
Art. 909: Para la estimación de los hechos voluntarios, las leyes no toman en cuenta la condición especial, o la facultad intelectual de una persona determinada, a no ser en los contratos que suponen una confianza especial entre las partes. En estos casos se estimará el grado de responsabilidad, por la condición especial de los agentes.
Art. 1109: Todo el que ejecuta un hecho, que por su culpa o negligencia ocasiona un daño a otro, está obligado a la reparación del perjuicio. Esta obligación es regida por las mismas disposiciones relativas a los delitos del derecho civil. Cuando por efecto de la solidaridad derivada del hecho uno de los coautores hubiere indemnizado una parte mayor que la que le corresponde, podrá ejercer la acción de reintegro.

En realidad, opinan Alterini y López Cabana (1999) que el desvanecimiento del protagonismo de la culpa comenzó con leyes especiales anteriores a la reforma del la Ley 17711 del Código Civil del año 1968.

La teoría subjetiva fue consagrada en el año 1887 por el art. 58 del Código de Minería (riesgo minero); desde el año 1889 la reguló el Código de Comercio para el transporte de personas por ferrocarril y en pequeñas embarcaciones (arts. 184 y 206); y en 1915, fue incluida en la Ley 9688 de accidentes de trabajo. Es decir que la regulación clásica decimonónica asoció el deber jurídico de reparar al reproche de conducta. Sin embargo, ella fue puesta en crisis hace más de cincuenta años (Alterini y López Cabana, 1999), y hoy no dudamos de que la órbita exclusiva y excluyente de la responsabilidad civil es la objetiva, salvando nuestra opinión en casos específicos como los que puntualizamos en el parágrafo anterior.

Analizar la responsabilidad objetiva implica enunciar los principios rectores de la misma: garantía, el deber general de no dañar a otro, el riesgo o vicio de la cosa y la obligación tácita de seguridad amparados en el art. 1113 del Código Civil. La sangre, como mencionáramos precedentemente, es un tejido vivo dentro del organismo humano, pero fuera de él está considerada por la doctrina como una cosa (arts. 2311 y 2312 del Código Civil). Es en este punto donde el tema adquiere mayor relevancia y en el cual centramos la investigación. Para poder analizar la responsabilidad objetiva hay que detenerse en el articulado aplicable que nos brinda la Ley de fondo, o sea, los arts. 1112 y 1113 del Código Civil.[37]

A través del art. 1112 de dicho Código, se imputará responsabilidad al Estado, en cuanto incumpla sus deberes de vigilancia, seguridad, atención y contención general, y sea en el caso un hospital público el obligado a reparar el daño.

---

[37]Transcribirmos los artículos aplicables a esta noción. Art. 2311: Se llaman cosas en este Código, los objetos materiales susceptibles de tener un valor. Las disposiciones referentes a las cosas son aplicables a la energía y a las fuerzas naturales susceptibles de apropiación.

Art. 2312: Los objetos inmateriales susceptibles de valor e igualmente las cosas, se llaman "bienes". El conjunto de los bienes de una persona constituye "su patrimonio".

Art. 1112: Los hechos y las omisiones de los funcionarios públicos en el ejercicio de sus funciones, por no cumplir sino de una manera irregular las obligaciones legales que les están impuestas, son comprendidos en las disposiciones de este Título.

Art. 1113: La obligación del que ha causado un daño se extiende a los daños que causaren los que están bajo su dependencia, o por las cosas de que se sirve, o que tiene a su cuidado. En los supuestos de daños causados con las cosas, el dueño o guardián, para eximirse de responsabilidad, deberá demostrar que de su parte no hubo culpa; pero si el daño hubiere sido causado por el riesgo o vicio de la cosa, sólo se eximirá total o parcialmente de responsabilidad acreditando la culpa de la víctima o de un tercero por quien no deba responder. Si la cosa hubiese sido usada en contra de la voluntad expresa o presunta del dueño o guardián, no será responsable (Argentina, 2009).

Por imperio del art. 1113 del Código Civil se establecen diferentes responsabilidades de acuerdo a cada uno de sus párrafos.

El primer párrafo abarca la típica responsabilidad del principal por el dependiente, y aquí responderán en caso de un obrar defectuoso, negligente o doloso, no solo el centro asistencial, sino también el jefe de servicio de hemoterapia o director a cargo de la sección transfusional.

El segundo párrafo es el que más se ajusta al accionar transfusional, debido a que, si bien la sangre no es considerada una cosa riesgosa "per se", la utilización de la misma conlleva una actividad de riesgo.

El tercer párrafo no merece un comentario tan calificado como los demás respecto del tema, puesto que, de utilizarse un hemocomponente en contra de la voluntad expresa o presunta (no del dueño en este caso, sino del guardián), como lo es transfusionista, estaremos en presencia de una voluntad viciada, revistiendo el hecho, un delito de derecho criminal tipificado dentro del Código Penal, y escapándose a la materia que nos ocupa, la cual se desarrolla en líneas generales, dentro de la esfera civil.

Algunas líneas de pensamiento doctrinal se mueven dentro de los supuestos del incumplimiento y la imputación de responsabilidad por no realizar adecuadamente los testeos serológicos a las unidades de sangre a transfundir, por las cuales se podría infectar con el virus del H.I.V. a un enfermo. Estamos de acuerdo con esta posición, pero dejando a salvo el caso de la contaminación ocurrida durante el período de ventana del virus, ya que como hemos mencionado reiteradamente, por razones de falta de desarrollo tecnológico, éste no es detectable.

No acordamos con ciertas decisiones jurisprudenciales (así, en el derecho comparado en sus comienzos, la jurisprudencia francesa y española), en el sentido de que ninguna falta podía ser reprochada a los médicos que habían practicado la intervención porque ellos habían realizado los test de despistage o serológicos.

La responsabilidad por daños derivados del contagio de una infección o enfermedad por vía sanguínea presenta, en opinión de Wierzba (1996), básicamente los mismos conflictos que se han planteado en el derecho extranjero, aunque con algunas particularidades.

En orden a establecer los límites de responsabilidad, en el derecho argentino, el eje de la discusión no pasa por definir a la sangre como un producto o servicio, sino en torno a la clasificación de la obligación profesional de los hemoterapeutas y demás profesionales dentro de un servicio de medicina transfusional, como obligación de medios o de resultado[38], y a la interpretación sobre la naturaleza jurídica de la sangre, ya sea como cosa inevitablemente viciosa pero insustituible por el momento (en cuanto a sus efectos biológicos en el organismo humano), o bien como cosa que puede presentar vicios en ciertos casos. Y todo ello tiene consecuencias similares a otras legislaciones comparadas que más adelante expondremos.

Si bien en nuestro país el tema no ha tomado la variedad de matices que en cambio se han dado a conocer en derecho comparado, existen opiniones por demás calificadas que pasaremos a analizar.

Se ha sostenido que los médicos - refiriéndose a los hemoterapuetas - deben responder objetivamente, como deudores de prestaciones negociales asumidas, cuando causen daños utilizando cosas viciosas o riesgosas, ya que en ese caso existe una obligación de seguridad (Bueres, 1992) (Wierzba, 1996, p. 95).

Este criterio se aplicaría al caso en que se produce la transmisión de una enfermedad mediante el empleo de artefactos no esterilizados o mal esterilizados, y mediante la transfusión de sangre sin la previa realización de las pruebas serológicas correspondientes. Sólo en los casos de urgencia el médico puede hacer la transfusión sin los referidos controles, porque de lo contrario el paciente moriría, y ello no significa un acto antijurídico dada la existencia de un estado de necesidad. En este supuesto, lógicamente, no hay responsabilidad por acto ilícito porque falta un presupuesto (Bueres, 1992 y 1991) (Wierzba, 1996, p. 95).

Sin embargo, es importante, una vez más, dejar aclarado que posturas extremas, tales como responsabilizar a los hemoterapuetas, médicos, técnicos, auxiliares, etc., por no asegurar la unidad de sangre libre de virus, bacterias, hongos, etc., depende exclusivamente del estado de desarrollo tecnológico.

Por otra parte, consideramos insostenible la posición teórico- jurídica que intenta abordar la temática como si se tratara de una laguna del derecho, en tanto se trata de cuestiones que son en verdad inabordables. Es así que en el constante

---

[38] Recordamos aquí nuestra posición, respecto de que se trata de una obligación de medios.

contraste de la faz histórica y actual de nuestro terma, continuaremos analizando la legislación atinente.

La normativa específica, a la que ya hemos hecho referencia, es la Ley 22990 sobre sangre humana y su decreto reglamentario 375/89, que regula las actividades relacionadas con la sangre, y dispone, además del ámbito de aplicación nacional (art.1º), la autoridad de aplicación en cabeza del Ministerio de Salud Pública y Medio Ambiente (art. 2º), como así también la prohibición del lucro en la cadena de la obtención de sangre humana (incluyendo la preparación, suministro, distribución, etc.), siendo importante destacar que en su art. 20 las entidades de salud que manejen sangre humana deben regirse por el intercambio y cesión de la misma.

Desde el año 1990, en que se sancionó la Ley Nº 23798, conocida como Ley Nacional de S.I.D.A., fue declarada de interés nacional la lucha contra el síndrome de inmunodeficiencia adquirida. Entre otras disposiciones, a lo largo de sus veintitrés artículos, la ley no obliga a obtener el consentimiento expreso cuando los particulares se realicen el examen diagnóstico. Sin embargo, en contraposición, el Decreto Reglamentario Nº 1244/91 reza en su art. 6: “El profesional médico tratante determinará las medidas de diagnóstico a las que deberá someterse el paciente, previo consentimiento de éste. Le asegurará confidencialidad y, previa confirmación de los resultados, lo asesorará debidamente. De ello se dejará constancia en el formulario que a ese efecto aprobará el Ministerio de Salud y Acción Social, observándose el procedimiento señalado en el Art. 8”. Es decir que el decreto reglamentario de la precitada ley obliga a obtener un consentimiento informado del paciente o consultante para realizarse la prueba de diagnóstico, conservando constancia escrita de ello.

La Ley Nº 24455 de prestaciones obligatorias de Obras Sociales, incorpora en el año 1995 en su art. 1º, que todas las obras sociales del Sistema Nacional incluidas en la Ley Nº 23660 deben incorporar como prestaciones obligatorias la cobertura para los tratamientos médicos, psicológicos y farmacológicos de las personas infectadas por algunos de los retrovirus humanos y los que padecen síndrome de inmunodeficiencia adquirida. Sabido es que la antigua Ley de Medicinas Prepagas Nº 24754, en su art. 1º, obligaba a partir de los noventa días de promulgada la norma, a las empresas de medicina prepaga, a cubrir las mismas prestaciones médico asistenciales que las dispuestas para las Leyes Nº 23660, N° 23661, N° 24455 y sus respectivas reglamentaciones.

La actual Ley Nº 26.682 sancionada en el mes de mayo de 2011 de Medicina Prepaga, así como su Decreto reglamentario Nº 1991/2011, difieren en lo regulado hasta la fecha respecto del virus del H.I.V. o la enfermedad del S.I.D.A.

Más aún, escasos supuestos determinados por la normativa vigente son los obligatorios para la detección del virus sin consentimiento de las personas, siendo los casos mencionados en el art. 7 de la Ley Nacional de S.I.D.A., en tanto la detección del virus y sus anticuerpos en la sangre humana destinada a transfusión, elaboración de plasma u otros derivados sanguíneos y en los donantes de órganos para transplantes u otros usos humanos.

Un supuesto aislado lo configura el Decreto de Necesidad y Urgencia Nº 906/95 conforme las facultades conferidas al P.E.N. (Poder Ejecutivo Nacional) por la Constitución Nacional en su art. 99, inc. 2, cuyo art. 1º dispone que las Fuerzas Armadas y de Seguridad adoptarán las medidas necesarias para la realización de las pruebas diagnósticas para la detección del H.I.V., tanto en lo que respecta a interesados a ingresar a las mismas, como el personal de sus cuadros permanentes y plantas básicas de su personal civil.

La Ley 10.636 del 24 de marzo de 1988 de la provincia de Buenos Aires obliga a denunciar todos los casos de S.I.D.A. al Ministerio de Salud de la mencionada provincia (art 1º), incorporando y obligando a denunciar el contagio o la enfermedad, en su caso, a los servicios hospitalarios públicos y privados de la provincia de Buenos Aires y los profesionales médicos que presenten atención a enfermos del referido síndrome (art. 2). El Ministerio de Salud es el organismo de aplicación de la citada ley y tiene a su cargo todo lo referente a dictado de normas, registro, programación, implementación y desarrollo de las actividades necesarias para realizar la educación sanitaria, prevención, detección, diagnóstico precoz, investigación, estudio y tratamiento del síndrome de inmuno deficiencia adquirida (S.I.D.A.) (art 3); en su último artículo, se faculta al mismo Ministerio para coordinar su accionar con otras reparticiones estatales, universidades, entidades públicas o Privadas, a fin de cumplimentar su mejor contenido (art.4).

Como corolario del plexo normativo invocado, no podemos dejar de mencionar la Ley Nº 26.529 de los Derechos del Paciente, Historia Clínica y Consentimiento Informado, sancionada el 21/10/2009 y promulgada de hecho el 19/11/2009, cuyo art. 2 reza que a los pacientes se les debe brindar un trato digno y respetuoso (inc. b), intimidad en la relación médico-paciente (inc. c); confidencialidad de las prácticas médicas (inc. d); autonomía de la voluntad (inc. d); entre otros principios que nacen con dicha ley, y en su art. 5, establece expresamente que el profesional tratante debe informar al paciente de los riesgos mínimos de la práctica a realizarse, completándose con el art. 6, que obliga a obtener un consentimiento informado y expreso del paciente para la realización de toda práctica médica, salvo en casos específicamente determinados.

La modificación del año 2012 de la Ley 26529, por la 26742, implementó temas por demás relevantes, ya que al reformarse el inc. e) del art. 2, se estableció la autonomía de la voluntad para aceptar o rechazar ciertas terapias médicas, incluyendo en nuestro caso el análisis y/o tratamiento del H.I.V. Incorporó la Ley 26061 de niños, niñas y adolescentes, a los fines de la toma de decisiones sobre terapias o procedimientos médicos o biológicos que involucren su vida o salud. Modificó el antiguo art. 5 de la Ley 26529, redefiniendo el consentimiento informado. Sumó, a través de su art. 7, modificatorio del art. 11 de la Ley 26529, las directivas anticipadas, etc.

De tal importancia consideramos esta última norma invocada que la plasmamos a texto completo, ya que modifica costumbres y prácticas médicas de gran raigambre en nuestra cultura, cuyas consecuencias se ven íntimamente ligadas al derecho positivo vigente, fomentando el respeto al paciente y reconociéndole una amplísima autonomía personal y disposición sobre su propio cuerpo, un vasto poder de decisión a recibir tratamientos paliativos y/o curativos de las enfermedades o revocarlos y, lo que más nos interesa, ya que hace exclusivamente al fondo de nuestra cuestión, la eximición de responsabilidad de los profesionales de la salud que actúen de conformidad con las disposiciones de la ley, ya sea en el ámbito civil, penal o administrativo.

6.2. MODIFICACION DE LA LEY N° 26529 QUE ESTABLECIÓ LOS DERECHOS DEL PACIENTE EN SU RELACIÓN CON LOS PROFESIONALES E INSTITUCIONES DE LA SALUD. LEY 26742. MUERTE DIGNA

SANCIÓN: 09/05/2012; PROMULGADA DE HECHO: 24/05/2012; BOLETÍN OFICIAL 24/05/2012.

La presente ley modificó el inciso e) del artículo 2 de la Ley 26529 -Derechos del paciente en su relación con los profesionales e instituciones de la salud-, que quedó redactado de la siguiente manera:

Art. 2), inc. e) Autonomía de la voluntad. El paciente tiene derecho a aceptar o rechazar determinadas terapias o procedimientos médicos o biológicos, con o sin expresión de causa, como así también a revocar posteriormente su manifestación de la voluntad.

Los niños, niñas y adolescentes tienen derecho a intervenir en los términos de la Ley 26061 a los fines de la toma de decisión sobre terapias o procedimientos médicos o biológicos que involucren su vida o salud.

En el marco de esta potestad, el paciente que presente una enfermedad irreversible, incurable o se encuentre en estadio terminal, o haya sufrido lesiones que lo coloquen en igual situación, informado en forma fehaciente, tiene el derecho a manifestar su voluntad en cuanto al rechazo de procedimientos quirúrgicos, de reanimación artificial o al retiro de medidas de soporte vital cuando sean extraordinarias o desproporcionadas en relación con la perspectiva de mejoría, o produzcan un sufrimiento desmesurado. También podrá rechazar procedimientos de hidratación o alimentación cuando los mismos produzcan como único efecto la prolongación en el tiempo de ese estadio terminal irreversible o incurable.

En todos los casos la negativa o el rechazo de los procedimientos mencionados no significarán la interrupción de aquellas medidas y acciones para el adecuado control y alivio del sufrimiento del paciente.

Se modificó además el artículo 5 de la Ley 26529 -Derechos del paciente en su relación con los profesionales e instituciones de la salud, que dice lo siguiente: Definición. Entiéndese por consentimiento informado la declaración de voluntad suficiente efectuada por el paciente, o por sus representantes legales, en su caso, emitida luego de recibir, por parte del profesional interviniente, información clara, precisa y adecuada con respecto a:

a) Su estado de salud;

b) El procedimiento propuesto, con especificación de los objetivos perseguidos;

c) Los beneficios esperados del procedimiento;

d) Los riesgos, molestias y efectos adversos previsibles;

e) La especificación de los procedimientos alternativos y sus riesgos, beneficios y perjuicios en relación con el procedimiento propuesto;

f) Las consecuencias previsibles de la no realización del procedimiento propuesto o de los alternativos especificados;

g) El derecho que le asiste en caso de padecer una enfermedad irreversible, incurable, o cuando se encuentre en estadio terminal, o haya sufrido lesiones que lo coloquen en igual situación, en cuanto al rechazo de procedimientos quirúrgicos, de hidratación, alimentación, de reanimación artificial o al retiro de medidas de soporte vital, cuando sean extraordinarios o desproporcionados en relación con las perspectivas de mejoría, o que produzcan sufrimiento desmesurado, también del derecho de rechazar procedimientos de hidratación y alimentación cuando los mismos produzcan como único efecto la prolongación en el tiempo de ese estadio terminal irreversible e incurable;

h) El derecho a recibir cuidados paliativos integrales en el proceso de atención de su enfermedad o padecimiento.

También se modificó el artículo 6 de la Ley 26529 -Derechos del paciente en su relación con los profesionales e instituciones de la salud, que dice: Obligatoriedad. Toda actuación profesional en el ámbito médico-sanitario, sea público o privado, requiere, con carácter general y dentro de los límites que se fijen por vía reglamentaria, el previo consentimiento informado del paciente.

En el supuesto de incapacidad del paciente, o imposibilidad de brindar el consentimiento informado a causa de su estado físico o psíquico, el mismo podrá ser dado por las personas mencionadas en el artículo 21 de la Ley 24193, con los requisitos y con el orden de prelación allí establecido.

Sin perjuicio de la aplicación del párrafo anterior, deberá garantizarse que el paciente en la medida de sus posibilidades, participe en la toma de decisiones a lo largo del proceso sanitario.

Se incorporó en el artículo 7 de la Ley 26529 el siguiente inciso:

f) En el supuesto previsto en el inciso g) del artículo 5 deberá dejarse constancia de la información por escrito en un acta que deberá ser firmada por todos los intervinientes en el acto.

El artículo 10 de la Ley 26529 -Derechos del paciente en su relación con los profesionales e instituciones de la salud- al ser modificado, estableció lo siguiente: Revocabilidad. La decisión del paciente, en cuanto a consentir o rechazar los tratamientos indicados, puede ser revocada. El profesional actuante debe acatar tal decisión, y dejar expresa constancia de ello en la historia clínica, adoptando para el caso todas las formalidades que resulten menester a los fines de acreditar fehacientemente tal manifestación de voluntad, y que la misma fue adoptada en conocimiento de los riesgos previsibles que la decisión implica.

Las personas mencionadas en el artículo 21 de la Ley 24193 podrán revocar su anterior decisión con los requisitos y en el orden de prelación allí establecido.

Sin perjuicio de la aplicación del párrafo anterior, deberá garantizarse que el paciente, en la medida de sus posibilidades, participe en la toma de decisiones a lo largo del proceso sanitario.

El artículo 11 de la Ley 26.529 -Derechos del paciente en su relación con los profesionales e instituciones de la salud dispuso las concebidas directivas anticipadas, determinando que "toda persona capaz mayor de edad puede disponer directivas anticipadas sobre su salud, pudiendo consentir o rechazar determinados tratamientos médicos, preventivos o paliativos, y decisiones relativas a su salud.

Las directivas deberán ser aceptadas por el médico a cargo, salvo las que impliquen desarrollar prácticas eutanásicas, las que se tendrán como inexistentes.

La declaración de voluntad deberá formalizarse por escrito ante escribano público o juzgados de primera instancia, para lo cual se requerirá de la presencia de dos (2) testigos. Dicha declaración podrá ser revocada en todo momento por quien la manifestó".

Por último, se incorporó como artículo 11 bis de la Ley 26529 -Derechos del paciente en su relación con los profesionales e instituciones de la salud- el siguiente texto: Ningún profesional interviniente que haya obrado de acuerdo con las disposiciones de la presente ley está sujeto a responsabilidad civil, penal, ni administrativa, derivadas del cumplimiento de la misma.

6.3. LEGISLACIÓN GENERAL RELACIONADA CON EL H.I.V. / S.I.D.A.

Nos parece acertado en este capítulo hacer hincapié en la normativa general más importante con referencia al H.I.V. / S.I.D.A., considerando como lo venimos resaltando en nuestro trabajo que no se agotan las referencias legislativas aquí, ya que existe un plexo importante de normativas locales, pero hemos compilado las que ha nuestro criterio resultan de mayor relevancia:

Constitución Nacional.- Año: 1994. (arts. 14 bis, 16, 19, 28 y 75 inc. 22).

Convención Americana sobre Derechos Humanos. Pacto de San José de Costa Rica.- (arts. 4°: Derecho a la Vida, y 11: Protección de la Honra y de la Dignidad.

Código Penal.- (arts. 72, 79, 84 Y 91).

Código Civil.- (arts. 512, 514, 902/909, 1071 bis, 1072, 1109, 1112, 1113, 2311, 2312).

Ley 10636/88 (Provincia de Buenos Aires): Obliga a denunciar todos los casos atendidos de contagio de H.I.V., o enfermedad de S.I.D.A.

Ley 11725/95 Ley Provincial de Hemoterapia y su Decreto Reglamentario Nº 3716/97.

Ley 15465/60: Notificación obligatoria en todo el país de los casos de enfermedades transmisibles y su Decreto Reglamentario Nº 3640/64.

Ley 17132/67: Normas para el ejercicio de la medicina, odontología y actividades de colaboración y su Decreto Reglamentario Nº 6216/67.

Ley 22990/04: Régimen de la Sangre Humana (ley de Sangre), y Decreto Reglamentario N° 375/89 y su actualización del Decreto Reglamentario Nº 1338/04.

Ley 23277/85: Normas para el ejercicio de la Psicología y su Decreto Reglamentario Nº 905/95.

Ley 22853/97: Régimen de habilitación y funcionamiento de las unidades de atención médicas destinadas a la aplicación de diálisis corpórea y extracorpórea en el tratamiento de la insuficiencia renal, y Decreto Reglamentario N° 4681/89.

Ley 23592/88: Derechos y garantías constitucionales. Actos discriminatorios. Sanciones para quienes los ejecuten.- (art. 1° - 1 mes a 3 años de prisión). Actos

Discriminatorios. Adopción de medidas para quienes arbitrariamente impidan el pleno ejercicio de los derechos y garantías fundamentales reconocidas en la Constitución Nacional.

Ley 23660/88: Prestaciones Médico Asistenciales para las Obras Sociales / Régimen Nacional de Obras Sociales y su Decreto Reglamentario Nº 576/93 Derogando el decreto N° 358/90 y N° 359/90 y Decreto Nº 9/93.

Ley 23661/88: Sistema Nacional de Seguro de Salud. (A.N.S.S.A.L.) y su Decreto Reglamentario Nº 576/93, derogando el decreto N° 359/90 y Decreto Nº 9/93 y Decreto Reglamentario Nº 1305/2000.

Ley 23798/90: Ley Nacional de S.I.D.A., y su Decreto Reglamentario Nº 1244/91.

Ley 24004/91: Ley de ejercicio de la enfermería.

Ley 24001/91: Residuos peligrosos.

Ley 24193/93: Transplantes de órganos y materiales anatómicos, y Decreto Reglamentario N° 512/95, reformada por la Ley 26.066/11 de Donante Presunto.

Ley 24515/95: Creación del I.N.A.D.I. Instituto Nacional contra la Discriminación, la Xenofobia y el Racismo.

Ley 24445/94: Obligación de las Obras Sociales de cubrir gastos generales por el S.I.D.A. (art. 1º) y su Decreto Reglamentario Nº 580/95.

Ley 24455/94: Prestaciones obligatorias que deberán incorporar aquellas recipiendarias del fondo de redistribución de la Ley N° 23661. Cobertura en las Obras Sociales a enfermos de S.I.D.A.

Ley 24557/97: Riesgos del Trabajo, y Decretos Reglamentarios N° 658 y 659/96. Laudo Ministerial N° 405/96.- Modificada por Ley 26773/12.

Ley 24754/96: Ley de Medicina Prepaga, modificada por la actual Ley 26682/11 y su decreto reglamentario Nº 1991/2011.

Ley 24660/96: Ley de ejecución de la pena privativa de libertad, y Decreto Reglamentario N° 1058/97.

Decreto N° 478/98: Sistema integrado de jubilaciones y pensiones.

Ley 25326/00: Protección de Datos Personales.

Ley 26061/05: Protección Integral de Niñas, niños y adolescentes y su Decreto Reglamentario Nº 415/06, con su equiparación provincial Ley 9396/07 de Protección integral de la niñez, adolescencia y familia.

Ley 26529/09: Derechos del Paciente, Historia Clínica y Consentimiento Informado.

Ley 26742/12: Muerte Digna, modificatoria parcial de la ley 26.529.

Ley 26743/12: Identidad de Género.

Resolución del Ministerio de Salud de la Nación 364/08. Creación de los Registros de Servicios de Hemoterapia, conforme el Plan Nacional de Sangre.

Resolución del Ministerio de Salud de la Nación 797/13. Aprobación y Modificación de las normas administrativas y técnicas de los criterios de selección de donantes de sangre.

6.4. LEGISLACION ESPECÍFICA RELACIONADA CON EL H.I.V. / S.I.D.A.

Decreto 385/89: Comisión Nacional de Lucha contra el S.I.D.A. Constitución. Funciones.-

Ley 10636/88 (Provincia de Buenos Aires): Obliga a denunciar todos los casos atendidos de contagio de H.I.V., o enfermedad de S.I.D.A.

Ley 11725/95 Ley Provincial de Hemoterapia y su Decreto Reglamentario Nº 3716/97.

Ley 15465/60: Notificación obligatoria en todo el país de los casos de enfermedades transmisibles.

Ley 17132/67: Normas para el ejercicio de la medicina, odontología y actividades de colaboración y su Decreto Reglamentario Nº 6.216/67.

Ley 22990/04: Régimen de la Sangre Humana (ley de Sangre), y Decreto Reglamentario N° 375/89 y su actualización del Decreto Reglamentario Nº 1338/04.

Ley 23592/88: Actos Discriminatorios.

Ley 23798/90: LUCHA CONTRA EL SINDROME DE INMUNODEFICIENCIA ADQUIRIDA (art.1°: declarada de Interés Nacional la Lucha contra el S.I.D.A., y arts. 4, 6, 8), y Decreto Reglamentario N° 1244/91.

Ley 24445/94: Obligación de las Obras Sociales de cubrir gastos generales por el S.I.D.A. (art. 1º) y su Decreto Reglamentario Nº 580/95.

Ley 24455/94: Prestaciones obligatorias que deberán incorporar aquellas recipiendarias del fondo de redistribución de la Ley N° 23661. Cobertura en las Obras Sociales a enfermos de S.I.D.A.

Ley 24515/95: Creación del I.N.A.D.I Instituto Nacional contra la Discriminación, la Xenofobia y el Racismo

Ley 24754/96: Empresas o entidades que presten servicios de medicina prepaga. Planes de cobertura. Prestaciones obligatorias. (art. 1º). Modificada por la actual Ley 26682/11 y su decreto reglamentario Nº 1991/2011.

Decreto 906/95: Detección del H.I.V., en postulantes de ingreso a las Fuerzas Armadas.-

Resolución 18/92 del Ministerio de Salud de la Nación. Provisión gratuita de medicamentos.-

Resolución Secretarial 228/93: Normas de bioseguridad para uso de establecimientos de salud.-

Resolución Secretarial 105/97: Norma Nacional de S.I.D.A., en perinatología.

Resolución 19/98 de la Secretaría de Programas de Salud: Notificación y atención de Accidente Laboral del Personal de la Salud con riesgo de infección por patógenos sanguíneos.-

Resolución del Ministerio de Salud de la Nación: 364/08. Creación de los Registros de Servicios de Hemoterapia, conforme el Plan Nacional de Sangre.

Resolución del Ministerio de Salud de la Nación: 797/13. Aprobación y Modificación de las normas administrativas y técnicas de los criterios de selección de donantes de sangre.

6.5. LA RESPONSABILIDAD CIVIL DE HOSPITALES, CLINICAS, SANATORIOS Y BANCOS DE SANGRE

Brevemente introduciremos algunos conceptos generales que tiene que ver con la atención en los hospitales públicos de nuestro país, pero también con el ámbito privado.

La Suprema Corte de Justicia de Buenos Aires decidió que el plazo de prescripción de la acción resarcitoria contra el Estado por los daños y perjuicios derivados de una mala praxis médica es bienal, previsto en el art. 4037 del C.C., con sustento en que la relación jurídica entre el paciente y el hospital es de naturaleza extracontractual y de derecho público. Además, consideró el máximo tribunal que el Estado debe garantizar atendiendo a la naturaleza supralegal sus funciones esenciales (como justicia, educación, seguridad y salud). Es por ello que la inobservancia del deber de asistencia médica en el nosocomio público conlleva la configuración de la responsabilidad objetiva y directa del Estado por falta de servicio. En lo atinente a la responsabilidad del hospital público se registra en el seno de la prestigiosa Casación Bonaerense – al menos – un antecedente que insinuaba una adscripción en esta materia a la postura de la Corte Nacional.[39]

En la doctrina, prevalece conforme la opinión de Galdos (2004), en el sentido de que el vínculo jurídico entre el paciente y el médico se emplaza, en principio, en el ámbito contractual toda vez que la prestación profesional obedece a un previo acuerdo de voluntades, generador de recíprocos deberes y derechos. En este vínculo tiene relevancia la naturaleza de la obligación profesional, el consentimiento informado que preste el paciente para aceptar y someterse a los tratamientos terapéuticos preventivos o curativos a fines de preservar la autodeterminación, la forma de desenvolvimiento de la asistencia o tratamiento profesional que conjuga conocimientos propios de una ciencia y el deber insoslayable de ponerlos al servicio del paciente para proteger su vida y su integridad psicofísica – bienes jurídicos de tutela especial por su trascendencia axiológica – con la potestad inalienable de

[39] S.C.B.A., Ac. 72067, 19/02/2002, "Sánchez Simón A. y ot. c/ Alcarer Bernabé E. y ot. s/ Indemnización de Daños y Perjuicios", voto de los Dres. Pisano, Laborde, Salas, Ghione y Negri. La minoría – voto Dres. De Lázzari, Hitters y Pettigiani – si bien consideró insuficiente el recurso, aludió "obiter dicta" a la doctrina de la falta de servicio.

disponer del propio cuerpo y de colaborar en el diseño de la prestación profesional que proponga el galeno.

Sin embargo, y de acuerdo con Lorenzetti (1997) (Galdos, 2004), por excepción, la relación es extracontractual en aquellos supuestos (que, por cierto, incluyen un nutrido catálogo) en los que está ausente esa voluntad negocial, como en los casos de atención prestada espontáneamente, en contra de la voluntad del paciente, vg., en los intentos de suicidio, atenciones urgentes por accidentes, cuando el médico ha actuado con dolo delictual, si la acción es ejercida "iure propio" por los damnificados indirectos por la muerte de la víctima, etc.

Aisladamente, Borda puntualiza que la responsabilidad médica es siempre extracontractual porque surge de las obligaciones que impone el ejercicio de la medicina, haya o no acuerdo de voluntades, mientras que Elena Highton pregona que la misma es contractual ya que concurre una obligación preexistente del médico que debe cumplir cuando interviene en la atención específica de un paciente (Galdos, 2004).

Distinta es la cuestión emergente de la responsabilidad de las clínicas y sanatorios y entes asistenciales privados, generando un sinfín de divergencias en torno a su tipificación, pero simplificando y sistematizando la cuestión podemos esbozar tres posturas.

Un criterio prevaleciente en la jurisprudencia de la Justicia nacional, señala que entre el paciente, el médico y el sanatorio media una estipulación a favor de un tercero mediante la cual la clínica, sanatorio o ente asistencial (estipulante) y el médico (promitente) se celebra un contrato a favor del paciente (beneficiario) con apoyo en el art. 504 del C.C. De ese modo surgen dos relaciones: del paciente contra la clínica y contra el galeno, ambas de origen contractual y diferente. Partimos del presupuesto de que el médico, por su independencia técnica, no es subordinado del establecimiento sanitario a los fines de cumplir con el acto profesional, por lo que la responsabilidad de las clínicas y establecimientos de salud no se rigen por el hecho de sus dependientes (art. 1113 1ª parte del Código Civil), sino que la responsabilidad es objetiva y nace de la obligación tácita de seguridad, contenida en el art. 1198 del C.C., de prestar asistencia médica a través de los profesionales de su Institución (Galdos, 2004).

Coincidiendo en este acápite con Sandra Wierzba (1996), las entidades públicas y privadas, si bien pueden encontrarse en situaciones distintas, como ya lo hemos expuesto en parágrafos anteriores, frente a una demandada por daños derivados de la transfusión de sangre contaminada con el virus del H.I.V., presentan todas un elemento en común: la posibilidad cierta que se las juzgue en base a un factor de atribución objetivo de responsabilidad.

Según nuestra firme concepción, la sangre humana, más allá de los diferentes métodos alternativos transfusionales, concentrados de laboratorios o sustitutos del tejido sanguíneo, es insustituible. Es aquí en donde debemos centrar la discusión, ya que la doctrina ha venido señalando que las enfermedades trasmitidas a través de la sangre transfundida, no sometida a las pruebas serológicas correspondientes, puede dar lugar a una responsabilidad objetiva para algunos de los sujetos que participaron de su provisión.

Por otro lado, la Ley de Defensa al Consumidor 24240 no distingue entre cosas y servicios riesgosos (art. 6), así como tampoco lo hace su modificación la ley 26361, de tal manera que ya no se debería hablar en nuestro derecho de una responsabilidad por productos elaborados, sino de una responsabilidad de los proveedores de cosas y servicios.

Sin embargo, de acuerdo con la legislación vigente y la clara prohibición existente de la venta de sangre, disentimos con Wierzba (1996) en que, en el caso bajo análisis, no se deba o pueda hablar de responsabilidad objetiva por productos defectuosos: la sangre es un tejido humano vivo dentro del cuerpo de las personas, pero fuera de él es una cosa, asimilable a un producto no defectuoso, pero sí potencialmente riesgoso.

Por otra parte, la actividad de los profesionales se encuentra excluida de la ley de protección a los consumidores, solamente con posibilidad de ser alegada por la publicidad engañosa (art. 8), en nuestro caso, asimilable al médico, centro asistencial o banco de sangre que publicitara “las transfusiones sanguíneas más sanas del mundo o libre de virus del S.I.D.A”.

Es cierto que, aunque el factor de atribución de responsabilidad objetivo independientemente se funde en una obligación tácita de garantía o seguridad en la relación contractual de acuerdo a lo dispuesto y explicado en nuestro trabajo por el art. 113, inciso 2 del C.C., da lugar a que el demandado solamente se libere de su responsabilidad o de su obligación de reparar por la culpa de la víctima, por el caso fortuito y por el hecho de un tercero por el cual no se deba responder, no es menos cierto que prima facie es la primera herramienta jurídica a la que echamos mano cuando ocurre o se denuncia un caso de mala praxis médica, intentando responsabilizar el contagio por vía transfusional de H.I.V. a un centro asistencial.

Por otro lado, y coincidiendo nuevamente con Wierzba (1996), la imputación de responsabilidad objetiva a mansalva, por el hecho de que ningún daño quede sin reparar, tampoco beneficiaría a las víctimas de las circunstancias desgraciadas que han sido infectadas por el virus en un período de ventana, puesto ello tendría como consecuencia la desaparición de las prácticas transfusionales particulares o en domicilio del paciente y de los bancos de sangre privados que proveen la mitad de la sangre para las transfusiones que se llevan a cabo en el país, con graves efectos para la salud pública.[40]

Desde nuestro punto de vista, no sería correcta la aplicación de una responsabilidad distinta a la objetiva, ya se trate de una clínica privada, un hospital, o un banco de sangre privado, sobre todo cuando se han tomado todos los recaudos necesarios para llevar adelante el acto transfusional con absoluta profesionalidad, es decir, cuando se ha realizado el interrogatorio del donante por el médico / técnico especialista, conforme las normas internas implementadas por la A.A.H.I., coincidentes con la A.B.B.A., cuando se han realizado todos los testeos serológicos correspondientes y de acuerdo a los últimos avances tecnológicos en la materia, se han manejado con extremo cuidado y celo profesional los hemoderivados sanguíneos, previamente indicados por los médicos tratantes de los pacientes a los que se le ha realizado la práctica transfusional, etc.

Por nuestra parte, consideramos que, en los supuestos de hospitales privados, la responsabilidad derivada de la atención médica es contractual, ya sea por la deficiencia de la atención, por el deber de información, o por no respetar las reglas del arte y/o la profesión, más allá de que la responsabilidad objetiva que se le endilgue al dependiente que trabaja en el servicio transfusional adquiera características particulares. Por esta razón, la prescripción debiera ser la decenal conferida por el art. 4023 C.C.

[40] Opinión del Dr. Alfredo Miroli, ex director del Programa Nacional de Lucha contra el SIDA, en entrevista del 25/6/93 (Wierzba, 1996).

En cambio, en el caso de las entidades públicas, la situación debería modificarse, ya que sus integrantes toman la calidad de funcionarios públicos, función por la que deben responder. Es así que, en opinión de Weingarten y Ghersi (2009), nos encontramos frente a una obligación legal y no contractual, siendo el plazo de prescripción a los dos años, conforme el art. 4037 del C.C., ya que la atención dentro de la medicina pública conlleva el derecho de cuidado del paciente, e independientemente de cumplimentar con las obligaciones medicales a su cargo, además deberá cumplir con reglas y procedimientos administrativos. En el hospital público no hay contrato, sino prestación pública sobre el derecho a la salud.

A pesar de que, como dijimos, la acción en contra del hospital público prescriba a los dos años, la Justicia nacional sostiene que, respecto del médico interviniente en el acto del supuesto evento dañoso, la relación sería contractual y prescribiría a los diez años. La Suprema Corte de Justicia de la Provincia de Buenos Aires sostiene que la relación del médico y el hospital es extracontractual, y por ende prescribiría a los dos años, ya que existe un derecho constitucional a la salud, no existiendo por ende un contrato, sino una relación administrador / administrado.

Supuestos especiales lo configuran las obras sociales y las empresas de medicina prepaga, sobre todo cuando tercerizan servicios médicos. En estos casos, habremos de estar específicamente tras un minucioso estudio de la plataforma fáctica que originó – en el caso – el evento generador del daño, para encorsetar la responsabilidad de cada uno de los integrantes del acto médico.

Es por todo lo expuesto que no nos parece adecuado volver a plantear un supuesto tan claro y a esta altura poco útil como el no respetar las normas y protocolos médicos que indica la especialidad de la medicina transfusional, cuestión que para nosotros está más que aclarada y definida. Por el contrario, consideramos atinado diferenciar ciertos aspectos que marcan la diferencia entre la responsabilidad civil, el derecho de daños y el riesgo de desarrollo o el desconocimiento del avance tecnológico.

6.6. LA RESPONSABILIDAD CIVIL, EL DERECHO DE DAÑOS Y EL RIESGO DE DESARROLLO

Existe una clara diferencia entre la concepción de la responsabilidad civil clásica y el derecho de daños. En la primera, por ejemplo, no se cubren los daños anónimos, con lo cual éstos quedarían sin reparación, deviniendo, según la posición de Garrido Cordobera (2000) a la cual adherimos, en la categoría de daños injustos derivados del azar o de un designio divino . Es decir que, según la teoría clásica, estos daños resultarán reparados solamente cuando se den todos los supuestos que conforman la cadena de responsabilidad (conducta antijurídica, daño, factor de atribución y relación de causalidad).

La responsabilidad civil debe contener un cierto basamento moral. Sin embargo, este esquema es excesivamente caro, ineficiente para supuestos como el de la indemnización por contagio de H.I.V., y torna imposible indemnizar los daños sociales. Además, hablar de responsabilidad civil clásica es volcarse a la justicia conmutativa (el deudor pagará con su dinero el daño que le causó a la víctima), dándose el supuesto solamente entre particulares. Aquí el daño nunca se previene; simplemente se sale a reparar cuando el daño ya se produjo.

Si hablamos de responsabilidad civil objetiva, nos centraremos en una justicia distributiva, la que en franca conexión con el derecho de daños, importará e intentará distribuir y cubrir los daños entre todos los miembros de la comunidad.

En este supuesto, hay una asunción o prevención del riesgo del deber de reparar, dejando de lado el azar. En verdad, en esta teoría, lo primero es tomar todas las medidas precautorias antes de ocurrido el hecho dañoso: se previene e intenta garantizar el no dañar a nadie, asumiendo los riesgos de las cuestiones azarosas que rodean la actividad riesgosa; sólo si se falla, entonces habrá que reparar el daño producido.

De esta forma, el derecho de daños está caracterizado por un constante juego de normas constitucionales y civiles en franca coherencia, tales como el derecho de propiedad, la igualdad ante la ley, la reparación integral por el art. 1113 del C.C., etc. Y específicamente, la reparación debido al contagio del H.I.V. en el período de ventana, estará en cabeza de quien se encuentre en mejor posición de soportarla.

El derecho de daños tiene que ver con la asunción de los riesgos sociales, es decir, con los eventos a los que estamos expuestos por el hecho de vivir en sociedad, por ejemplo ser atropellado por un automovilista, ser objeto de un hecho ilícito por un delincuente o ser contagiado por H.I.V. durante una transfusión sanguínea. Estos riesgos sociales son inevitables, y si no quisiéramos soportarlos, deberíamos vivir en una isla y alejados de todo y de todos. Es por ello que, cuando ya todas las medidas de prevención fallaron, y no encontramos a quién imputarle la responsabilidad acaecida a la luz del evento dañoso, aparece el derecho de daños y su reparación a través de los seguros o de los fondos de garantía.

La diferencia fundamental entre ambos radica en que el seguro, como contrato, debe ser tomado por un particular o una empresa, en nuestro caso médico particular u hospital, y debe tener la plena vigencia para cubrir el riesgo asegurado, conforme los arts. 1º y 2º de la Ley 17418 (López Saavedra, 2007).[41] El fondo de garantía, por el contrario, cubrirá todos los daños, incluso los anónimos, ya que en este supuesto, el que sale a indemnizar y a quien le interesa resarcir el daño es al fondo.

Podemos conceptualizar el "riesgo de desarrollo" como aquellas consecuencias dañosas de un producto que, siendo desconocidas al momento de la utilización mediante técnicas idóneas cuando tiene lugar su producción en masa, autorización para el consumo y comercialización, devienen luego, con el avance propio de la ciencia y las técnicas, consecuencia directa de la utilización de dicho producto (Garrido Cordobera, 1995).

En la misma línea, para Prieto Molinero, los "riesgos de desarrollo" son situaciones que se producen cuando ocurre un daño como consecuencia de un defecto que resultaba imposible de ser establecido debido a que el estado de la ciencia y de la técnica existente al momento de la puesta en circulación, sencillamente no daba elementos para conocer o siquiera sospechar el potencial dañino del producto (Garrido Cordobera, 2009).

El riesgo de desarrollo, conforme lo expone Prieto Molinero (2010), presenta beneficios y desventajas. Un ejemplo sería el proyecto "genoma Humano", que busca hacer un mapeo y secuenciar el A.D.N. para poder beneficiar a todos los seres humanos, abriendo las posibilidades de realizar terapias genéticas para poder prevenir y curar las enfermedades que se transmiten hereditariamente. Sin embargo, presenta algunos inconvenientes, tales como la invasión a la intimidad y privacidad de las personas (teoría del hombre de cristal – test para conocer la personalidad de las personas). Por otro lado, podría generar una gran discriminación entre las personas

---

[41] El texto de los artículos dice lo siguiente. Art. 1º, Ley 17.418: "Hay contrato de seguro cuando el asegurador se obliga, mediante una prima o cotización, a resarcir un daño o cumplir la prestación convenida si ocurre el evento previsto". Y art 2º:"El contrato de seguro puede tener por objeto toda clase de riesgos si existe interés asegurable, salvo prohibición expresa de la ley" (López Saavedra, 2007, p. 53 y 58 respectivamente).

que acceden al proyecto y aquéllos que nunca lograrían obtener un seguro médico o un puesto de trabajo, dando lugar a todo tipo de suspicaces investigaciones.

El riesgo de desarrollo se aplica a cualquier tipo de circunstancias desconocidas para el hombre en sociedad. En los Estados Unidos, son bastante frecuentes la investigación y los ensayos sobre el desarrollo científico tecnológico. Al respecto, cabe recordar el emblemático "caso de la Talidomida", que tuvo lugar entre los años 1958 y 1962, y fue generado a partir de la ingestión de sedantes utilizados en pacientes embarazadas, cuyas consecuencias se vieron reflejadas en las malformaciones de los fetos o los niños recién nacidos, muchos de los cuales nacían sin brazos, con sus manos salientes desde sus hombros. Hubo aproximadamente ocho mil casos en el mundo.

Lo cierto es que la responsabilidad objetiva no estaba del todo clara en esa época, ya que las pruebas a las que había sido sometido el fármaco eran perfectas, utilizándose los últimos conocimientos del momento y habiendo tomado todos los recaudos y diligencias necesarias para lanzar el producto al mercado. Los reclamos judiciales no tardaron en hacerse efectivos, ya que las madres alegaban que por culpa del medicamento habían tenido un hijo defectuoso. El productor o fabricante se defendía argumentando que había probado lo necesario para lanzar su producto al mercado, había invertido mucho dinero en su laboratorio y había aplicado la última tecnología de la farmacopea.

La jurisprudencia en general en ese momento se encontraba divida, ya que los primeros reclamos eran acogidos, aceptando la responsabilidad objetiva del fabricante, para luego cambiar su opinión y exonerarlos.

Lo complejo de dicha cuestión se asienta sobre las bases de que el riesgo de desarrollo en algún punto desincentiva las investigaciones, fabricando lo ya probado en el mercado sin hacer frente a los nuevos desafíos de la ciencia médica, y por otro lado, debiendo los empresarios contratar un seguro muy costoso y trasladar el precio del seguro al producto (en definitiva, a los consumidores) (Prieto Molinero, 2010).

En Estados Unidos de Norteamérica se crearon, hace ya más de cincuenta años, los "Restatements" o repeticiones de la ley, que no son otra cosa que un conjunto de tratados sobre temas jurídicos basados en la jurisprudencia estadounidense, que tratan de informar a los jueces y abogados acerca de los principios generales del derecho común. Han habido tres series de Restatements hasta la fecha, todos ellos publicados por el A.L.I. (American Law Institute) o Instituto de Derecho Norteamericano, una famosa organización de juristas y profesionales fundada en 1923.

De acuerdo con Prieto Molinero (2010), el art 402 A) del Second Restatement del año 1965 fue el que dio el puntapié inicial a la responsabilidad objetiva por productos. Es decir que podríamos afirmar que la actual teoría de la responsabilidad objetiva por productos es norteamericana, y más tarde pasó a la Comunidad Económica Europea. Sus bases son las siguientes:

a) Hacen desaparecer la responsabilidad por culpa o la culpa.
b) Llevan la cosa a su estado natural, es decir que el fabricante responde por el defecto del producto, y separan marcadamente lo inherentemente peligroso de lo razonablemente peligroso.
c) Se vislumbra con mayor precisión el concepto de defecto.
d) Se reemplaza la teoría de una responsabilidad por culpa, que no tenía prácticamente aplicación, y era absolutamente grosera en la reparación frente a los daños masivos, por una teoría de responsabilidad objetiva.
e) Para los norteamericanos, la responsabilidad objetiva no requiere tarifación ni topes indemnizatorios de los daños, en contraposición con Alterini, quien brega por la reparación con topes y tarifación de daños.

A su turno, Europa estableció un sistema de responsabilidad objetiva creando una normativa con reglas o cláusulas operativas. Una de las directivas de los Estados Europeos, la Nº 85/374 de la C.E.E., tiene que ver con la responsabilidad objetiva para cubrir daños producidos por productos defectuosos. Países como China, Japón, Australia y el resto de los veintisiete estados miembros de la Comunidad tomaron como base este sistema de responsabilidad objetiva por productos defectuosos, en el cual estaría incluida la unidad de sangre, una vez extraída y fuera del cuerpo humano, convirtiéndolo, en palabras del destacado jurista citado, en el mejor sistema existente en el mundo de responsabilidad objetiva. En su art. 7º, inc. e),[42] dispone que se acepta la exoneración del fabricante por el riesgo de desarrollo;

---

[42]Los artículos pertinentes son transcriptos a continuación. Art. 7: En aplicación de la presente Directiva, el productor no será responsable si prueba : a) que no puso el producto en circulación ; b) o que , teniendo en

pero en su art. 15[43], concede la facultad al Estado para poder suprimir esa exoneración. Obliga además a los Estados miembros a traspolar la directiva a la normativa interna de cada Estado, tal como lo han hecho España, Luxemburgo y Finlandia, que disponen que el fabricante de productos farmacológicos y/o elementos para consumo humano debe responder por el riesgo de desarrollo, exonerando tal

---

cuenta las circunstancias , sea probable que el defecto que causó el daño no existiera en el momento en que él puso el producto en circulación o que este defecto apareciera más tarde ; c) o que él no fabricó el producto para venderlo o distribuirlo de alguna forma con fines económicos , y que no lo fabricó ni distribuyó en el ámbito de su actividad profesional ; d) o que el defecto se debe a que el producto se ajusta a normas imperativas dictadas por los poderes públicos ; e) o que , en el momento en que el producto fue puesto en circulación , el estado de los conocimientos científicos y técnicos no permitía descubrir la existencia del defecto ; f) o que , en el caso del fabricante de una parte integrante , el defecto sea imputable al diseño del producto a que se ha incorporado o a las instrucciones dadas por el fabricante del producto. (Comunidad Económica Europea. Directiva de los Estados Europeos Nº 85/374 relativa a la aproximación de las disposiciones legales, reglamentarias y administrativas de los Estados Miembros en materia de responsabilidad por los daños causados por productos defectuosos. Recuperado de www.eur-lex.europa.eu/LexUriServ/LexUriServ.do?uri=CELEX...es:HTML)

[43] Artículo 15 .1. Cada Estado miembro podrá: a) no obstante lo previsto en el artículo 2 , disponer en su legislación que , a efectos del artículo 1 de esta Directiva , por « producto » se entienda también las materias primas agrícolas y los productos de la caza ; b) no obstante lo previsto en la letra e) del artículo 7 , mantener o , sin perjuicio del procedimiento definido en el apartado 2 del presente artículo , disponer en su legislación que el productor sea responsable incluso si demostrara que , en el momento en que él puso el producto en circulación , el estado de los conocimientos técnicos y científicos no permitía detectar la existencia del defecto . 2. El Estado miembro que quisiera introducir la medida especificada en la letra b) del apartado 1, deberá comunicar a la Comisión el texto de la medida propuesta. La Comisión informará de ello a los demás Estados miembros. Este Estado miembro esperará nueve meses para tomar la medida a partir del momento en que informe a la Comisión y siempre que entretanto ésta no haya sometido al Consejo ninguna propuesta de modificación de la presente Directiva que afecte al asunto tratado. Si, no obstante, la Comisión no comunicará al Estado miembro, en el plazo de tres meses, su intención de presentar tal propuesta al Consejo, el Estado miembro podrá tomar inmediatamente la medida propuesta. Si la Comisión presentara al Consejo la propuesta de modificar la presente Directiva en el mencionado plazo de nueve meses, el Estado miembro de que se trate esperará dieciocho meses para tomar la medida a partir del momento en que se presentó la propuesta. 3. Diez años después de la fecha de notificación de la presente Directiva, la Comisión someterá al Consejo un informe sobre la incidencia que haya tenido la aplicación hecha por los tribunales de la letra e) del artículo 7 y la letra b) del apartado 1 de este artículo en la protección de los consumidores y en el funcionamiento del mercado común. A la luz de este informe el Consejo, actuando a propuesta de la Comisión y en los términos que estipula el artículo 100 del Tratado, decidirá si deroga o no la letra e) del artículo 7. (Comunidad Económica Europea. Directiva de los Estados Europeos Nº 85/374 relativa a la aproximación de las disposiciones legales, reglamentarias y administrativas de los Estados Miembros en materia de responsabilidad por los daños causados por productos defectuosos. Recuperado de www.eur-lex.europa.eu/LexUriServ/LexUriServ.do?uri=CELEX...es:HTML)

responsabilidad en el resto de los productos defectuosos, con lo cual hacen objetivamente responsable al fabricante por este riesgo.

El riesgo de desarrollo además rompe el nexo causal de la responsabilidad, ya que enmarca como cuestión inevitable el caso fortuito y la fuerza mayor. Por un lado, la víctima adquiere la calidad de tal, pero por otro lado, se beneficia con los avances tecnológicos, y mejora su calidad de vida.

El fabricante, en casos como los descriptos, asume la responsabilidad objetiva del daño a través del riesgo de desarrollo, pero a su vez paga primas de seguros costosísimas por su labor, enfrentándose con un obstáculo objetivo cargado de incertidumbre, ya que no posee la máquina del tiempo y por ende desconoce lo que va a ocurrir. Es en este punto en donde debería ingresar la salvaguarda del Estado y crear fondos de compensación para indemnizar a las víctimas.

Las críticas que se le hacen a la teoría del riesgo de desarrollo apoyan la tesis de que, independientemente del carácter de justo o injusto del riesgo de desarrollo, la complicación procesal que nace a la luz de estos problemas tornará oneroso, tedioso, complicado y eterno probar la responsabilidad, en tanto el desconocimiento de los avances científicos, cuya responsabilidad por daños los tribunales prefieren endilgarle al productor o fabricante, violándose así, desde nuestra concepción, el art. 18 de la C.N., es decir el debido proceso adjetivo o el derecho de defensa en juicio.

Es por ello que, para ordenar el proceso en un caso de contagio de H.I.V. alegando riesgo de desarrollo, habría que producir la mayor cantidad de prueba posible, lo que implica revisar archivos, formulas químicas y tests de protocolo médico en pacientes, y establecer topes indemnizatorios, o bien conformar fondos de compensación del daño.

Por otra parte, para la directiva europea, la prescripción que opera en la cuestión de los riesgos de desarrollo es contractual, es decir decenal (diez años desde el momento en que el producto fue puesto en el mercado); así, la doctrina del derecho comparado sostiene que se debería imponer la responsabilidad al fabricante del producto, ya que todo ello es harto difícil de probar, además de que no se le pueden sumar los daños punitivos y la indemnización es tarifada (Prieto Molinero, 2010).

En la Argentina, y sobre todo en los momentos en que aún no habían sido descubiertos y puestos en el mercado los test de confirmación como el Elisa y el Western Blot, el problema radicaba en determinar el daño producido por el H.I.V., ya que en estos casos, como opina la autora, podían ser considerados como casos fortuitos.

En nuestro medio, la cuestión del riesgo de desarrollo ha dado lugar a intensos debates, y ha sido respondida desde diferentes posiciones doctrinarias.

6.6.1. TESIS AFIRMATIVA DEL RIESGO DE DESARROLLO

Los sostenedores de esta posición entinden que se debe responder aunque se desconozca el vicio o defecto potencial en la sangre al ser elaborada. Ésta es quizás la tesis predominante en la Argentina.

Podemos mencionar al respecto las conclusiones de diversos Congresos y Jornadas.

Así, en las IV jornadas sobre responsabilidad por productos farmacéuticos y medicinales (Morón, 1987), se señaló que no configura caso fortuito extraño a la actividad el denominado riesgo de desarrollo.

En el mismo sentido, en las Jornadas Marplatenses de Responsabilidad Civil y Seguros (1989), se concluyó: "En los casos de lanzamiento al mercado masivo de consumo de nuevos productos, cuya nocividad no era conocida la momento de su puesta en circulación, pero que nuevas comprobaciones científicas o técnicas ponen de manifiesto, cabe responsabilizar al productor, que debe garantizar al consumidor la inocuidad de los bienes que introduce en el mercado. El profesional de la salud será responsable cuando la nocividad del medicamento era conocida o cognoscible e igualmente lo indicó" (Wierzba, 1996, p. 110).

6.6.2. TESIS NEGATIVA DEL RIESGO DE DESARROLLO

Se afirma en esta posición que el elaborador no asume el riesgo del progreso científico posterior al lanzamiento al mercado, teniendo en cuenta que así se encarecería y desalentaría la producción.

La Comunidad Económica Europea ha dejado libre a los países miembros la posibilidad de exonerar o responsabilizar por el riesgo de desarrollo. En

Francia, por ejemplo, no se responsabiliza por el riesgo de desarrollo; si bien puede llamar la atención que el país galo, tan proteccionista de la víctima en materia de responsabilidad, no responsabilice al elaborador que introduce en el mercado el producto viciado, lo que se intenta es evitar el traslado de empresas industriales a países limítrofes más liberales.

Siguiendo a Mosset Iturraspe (1994) y Lorenzetti (1997), consideramos que en nuestro país el riesgo de desarrollo es una consecuencia mediata imprevisible por la que no se debe responde en este caso. En este sentido, sostenemos que, desde el punto de vista causal, no sería admisible la responsabilidad por el riesgo de desarrollo, simplemente porque es claramente una consecuencia mediata no previsible.

Parte de la doctrina nacional asegura que dentro de la responsabilidad civil y específicamente en la relación de causalidad, es decir, la consecuencia usual y común de la cadena de responsabilidad, no se da el cierre para la necesaria imputación jurídica del daño y el cobro de una indemnización. El cierre se da por otro lado. Por lo general, cuando unimos el hecho dañoso a un factor objetivo de responsabilidad, debemos romper la relación de causalidad. Tanto es así que presumir la responsabilidad no implica que la presumamos objetiva, ya que tenemos que demostrar la ausencia de culpa, y esa ausencia de culpa sumada al factor objetivo, solo nos dará la ruptura de la relación de causalidad (Garrido Cordobera, 2001).

Además, la relación de causalidad, en el caso de productos, va de la mano de los artículos 42 de la C.N., 40 L.D.C. (Ley de Defensa al Consumidor) y 1113 C.C., que entre otros, determina el principio precautorio al cual, en el riesgo de desarrollo, no hace lugar el caso fortuito. Su excepción está dada por el desarrollo de la ciencia en el tema de salud.

Nuestra opinión es coincidente con la tesis negativa, es decir, la apoyada por juristas de la talla de Mosset Iturraspe, Lorenzetti, Prieto Molinero y Medina, ya que es imposible en la actualidad poder asegurar, tecnológicamente hablando, que un test comercial nos asegure la no enfermedad o el no contagio del virus, ya que no se trata de un capricho de los laboratorios, sino de una exclusiva pero complejísima conformación estructural de un virus que hace casi imposible – por lo menos hasta la fecha - determinar tal exigencia.

Lidia Garrido Cordobera (2010), sin embargo, discrepa en dicha cuestión, y deja sentada claramente su posición, en la cual cabrían distinguir dos posibilidades. De acuerdo con la autora mencionada, aceptar la reparación de este tipo de daños no implicaría frenar el avance de la ciencia (por nuestra parte, no acordamos con ella, aunque aceptamos que la aceptación lisa y llana de la misma, esto es, la no reparación del daño causado, podría ser incompatible con principios éticos básicos y de justicia). La segunda opción sostiene que deben aceptarse los riesgos de introducir un producto en el mercado, y por lo tanto indemnizarse las consecuencias dañosas que se han ocasionado. Sin embargo, en el específico caso de un contagio de H.I.V. en período de ventana, sería altamente injusto imputarle la responsabilidad al fabricante por el simple hecho de que la ciencia no ha podido aún en el mundo asegurar la no trasmisión viral. El fabricante generalmente produce a través de sus materias primas, pero no investiga.

Como puede verse, nuestra postura en este punto es ecléctica, ya que en parte no estamos tan convencidos, como Prieto Molinero, que aplicar el principio precautorio y responsabilizar al fabricante del kit de detección viral frenará el avance de la ciencia y el desarrollo de nuevas reacciones comerciales en pos del acortamiento del período de ventana del virus del H.I.V., pero tampoco con la opinión de Garrido Cordobera, que considera que aplicando dicho principio mencionado ut supra no se frenará el avance científico, ya que ésta es la tarea fundamental de los investigadores, y entonces debe imputársele responsabilidad al fabricante que introdujo un riesgo en la sociedad. En definitiva, por distintos caminos, todos llegamos a la misma solución, esto es, la creación de un fondo de garantía específico, para todas las víctimas de la contaminación del virus del H.I.V., en período de ventana por vía transfusional.

Para nosotros, como lo hemos dejado claro a lo largo de este trabajo, el contagio producido por el supuesto específico de una cuestión de riesgo de desarrollo, no es indemnizable por el fabricante, ni por los integrantes del cuerpo de salud que intervengan en el proceso de extracción, manejo, hemoderivación de los componentes sanguíneos, transfusión de la unidad de sangre etc. Por el contrario, nos parece atinado pensar en una indemnización a través de la seguridad social, aportada desde el Estado Nacional.

No obstante ello, no adoptamos la postura de responsabilidad objetiva que tiene desarrollada el derecho español, extrema desde nuestra concepción, en donde, al objetivar tanto la responsabilidad civil, queda desdibujada la relación de causalidad y, en virtud de la cobertura del daño algún responsable deberá soportar la indemnización. Aclaramos que, en este punto, no estamos refiriéndonos al Estado español, sino a los particulares, ya que para el caso, siguiendo sus ejemplos y su teoría, el fabricante del kit de detección viral del H.I.V., aún encontrándose en un período de ventana de la infección, debería soportar el daño, toda vez que no pudo asegurar que su producto fuese de tal eficacia que detectara la no infección o asegurara que las unidades de sangre no poseerían una infección viral.

Aclaremos de todas formas, para que nuestro comentario no parezca poco atinado o contradictorio, que en el caso del contagio del H.I.V., como ya lo hemos expuesto, la directiva comunitaria exime o faculta a los Estados partes a eximir a los fabricantes de la responsabilidad objetiva por el "supuesto daño causado" en la no detección del período de ventana del H.I.V. Este Estado, a los fines de llevar tranquilidad a la población, prevé desde hace años seguros por incapacidad de responsabilidad civil para las víctimas del H.I.V. / S.I.D.A., y un fondo específico de garantía.

La crítica que puntualizamos aquí apunta específicamente a nuestra concepción objetivista de la responsabilidad civil y la teoría del derecho de daños, en tanto si bien es cierto que no debe quedar ningún daño sin reparar, no es menos cierto que no equilibramos la situación del injusto cometido obligándolo a indemnizar algo que no ha sido de su exclusiva responsabilidad. Es decir que si bien la esfera de responsabilidad civil es la objetiva, ello no significa que deba desaparecer la relación de causalidad, sino que debemos de intentar abrir nuevos caminos, por lo menos en estos supuestos.

No obstante ello, resaltamos además que los españoles diferencian en cuanto a la responsabilidad civil los supuestos del caso fortuito y la fuerza mayor, que en nuestro derecho son tenidos como sinónimos. Según el derecho español, el caso fortuito es evitable, y debemos demostrar que hubiera podido preverse, razón por la cual entra a jugar la diligencia y se sitúa en la esfera de la culpa. La fuerza mayor debe ser circunscripta como evento previsible, pero inevitable. Ejemplos de ello son los terremotos, la invasión de langostas repentinas que desmalezan una cosecha, o lo que los ingleses llamaban "un hecho de Dios", y bajo este supuesto nada se debe reparar. De este modo, la situación se encuadra en el marco de la relación de causalidad entre el hecho y el daño (Rogel Vide, 2013).

Imaginemos la situación tediosa en que pondríamos a los profesionales de la salud que, habiendo transfundido una unidad de sangre absolutamente testeada, prolijamente recolectada y respetando los protocolos de la especialidad de la medicina transfusional, contagiara el virus a una persona, exigiéndole que asegure al paciente en su práctica médica que no va a infectarse, ya que puede y debe controlar el período de ventana de la infección. Aquí, transformaríamos la obligación médica que, como dijimos en su oportunidad es absolutamente de medios, en una de resultado, desvirtuando el marco obligacional y aventando una catarata de juicios por mala praxis profesional. Va de suyo que, en la actualidad, abundan las demandas por contagio de H.I.V. por vía transfusional; es nuestro anhelo que, a través de esta tesis, podamos influir para que la comunidad acepte que, en este caso, no ese trata de desidia, desconocimiento o falta de presupuesto, sino de un flagelo que, luego de treinta años de lucha denodada, no pudo revertirse todavía.

6.7. EL PROYECTO DE REFORMA AL CODIGO CIVIL Y COMERCIAL DE LA NACION

El Proyecto de Reforma y Unificación al Código Civil y Comercial de la Nación prevé un plexo normativo diferente al régimen legislativo hoy vigente, lo cual se observa desde la ubicación del tema en el nuevo proyecto, su titulo, la numeración de sus artículos y la fuente obligacional que la sostiene (y por ende, la imputación de responsabilidad).

El mentado texto ubica a la responsabilidad civil a la altura del Titulo IV ("Otras fuentes de las obligaciones"), Capitulo 1, bajo el titulo de Responsabilidad Civil, Sección 1°, Disposiciones Generales, articulo 1708 (Lorenzetti, Highton de Nolasco y Kemelmajer de Carlucci, 2012).

La redacción de la reforma modifica en gran medida las disposiciones prescriptas en la legislación de fondo en vigencia. A tal punto que comienza el capítulo, en su art. 1708, designando las funciones de la responsabilidad, aplicando supuestos de prevención, reparación y admisibilidad de sanciones pecuniarias. La prelación normativa se conjuga entre las disposiciones del proyecto y las leyes especiales, art. 1709; el deber expresamente consagrado de prevenir los daños, en el art. 1710, y la sorpresiva acción preventiva es consagrada en el art. 1711, cuya redacción resulta más que interesante, toda vez que procede cuando una acción u omisión antijurídica hace previsible un daño, su configuración o agrandamiento, no siendo exigible la concurrencia de factor de atribución alguno.

Luego continúa con la sección 3° - resarcitoria -, donde las similitudes toman mayor protagonismo y, fuera del desorden de su redacción, que en nuestra opinión merece tal crítica, nos encontramos con institutos jurídicos conocidos y que, a nuestro criterio, guardan una estrecha relación con la teoría de la responsabilidad civil, concebida en los términos de Vélez Sarsfield y depurada por la reforma de la ley 17711 del año 1968, a las órdenes de Guillermo Borda. Es así que surge el deber de reparar en el art. 1716, coincidente en su redacción con el actual artículo 1109 del Código Civil vigente, cuya interpretación alcanza a todo aquél que dañe o incumpla una obligación a su cargo respecto de terceros.

Discrimina claramente los factores de atribución en objetivos, cuyo art. 1722 define que se imputará cuando la culpa del agente sea irrelevante, y subjetivos, art. 1724 atribuyéndolos a la culpa y al dolo, definiéndolos en forma diferente a la actual redacción y coincidiendo quizás con alguna línea de pensamiento doctrinario.

Tanto se modifica a nuestro criterio el sistema legislativo, que consideramos importante plasmarlo exactamente conforme reza su texto.

> Art. 1724.- Factores Subjetivos. Son factores subjetivos de atribución la culpa y el dolo. La culpa consiste en la omisión de la diligencia debida según la naturaleza de la obligación y las circunstancias de las personas, el tiempo y el lugar. Comprende la imprudencia, la negligencia y la impericia en el arte o profesión. El dolo se configura por la producción de un daño de manera intencional o con manifiesta indiferencia por los intereses ajenos (Lorenzetti, Highton de Nolasco y Kemelmajer de Carlucci, 2012).

Notamos con entusiasmo que resulta amplia y abarcativamente de nuestro agrado la extensión otorgada a las circunstancias y situaciones contenidas en el artículo anteriormente descrito. Solamente basta recordar que la negligencia, imprudencia e impericia, se encuentran reglamentadas en la legislación penal vigente, conforme el párrafo que transcribimos *infra*.

> Art. 84 (según Ley 21338, vigente por ley 23077, art. 2).- Será reprimido con prisión de 6 meses a 3 años e inhabilitación especial, en su caso, por 5 a 10 años, el que por imprudencia, negligencia, impericia en su arte o profesión o inobservancia de los reglamentos o de los deberes de su cargo, causare a otro la muerte (Argentina, 1998, p. 46).

Si bien la doctrina imperante en la materia de responsabilidad civil médica resulta clara y concreta respecto del tema en este punto, en rigor de verdad, nuestro Código Civil no lo expresa taxativamente, a diferencia del proyecto. Es decir que no cuestionamos aquí que el actuar con poca prudencia, desatendiendo la reglamentación imperante en materia médica o con poca sapiencia sea pasible de la imputación de responsabilidad si correspondiera al caso particular, sino que, según consideramos, para otorgarle relevancia jurídica a nuestro factor de atribución, debemos realizar un juego armónico legal de ambas normas civiles y penales, y esto está resuelto adecuadamente en el artículo 1724 del proyecto bajo análisis.

Todo ello debe ser entendido sin llegar a la fatal conclusión de una muerte, pudiendo con la sola invocación del daño hacer pasibles de responsabilidad a todos los agentes médicos y paramédicos de la medicina transfusional, en nuestro caso específico, que no obren bajo las circunstancias deseadas.

Otro de los puntos a tener en cuenta es la distribución de los diferentes casos en que puede transitar la responsabilidad civil, encontrándonos con indemnizaciones por lesiones o incapacidades físicas o psíquicas y sus requisitos, reparación plena del daño, atenuaciones o dispensas de responsabilidad, acumulabilidad del daño moratorio, etc., extremos no contemplados en nuestra actual Ley 340.

Merece otro análisis detallado la sección 5°, 6° y 7°, toda vez que tipifica a la responsabilidad directa, cuyo art. 1749, al hablar de los sujetos responsables, estipula como responsable directo de un daño a quien incumpla una obligación u ocasione un daño injustificado por acción u omisión. Detalle no menor y que debemos tener en cuenta, todo ello en virtud de las faltas cometidas o inacciones realizadas por todos los agentes sanitarios involucrados en el acto transfusional.

El parágrafo anterior nos lleva a reflexionar sobre la pluralidad de responsables del art. 1751, donde, como expresáramos precedentemente, son muchas las personas que intervienen en el ámbito exclusivo de la medicina transfusional, desde la colección de sangre hasta la transfusión, en los diferentes actos y tratamientos médicos, haciendo nacer la responsabilidad solidaria frente a todos aquellos profesionales que participaron en la producción del daño que tenga una única causa.

Más aún, el artículo siguiente, 1752, que legisla la figura del encubrimiento, hace responsable al sujeto por la cooperación en la causación del daño.

Si bien el extremo planteado es difícil de probar dentro de un sistema de salud, y nuestra tesis la orientamos a la exclusiva exención de responsabilidad por parte de nuestros agentes sanitarios, no podemos dejar de reconocer que está contemplada la situación en que, actuando en conjunto dos o más profesionales, el cansancio, el cúmulo de urgencias y el afán de sobrellevar situaciones desbordantes con un centro asistencial abarrotado de casos (enfermedades) por resolver, lleven a médicos, técnicos o enfermeros inexpertos a sortear momentos complejos dentro de su actividad profesional y a saltear pasos dentro de las técnicas hemoterapéuticas protocolarmente establecidas por asociaciones reconocidas, tales como la A.A.H.I. (Asociación Argentina de Hemoterapia e Inmunohematología), A.A.T.H.I. (Asociación Argentina de Técnicos en Hemoterapia e Inmunohematología), A.B.B.A. (American Blood Bank Asociation – Asociación Norteamericana de Bancos de Sangre), entre otras.

El art. 1753, a la altura del capítulo 6° del proyecto, expresamente determina la responsabilidad del principal por el hecho del dependiente. A nuestro criterio, éste es otro de los puntos relevantes a tener en cuenta respecto de nuestro trabajo. Es por ello que consideramos necesario plasmar textualmente los arts. 1753 del proyecto y el primer párrafo de nuestro actual artículo 1113 del Código Civil, a efectos de trazar un paralelismo jurídico sobre ambas normas.

> Art. 1753.- Responsabilidad del principal por el hecho del dependiente. El principal responde objetivamente por los daños que causen los que están bajo su dependencia, o las personas de las cuales se sirve para el cumplimiento de sus obligaciones, cuando el hecho dañoso acaece en ejercicio o con ocasión de las funciones encomendadas. La falta de discernimiento del dependiente no excusa al principal. La responsabilidad del principal es concurrente con la del dependiente (Lorenzetti, Highton de Nolasco y Kemelmajer de Carlucci, 2012).
>
> Art. 1113.- (1° párrafo): La obligación del que ha causado un daño se extiende a los daños que causaren los que están bajo su dependencia, o por las cosas de que se sirve, o que tiene a su cuidado (Argentina, 2009).

Surge de ambos artículos una notable diferencia que podemos advertir con una sencilla lectura. El actual art. 1113 no menciona el tipo de responsabilidad imputable a los hechos de los dependientes. Si bien es cierto que resulta en nuestros días inexcusable hablar de una responsabilidad eminentemente objetiva, este punto ha sido y continúa siendo motivo de discusión doctrinaria en encuentros jurídicos, en tanto su redacción admite diversas interpretaciones, y posiciones encontradas. Por otro lado, la claridad jurídica que se desprende de las doctrinas relevadas de dicha norma, respecto de la órbita de responsabilidad, sigue trasuntando dificultades conceptuales, sobre todo en lo que respecta al análisis específico del objeto de nuestro trabajo y la complejidad que trae aparejada la imputación de responsabilidad objetiva con factores subjetivos como la culpa y el dolo.

No obstante ello, las diversas interpretaciones de grandes juristas a las que ha dado pie esta conflictiva norma a lo largo de los últimos cuarenta años amerita el exhaustivo análisis realizado a lo largo de nuestra tesis.

Contrariamente a lo expresado, debemos entender que la redacción de la norma del proyecto, viene a resolver las dudas planteadas respecto del tema. Aquí se expresa claramente que el principal, en nuestro caso (jefe de servicio, médico a cargo o supervisor técnico) responde objetivamente por los daños que causen las personas que están a su cargo, o bien de las que se sirvan para realizar el trabajo, en ocasión de haber asignado las tareas profesionales correspondientes. Asimismo, resulta claramente admitida la responsabilidad del principal por el dependiente inepto para las tareas encomendadas, y cabe resaltar la importancia del último párrafo que endilga concurrencia de responsabilidad con la del dependiente en los casos en que la plataforma fáctica del devenir de los hechos infructuosos lo ameriten. Es decir que, bajo esta mirada jurídica, no tenemos dudas en develar la responsabilidad civil de los agentes involucrados en el evento dañoso, claro está, en la medida en que éste ocurra.

Más allá de las apreciaciones realizadas, queremos reflejar que, como lo plasmamos en nuestras conclusiones, y lejos de las discusiones acerca de quien resulte el mayor responsable en la contaminación por vía transfusional, queda absolutamente subsanada la discrepancia de la esfera de responsabilidad que, a nuestro criterio es absolutamente objetiva, toda vez que, bregamos por que ningún daño quede sin reparar, pero por sobre todas las cosas entendemos que de la práctica transfusional segura y esquemáticamente trabajada, puede surgir la posibilidad de que se filtre algún agente contaminante que provoque un daño a futuro, siendo la situación planteada absolutamente injusta tanto para el paciente cuanto para los profesionales de la salud que han puesto todo su arte a disposición de la atención del enfermo, y que, por circunstancias eminentemente técnicas y que tienen que ver con el desarrollo de sistemas seguros de protección para abatir a los agentes contaminantes por vía transfusional, deban resarcir hechos de los que no han sido responsables.

Es aquí donde centramos nuestro trabajo, ya que consideramos que la reparación debe existir en forma objetiva, y adelantando algunas apreciaciones de capítulos posteriores, sostenemos que ésta debe estar a cargo del Estado y formar parte del sistema nacional de la seguridad social, conformando un beneficio para la sociedad en su conjunto.

A la altura de la sección 7°, nos encontramos con dos artículos que rezan lo siguiente

> Art. 1757.-Hecho de las cosas y actividades riesgosas: Toda persona responde por el daño causado por el riesgo o vicio de las cosas, o de las actividades que sean riesgosas o peligrosas por su naturaleza, por los medios empleados o por las circunstancias de su realización. La responsabilidad es objetiva. No son eximentes la autorización administrativa para el uso de la cosa o la realización de la actividad ni el cumplimiento de las técnicas de prevención.
>
> Art. 1.758.- Sujetos Responsables: El dueño y el guardián son responsables concurrentes del daño causado por las cosas. Se considera guardián a quien ejerce, por sí o por terceros, el uso, la dirección y el control de la cosa, o a quien obtiene un provecho de ella. El dueño y el guardián no responden si prueban que la cosa fue usada en contra de su voluntad expresa o presunta.

Comparativamente, guardan mucha similitud estos dos últimos artículos mencionados con el 2° y 3° párrafo del art. 1113 del Código Civil vigente. Modifica y evoluciona la legislación en perpetrar la responsabilidad en la órbita objetiva, imputar la concurrencia de culpa de las personas involucradas en el evento dañoso pasible de reparación civil y explicitar claramente quién debe ser sindicado como dueño o guardián de la cosa riesgosa o viciosa.

Es importante destacar un punto del texto al que hace referencia el art. 1757, respecto de que no son eximentes de la causación del daño *la autorización administrativa para el uso de la cosa o la realización de la actividad*, entendiendo por tal extremo la particular situación de que un juez autorice la realización de una práctica transfusional y la misma cause daño al paciente. En el caso y conforme la legislación de la reforma, el profesional, sus superiores o el centro asistencial deberán hacerse cargo de la reparación.

Luego se regula la responsabilidad de las profesiones liberales, en los términos siguientes.

> Art. 1768 Profesionales Liberales.- La actividad del profesional liberal está sujeta a las reglas de las obligaciones de hacer. La responsabilidad es subjetiva, excepto que se haya comprometido un resultado concreto. Cuando la obligación de hacer se preste con cosas, la responsabilidad no está comprendida en la sección 7°, de éste Capítulo, excepto que causen un daño derivado de su vicio. La actividad del profesional liberal no está comprendida en la responsabilidad por actividades riesgosas previstas en el artículo 1757.

Es acertada la apreciación realizada por el artículo trascripto en referencia a la responsabilidad de los profesionales liberales, toda vez que no es materia de discusión que al exigir solamente la producción de las diligencias y cuidados necesarios y suficientes como para lograr la tarea encomendada, solamente importe una obligación de medios, sin exigir un resultado. No es pretenciosa tal consideración, ya que el cuerpo humano reacciona de diferentes formas ante similares tratamientos, por depender la respuesta orgánica de factores extrínsecos e intrínsecos, es decir que dos personas con una misma enfermedad y sometidos a un tratamiento idéntico, pueden llegar a tener consecuencias o respuestas orgánicas absolutamente diferentes. Es por ello que en materia de responsabilidad médica, tema atinente a nuestra tesis, vale la aclaración realizada, sobretodo para la presunción de responsabilidad de dicha plataforma jurídica.

No obstante lo cual, debemos recordar que todos los profesionales ejercen su labor en forma liberal, más allá de la relación contractual que los una a la institución que los emplee. Es decir que hablar acerca de la subjetividad del profesional médico o paramédico, en el caso que nos ocupa, no es materia de análisis ni discusión, claro está, en la medida en que dicho profesional no cometa un daño en el ámbito laboral que por acción u omisión pueda serle imputado, razón por la cual no acordamos con la redacción del art. 1768 y la no aplicación del art. 1757 del precitado Proyecto.

Un capítulo aparte merece la sección 9° del mentado proyecto, al tratar los supuestos especiales de responsabilidad. Para ello, haremos un análisis de los artículos 1764, 1765 y 1766 en su redacción original, la modificación realizada por el Poder Ejecutivo Nacional, y efectuaremos una comparación con el art. 1112 del Código Civil vigente y la responsabilidad del Estado.

6.7.1. REDACCIÓN ORIGINAL DEL PROYECTO DE REFORMA AL CÓDIGO CIVIL Y COMERCIAL

> Art. 1764.- Responsabilidad del Estado.- El Estado responde, objetivamente, por los daños causados por el ejercicio irregular de sus funciones, sin que sea necesario identificar a su autor. Para tales fines se debe apreciar la naturaleza de la actividad, los medios de que dispone el servicio, el lazo que une a la víctima con el servicio y el grado de previsibilidad del daño.
>
> Art. 1765.- Responsabilidad del funcionario y del empleado público.- El funcionario y el empleado público son responsables por los daños causados a los particulares por acciones u omisiones que implican el ejercicio irregular de su cargo. Las responsabilidades del funcionario o empelado público y del Estado son concurrentes.
>
> Art. 1766.-Responsabilidad del Estado por actividad ilícita.- El Estado responde, objetivamente, por los daños derivados de sus actos lícitos que sacrifican intereses de los particulares con desigual reparto de las cargas públicas. La responsabilidad solo comprende el daño emergente; pero si es afectada la continuación de una actividad, incluye la compensación del valor de las inversiones no amortizadas, en cuanto hayan sido razonables para su giro.

6.7.2. MODIFICACIONES PROPUESTAS POR EL ESTADO ARGENTINO

> Art. 1764.- Inaplicabilidad de normas.- Las disposiciones de este Título no son aplicables a la responsabilidad del Estado de manera directa ni subsidiaria.

Art. 1.765.- Responsabilidad del Estado.- La responsabilidad del Estado se rige por las normas y principios del derecho administrativo nacional o local según corresponda.

Art. 1766.- Responsabilidad del funcionario y del empleado público.- Los hechos y omisiones de los funcionarios públicos en el ejercicio de sus funciones por no cumplir sino de una manera irregular las obligaciones legales que les están impuestas, se rige por las normas y principios del derecho administrativo nacional o local según corresponda.

6.8. RESPONSABILIDAD DEL ESTADO VIGENTE EN EL CÓDIGO CIVIL ARGENTINO

Art. 1112.- Los hechos y la omisiones de los funcionarios públicos en el ejercicio de sus funciones, por no cumplir sino de una manera irregular las obligaciones legales que les están impuestas, son comprendidos en las disposiciones de este Título.

A esta altura de las circunstancias, y en virtud de la regulación legal que acabamos de transcribir, no nos quedan más opciones que descartar de plano las modificaciones que realizó el Poder Ejecutivo Nacional, ejerciendo el derecho de veto en cuanto a la redacción de la ley de reforma. Basta con realizar una sencilla lectura de las normas civiles imperantes en la materia, compararlas con su reforma originaria y hacer lo propio con las modificaciones, para darnos cuenta de que borra de plano la responsabilidad civil del Estado a través del mal desempeño de sus funcionarios, regla que en nuestros días, cubre las falencias y hechos contra legem en la esfera civil, de la mano del artículo 1112.

Resulta grave que el Estado, que debiera ser pluralista y democrático, tache su propia responsabilidad estigmatizando a los particulares y colocándolos en una fila interminable de reclamos administrativos que, en la mayoría de los casos quedarán en el olvido, se entorpecerán por sus propias exigencias y trámites burocráticos y no solucionarán ni punirán a nuestro entender los hechos o actos dañosos de sus dependientes.

Suena irrazonable pensar que eximir al Estado de la responsabilidad civil objetiva por el hecho de sus funcionarios y empleados públicos, se puedan solucionar con mayor rigor jurídico y bajo la normativa administrativa la responsabilidad. De hecho, basta con hacer un simple análisis del funcionamiento de las entidades autárquicas, tales como P.A.M.I. (Programa de Atención Médica Integral), A.N.S.E.S. (Administración Nacional de la Seguridad Social), P.F.A. (Policía Federal Argentina), etc., para tomar conciencia de que los daños provocados por sus funcionarios y/o empleados no traducen la transparencia ni legalidad que requiere un acto administrativo para sancionarlos, exonerarlos, etc., en la medida de su falta cometida.

A todo evento resta preguntarnos qué pasará con las malas praxis médicas, técnicas, de enfermería, etc., del personal dependiente de un hospital público, cómo se efectuará en el futuro el reclamo por el hecho dañoso de un empleado o funcionario público o cuán rigurosas serán las normas o procedimientos administrativos a la hora de reprimir un evento dañoso a sus dependientes.

Consideramos que podríamos continuar interrogándonos acerca de las dudas que nos surgen de nuestro análisis, pero somos concientes que debemos acotar tales situaciones relevando las que a nuestro criterio resultan más importantes.

No debemos olvidarnos que los directores médicos, subdirectores, directores asociados (en el caso contadores, abogados u otros profesionales) a cargo de la conducción de una entidad pública (como los hospitales) detentan el cargo de funcionario público, y que sus dependientes son empleados públicos. Es por ello que no encontramos respuesta coherente a la erradicación absoluta de la responsabilidad del Estado en el ámbito civil, concluyendo que la misma obedece a intereses políticos.

A la luz de la reforma legal es dable que reflexionemos sobre el supuesto particular de que civilmente, en el momento de la sanción del proyecto bajo análisis, solamente podremos perseguir a los particulares, entidades sanitarias privadas, consultorios médicos particulares o centros de hemodonación privados, ya que la esfera pública o el ilícito civil cometido por dependientes del Estado va a estar manejado exclusivamente por normativa administrativa.

6.9. LA RESPONSABILIDAD CIVIL DE LA ADMINISTRACIÓN PÚBLICA Y EL EJEMPLO DEL DERECHO ESPAÑOL

A diferencia de lo que ocurre en nuestro derecho local, los españoles han dispuesto un supuesto más que interesante a efectos de poder endilgarles responsabilidad civil a los funcionarios públicos. De hecho, el art. 1062 de la

Constitución española admite la posibilidad de indemnizar a los ciudadanos, salvo los casos de fuerza mayor, y siempre que el daño derive directamente del accionar de la Administración pública, o bien que el mismo sea consecuencia directa del mal funcionamiento de los servicios públicos, ya sea por cualquier tipo de lesión, material y/o moral, conjuntamente con la Ley 30/92 de administraciones públicas.

En estos supuestos, el Estado es civilmente responsable de manera directa, no el sujeto particular (funcionario público) que haya causado el daño, salvo que la responsabilidad derive de una situación consecuente con un ilícito penal, supuesto en el cual la acción se dirigirá contra el funcionario en forma particular; cabe agregar, como dato interesante, que en este último supuesto, la misma ley faculta al Estado a ejercer el derecho de repetición en contra del funcionario.

El daño en estos casos debe ser real, cierto, efectivo o futuro (pero debemos contar con la certeza de que el mismo llegue a suceder, ya que no serán indemnizables las frustraciones de expectativas). También debe ser cuantificable económicamente, independientemente de las indemnizaciones concedidas en virtud del daño moral; individualizable respecto de una persona o un grupo de personas; y por sobre todas las cosas antijurídico, es decir, no debe haber razón de ser soportado.

La administración pública responde por caso fortuito, pero no por fuerza mayor, y el derecho de repetición en contra del funcionario público no tiene lugar en los supuestos normales de responsabilidad civil, sino en los supuestos anormales en los cuales responde el Estado y luego reclama por ante el funcionario público (Serrano Gómez, 2013).

6.10. COLOFÓN

En este capítulo hicimos hincapié en la responsabilidad civil, sus diferentes supuestos, posturas encontradas y concordantes, y por sobre todas las cosas, reflejamos la nuestra. Hemos analizado las características de la imputación lisa y llana de responsabilidad por mala praxis profesional, y comparado los supuestos específicos que hacen a nuestro trabajo.

Confrontamos asimismo el caso de los hospitales públicos y la de las clínicas, sanatorios y centros asistenciales de salud privados, delimitando los supuestos de responsabilidad civil en cada caso en particular. Hemos reseñado las doctrinas de los más altos tribunales del país, la Corte Suprema de Justicia de la Nación y de la Suprema Corte de Justicia de Buenos Aires.

Hemos estudiado la legislación actual en relación con el tema y sus alcances, así como el proyecto de unificación del Código Civil y Comercial del año 2012, al cual cotejamos con el régimen actual de responsabilidad civil de la Administración Pública según el actual art. 1112 del C.C., criticando el sistema propuesto por la Reforma mencionada.

Finalmente, dedicamos un espacio al estudio de algunos conceptos teóricos claves en la temática (tal como el de "riesgo de desarrollo"), y repasamos su tratamiento en el derecho comparado europeo (específicamente, español) y norteamericano.

7. CAPITULO VI: JURISPRUDENCIA[44]

Haremos en este capítulo un raconto de los fallos más relevantes de la temática, tanto en derecho nacional como en derecho comparado.

Para comenzar, analizaremos el fallo dictado por la Sala 1ra. de la Cámara Civil y Comercial de Mar del Plata el 29-5-97 en los autos M.N.H. y otros c/ Hospital Interzonal Especializado Materno Infantil.

El caso trató de dos niñas, M. M. M. y Y. A. V. M., que a los pocos días de nacer y por distintos motivos debieron ser intervenidas en el hospital demandado y ambas fueron transfundidas, la primera el 08-02-88 y la segunda el 10-04-88 con sangre de la bolsa Nº 6862 que contenía la donada por C.H., y a causa de esta transfusión se contagiaron de H.I.V. Sus padres, en representación de las menores y también por propio derecho, demandaron a los responsables, solicitando las correspondientes indemnizaciones.

En primera instancia se hizo lugar a las demandas, aunque desestimando o limitando las indemnizaciones, habiéndose probado en autos que las niñas se encontraban internadas en el hospital demandado y fueron transfundidas con la sangre cuestionada. De acuerdo con las pericias médicas, éstas se contagiaron con dicha unidad sanguínea, probándose además que sus padres no eran portadores del virus del H.I.V.

Es sabido que el hospital debe responder por la actividad de sus dependientes en virtud de lo normado en el art. 1113 del Código Civil, y no se lo exime de responsabilidad por no encontrarse en la época vigente la legislación que exige actualmente el análisis serológico, pues el ordenamiento jurídico vigente al momento del contagio del virus por vía transfusional exigía tomar todas las medidas necesarias en el interrogatorio preliminar; por otro lado, es dable reconocer que en el año 1988, la enfermedad estaba debidamente publicitada en la comunidad científica nacional e internacional, así como también los medios y modos de contagio.

---

[44] En este capítulo, transcribimos doctrina y jurisprudencia atinentes al tema bajo análisis. Dado que en muchos casos se trata de transcripciones textuales, respetamos aquí la grafía utilizada originalmente, incluyendo el sistema de citas empleado, que no se corresponde con las normas de APA empleadas en esta tesis. Las citas completas a los fallos transcriptos se incluyen en el CapítuloVIII, item Referencias.

Finalmente los jueces decidieron en la sentencia que el Estado debía responder por el hospital demandado y por la omisión de la ex-directora medica de la institución, quien afirmó que le fue imposible notificar a los familiares de las victimas cuando advirtieron la contaminación de la sangre transfundida, situación que produjo el agravamiento de la enfermedad.

El tribunal de alzada confirmó el decisorio del juez de grado inferior, por cuanto hizo lugar a la demanda fijándose una indemnización de $ 250.000 para cada una de la menores en concepto de daño futuro, daño a la salud y menoscabo a la capacidad vital, y de $ 150.000 para cada una en concepto de daño moral (Patito, 2001).

En segundo lugar, vamos a comentar el caso decidido por la Cámara Nacional de Apelaciones en lo Civil de la Capital Federal, Sala A, 1997/11/12. D. L. de E., M. I. y otro c/ Centro de Educación Médica e Investigaciones Clínicas Roberto Quirno.

En este caso se decidió que la responsabilidad por el cumplimiento de prestaciones médicas es de naturaleza contractual, y queda comprometida si el paciente demuestra tanto la culpa como la deficiente labor profesional, además de la existencia del daño sobreviniente como consecuencia de tal labor.

Es decir, la responsabilidad del médico frente al cliente no se encuentra configurada en los términos del art. 1109 y concs. del Código Civil, sino que emerge del contrato que celebraron, que se rige por los principios generales de las obligaciones enunciadas por los arts. 499, 512, 519, 520 y 521 del Código citado.

En tercer término, procederemos a considerar el fallo librado por la Cámara Nacional de Apelaciones en lo Civil de la Capital Federal, Sala D, 29/2/96, en autos Turon, Claudia J. c/ Municipalidad de Buenos Aires.

En segunda instancia, la demandada recurrió el fallo por considerar que no estaba revelada en autos la relación causal (el hecho había ocurrido durante actos de servicio en el Hospital "Cosme Argerich").

La decisión del tribunal de alzada confirmó el fallo de primera instancia, elevándose incluso respecto de éste el monto de la obligación resarcitoria, en cuanto encontró civilmente responsable a la Municipalidad de Buenos Aires de la enfermedad que sufrió la actora: aún cuando no hubiera sido reconocida la "autoría" de los órganos municipales al poner el riesgo de las cosas (la sangre) en acción o ad eventum, se descontó la presencia del nexo causal, puesto que de todos modos era culpable desde el punto de vista subjetivo, en tanto en la apelante había mediado una conducta antijurídica.

En cuarto término, analizaremos la decisión de la Cámara Nacional de Apelaciones en lo Civil de la Capital Federal, Sala L 27/11/95 – N.N. c/ Municipalidad de Buenos Aires y otros.

En dichas actuaciones se decidió que, habiendo sido demandado el centro hospitalario y especialmente el comité de virología por ocultar que el enfermo intervenido quirúrgicamente portaba H.I.V., resultó una lesión cortopunzante en la instrumentadora interviniente. La Cámara resolvió que, por imperio del art. 1113 del Código Civil, éste debía responder resarciendo daño moral, daño emergente, lucro cesante, pérdida de chance, etc., modificando así la sentencia de primera instancia.

En quinto lugar encontramos una sentencia de la Corte Suprema de Justicia de la Nación, del 1999/06/30: C., J. A y otros.

El Superior Tribunal de Justicia de la provincia de Córdoba había resuelto rechazar los recursos de casación e inconstitucionalidad planteados contra la decisión de la Cámara 5ª en lo Criminal de la provincia, bajo el argumento de que la misma era descalificable por arbitrariedad.

En la sentencia se había reconocido que la provincia demandada estaba obligada a fiscalizar los requisitos de funcionamiento que deben cumplir los establecimientos asistenciales, con la consiguiente potestad sancionatoria para los supuestos de infracción. Esta decisión acerca de contagio del Virus de Inmunodeficiencia Humana en pacientes que se sometían a diálisis en un establecimiento no habilitado no se razonó en base al incumplimiento de las normas de bioseguridad, sino de la causalidad presunta del riesgo de la actividad, considerando para ello que el demandado no hubiera podido evitar el resultado por la mera sanción al centro asistencial.

Habiéndose recurrido la sentencia, la Corte Suprema nacional decidió que la responsabilidad del Estado por las acciones u omisiones de sus agentes se funda en la idea objetiva de la falta de servicio (arts. 1112 y 1113, párrafo primero, Código Civil.).

Por ello, los argumentos brindados por el a quo en orden a que el Estado demandado no sería el dueño o guardián del establecimiento asistencial privado, que no tenía habilitación para funcionar, y en el cual varias personas que se sometían a diálisis contrajeron el virus del S.I.D.A., no son idóneos según la Corte para fundar la exoneración de responsabilidad a su respecto, con fundamento en los apartados segundo y tercero del art. 1113 del Código citado, pues la administración debe ejercer el debido control para evitar, en la medida de lo posible, el funcionamiento de institutos de salud que no cumplan con los recaudos sanitarios tendientes a evitar el contagio de enfermedades infecciosas.

Sexto, vamos a considerar el fallo de la Cámara Nacional de Apelaciones en lo Civil - Sala I – recaído en autos T., A. c/ Hospital General de Agudos según interrupción de prescripción, con fecha 99/08/10.

En particular, nos interesa indagar en el voto de la mayoría, Dres. Borda y Fermé, donde se afirmó el texto que a continuación transcribimos.

Se concluyó en el presente caso que la responsabilidad de los médicos por los daños causados mediante el empleo de cosas inanimadas es, en la mayoría de los casos, de naturaleza contractual, pues implica una violación de la obligación de seguridad que pesa sobre aquéllos y sobre los establecimientos asistenciales, configurándose un factor objetivo de responsabilidad. En tanto la sangre, una vez que ha sido extraída del cuerpo humano, es una cosa, si se halla infectada, dicha infección constituye un vicio de la cosa, con lo cual, y en principio, cuando se transfunde sangre infectada el médico o el establecimiento son responsables por la violación de la obligación de seguridad. En tanto la prueba de la relación causal en el caso de contagio de enfermedades, con motivo de una atención médica o similar, resulta de extrema dificultad; cuando sea imposible esperar certeza o exactitud en materia de causalidad, el juez puede contentarse con la probabilidad de su existencia.

En el voto de la minoría, Dr. Ojea Quintana, se adujo lo que sigue.

Si en el caso de contagio de S.I.D.A. por transfusión de sangre no se ha probado la omisión por parte del establecimiento asistencial de haber efectuado los estudios serológicos correspondientes para la detección de anticuerpos del virus H.I.V., con relación a los donantes cuya sangre fuera transfundida a la víctima, ni que ellos hayan arrojado resultados positivos, no es posible atribuir responsabilidad por los daños sufridos por tal contagio.

Postura que compartimos y a la que adherimos en nuestra investigación.

En noveno lugar, también resulta atinado mencionar los casos de Bahamondez, Marcelo y Albarracini Pablo, cuyos titulares, al ser seguidores de la Comisión Pastoral de los Testigos de Jehová, no permitieron ser transfundidos, ejerciendo su objeción de conciencia por cuestiones exclusivamente religiosas, amparados en los artículos 14 (libertad de cultos) (Argentina, 1998) y 19 (disposición del propio cuerpo, principios de legalidad e intimidad)[45] de la Constitución Nacional.

Las coincidencias respecto de la casuística son claras, ya que los dos pacientes se encontraban por distintos motivos de salud, internados en un nosocomio y con órdenes médicas de transfusión sanguínea. Las particularidades específicas del factum jurídico varían en cuanto a las épocas, las condiciones físicas de cada persona, la necesidad orgánica de recibir el tratamiento indicado y el desenlace.

En el Caso Bahamondez, Marcelo, fallo de la Corte Suprema nacional del 6/4/1993, se decidió lo siguiente.

Considerando:

La Cámara Federal de Apelaciones de Comodoro Rivadavia confirmó la resolución de la instancia anterior que había autorizado la práctica, en el paciente Marcelo Bahamondez, de las transfusiones de sangre que resultaran necesarias para su adecuado tratamiento médico, conforme las conclusiones de los profesionales que las indicaron. Contra dicho pronunciamiento, el defensor oficial del nombrado interpuso recurso extraordinario, que fue concedido.

Según las constancias de autos, Marcelo Bahamondez fue internado en el Hospital Regional de la ciudad de Ushuaia en razón de estar afectado por una hemorragia digestiva. En esas circunstancias se negó a recibir transfusiones de sangre por considerar que ello hubiera sido contrario a las creencias del culto "Testigos de Jehová" que el nombrado profesaba.

La Cámara, al configurar el pronunciamiento de la instancia anterior,

---

[45] Artículo 19: Las acciones privadas de los hombres que de ningún modo ofendan al orden y a la moral pública, ni perjudiquen a un tercero, están sólo reservadas a Dios, y exentas de la autoridad de los magistrados. Ningún habitante de la Nación será obligado a hacer lo que no manda la ley, ni privado de lo que ella no prohíbe. (Argentina, 1998).

sostuvo que la decisión de Bahamondez constituía un "suicidio lentificado, realizado por un medio no violento y no por propia mano, mediante un acto, sino por la omisión propia del suicida" que no admitía tratamiento y de ese modo se dejaba morir. Señaló el tribunal que, al ser el derecho a la vida el bien supremo, no resultaba posible aceptar que la libertad individual se ejerciera de un modo tal que extinguiera la vida misma. El a quo calificó a la posición del paciente como "nihilista" y agregó al respecto que "...Nos han repugnado por siempre las viejas lecciones de la historia antigua que relataban los sacrificios humanos en el ara sangrienta de un Moloch insaciable del fuego cartaginés. Mucho ha andado la raza humana para terminar con estas creencias y la razón de ello ha sido siempre la misma, preservar el valor de la vida...".

El apelante consideró, en primer lugar, erróneo lo afirmado por la alzada en el sentido de que la decisión de Bahamondez resultaba equiparable a un "suicidio lentificado". Por el contrario, sostuvo el recurrente, Bahamondez no quiere suicidarse sino que desea vivir, mas no desea aceptar un tratamiento médico que resulta contrario a sus más íntimas convicciones religiosas. El paciente, agregó su defensor, es consciente del peligro potencial que su negativa puede acarrear a su salud - incluso poner en peligro su vida -, no obstante lo cual, antepone su fe y el respeto a sus íntimas convicciones religiosas. Fundado en los arts. 14 y 19 de la Constitución Nacional, el recurrente consideraba que la transfusión de sangre, ordenada en contra de la voluntad de Bahamondez, representaba un acto compulsivo que desconocía y avasallaba las garantías constitucionales inherentes a la libertad de culto y al principio de reserva.

Si bien en principio los agravios reseñados eran idóneos para habilitar la instancia extraordinaria pues el recurrente había cuestionado la inteligencia de cláusulas constitucionales y la decisión había sido contraria al derecho fundado en aquéllas (Art. 14, inc. 3°, ley 48), restaba determinar inicialmente si ellos poseían actualidad.

Al tratar el recurso extraordinario, la Corte Suprema de Justicia de la Nación se expidió de la siguiente manera.

Las coincidentes constancias de los informes obrantes en el expediente, proporcionados a requerimiento del tribunal, permiteron conocer que el cuadro clínico que motivó las presentes actuaciones no ha subsistido. Bahamondez ya no se encontraba internado, correspondiendo al 15 de junio de 1989 el último registro que da cuenta de su asistencia a la unidad hospitalaria, oportunidad en la que fue dado de alta en relación a la "hemorragia digestiva" que lo afectaba.

En esas condiciones, resultaba inoficioso a la fecha de este pronunciamiento decidir sobre la cuestión planteada en el remedio federal, ante la falta de un interés o agravio concreto y actual del apelante. Las sentencias de la Corte Suprema deben ceñirse a las circunstancias existentes al momento de ser dictadas, aunque sean sobrevinientes al recurso extraordinario (Fallos: 301:947 -La Ley, 1980-B, 704-; 306:1160; 310:819); y la doctrina del tribunal sobre los requisitos jurisdiccionales ha subrayado que la existencia de éstos es comprobable de oficio y que su desaparición importa la del poder de juzgar (Fallos: 307:188; 308:1489; 311:787).

No obsta a la aplicación de estos criterios la mera posibilidad - aun cuando ésta haya sido calificada como seria- de que, en el futuro, se pueda volver a repetir el mismo cuadro de urgencia médica que padeció Marcelo Bahamondez, con la necesidad de efectuarle transfusiones sanguíneas, pues, no importando esa relativa apreciación un pronóstico cierto en torno a la exigencia de tal tratamiento, la situación del recurrente no difiere sustancialmente de la de otros miembros del culto "Testigos de Jehová" que pueden llegar a requerir, también en el futuro y con idéntico grado de eventualidad, una atención de esas características. Un temperamento contrario demandaría, además, presumir - nuevamente de un modo conjetural - que, indefectiblemente, la actitud que el apelante asumiría entonces coincidiría con la que motivó estas actuaciones; presunción que -a esta altura- resulta igualmente inadmisible. De igual modo, ante la inexistencia de un agravio actual, no corresponde a esta Corte dictar un pronunciamiento que decida definitivamente - en función de una determinada situación de hecho- sobre la legitimidad de la oposición del paciente a recibir una transfusión sanguínea, pues aún para el caso de ser necesaria una intervención médica de igual naturaleza, no existe certeza alguna sobre la verificación de idénticas circunstancias fácticas que las consideradas, principalmente en lo que atañe a la declaración de voluntad del interesado, a la afectación de derechos de terceros o a la presencia de un interés público relevante, aspectos cuya apreciación es esencial para juzgar fundadamente la cuestión que dio lugar a estas actuaciones en la medida en que podrían sustentar soluciones opuestas.

Precisamente, tal situación impide en el caso la intervención del tribunal por vía del recurso extraordinario en razón de la invariable jurisprudencia que ha decidido su incompetencia para emitir declaraciones generales o pronunciamientos abstractos (Fallos: 266:313; 273:63; 289:238).

Por ello, se declaró que en el momento del pronunciamiento era inoficiosa una decisión en la causa. - Ricardo Levene (h.). - Mariano A. Cavagna Martínez (en disidencia). - Carlos S. Fayt (por su voto). - Augusto C. Belluscio (en disidencia). - Enrique S. Petracchi (en disidencia). - Rodolfo C. Barra (por su voto). - Julio S. Nazareno. - Eduardo Moliné O'connor. - Antonio Boggiano (en disidencia).

Voto de los doctores Barra y Fayt.

(...) Las circunstancias actuales impiden la intervención del tribunal por vía del recurso extraordinario, en razón de la invariable jurisprudencia que ha decidido su incompetencia para emitir declaraciones generales o pronunciamientos abstractos (Fallos: 266:313; 273:63; 289:238).

Por otra parte, no se dan en la especie las circunstancias tenidas en cuenta por el tribunal en la causa "Ríos" (Fallos: 310:819) para hacer excepción al mencionado principio. En efecto, en el citado precedente esta Corte entendió que las disposiciones atacadas de inconstitucionales por el recurrente no habían sido modificadas, por lo cual subsistían los obstáculos legales que le impedían postularse como candidato. Se mantenía, en consecuencia, el agravio que lo afectaba al momento de su escrito inicial, actualizándose su pretensión y tornándose procedente un pronunciamiento del tribunal sobre el punto de clara naturaleza federal.

En cambio, en la especie, y aun admitiéndose por vía de hipótesis la eventual reiteración de un supuesto de hecho análogo al que originó la presente causa, lo cierto es que el punto se encuentra claramente resuelto en la ley en sentido concordante con las pretensiones del recurrente, lo que torna improcedente cualquier pronunciamiento de este tribunal.

Ello es así por cuanto el Art. 19 de la ley 17.132 de "Ejercicio de la medicina, odontología y actividades de colaboración" dispone en forma clara y categórica que los profesionales que ejerzan la medicina deberán - entre otras obligaciones- "respetar la voluntad del paciente en cuanto sea negativa a tratarse o internarse...", con excepción de los supuestos que allí expresamente se contemplan. La recta interpretación de la citada disposición legal aventa toda posibilidad de someter a una persona mayor y capaz a cualquier intervención en su propio cuerpo sin su consentimiento. Ello, con total independencia de la naturaleza de las motivaciones de la decisión del paciente, en la que obviamente le es vedado ingresar al tribunal en virtud de lo dispuesto por el art. 19 de la Constitución Nacional, en la más elemental de sus interpretaciones.

En efecto, cualquiera sea el carácter jurídico que se le asigne al derecho a la vida, al cuerpo, a la libertad, a la dignidad, al honor, al nombre, a la intimidad, a la identidad personal, a la preservación de la fe religiosa, debe reconocerse que en nuestro tiempo encierran cuestiones de magnitud relacionadas con la esencia de cada ser humano y su naturaleza individual y social. El hombre es eje y centro de todo el sistema jurídico y en tanto fin en sí mismo -más allá de su naturaleza trascendente su persona es inviolable. El respeto por la persona humana es un valor fundamental, jurídicamente protegido, con respecto al cual los restantes valores tienen siempre carácter instrumental. Los derechos de la personalidad son esenciales para ese respeto de la condición humana. En las vísperas del tercer milenio los derechos que amparan la dignidad y la libertad se yerguen para prevalecer sobre el avance de ciertas formas de vida impuestas por la tecnología y cosmovisiones dominadas por un sustancial materialismo práctico. Además del señorío sobre las cosas que deriva de la propiedad o del contrato - derechos reales, derechos de crédito y de familia-, está el señorío del hombre sobre su vida, su cuerpo, su identidad, su honor, su intimidad, sus creencias trascendentes, entre otros, es decir, los que configuran su realidad integral y su personalidad, que se proyecta al plano jurídico como transferencia de la persona humana. Se trata, en definitiva, de los derechos esenciales de la persona humana, relacionados con la libertad y la dignidad del hombre.

Si el sistema constitucional, al consagrar los derechos, declaraciones y garantías, estableció las bases generales que protegen la personalidad humana y a través de su norma de fines, tutela el bienestar general. De este modo, reserva al derecho privado la protección jurisdiccional del individuo frente al individuo, y le confía la solución de los conflictos que derivan de la globalidad de las relaciones jurídicas. De ahí que, el eje central del sistema jurídico sea la persona en cuanto tal, desde antes de nacer hasta después de su muerte. En cuanto al marco constitucional de los derechos de la personalidad, puede decirse que la jurisprudencia y la doctrina lo relacionan con la intimidad, la conciencia, el derecho a estar a solas, el derecho a disponer de su propio cuerpo. En rigor, cuando el art. 19 de la Constitución Nacional dispone que "las acciones privadas de los hombres que de ningún modo ofendan al orden y a la moral pública ni perjudiquen a un tercero, están sólo reservadas a Dios, y exentas de la autoridad de los magistrados", concede a todos los hombres una prerrogativa según la cual pueden disponer de sus actos, de su obrar, de su propio cuerpo, de su propia vida de cuanto les es propio. Ha ordenado la convivencia humana sobre la base de atribuir al individuo una esfera de señorío sujeta a su voluntad; y esta facultad de obrar válidamente libre de impedimentos conlleva la de reaccionar u oponerse a todo propósito, posibilidad o tentativa por enervar los límites de esa prerrogativa.

En el caso, se trata del señorío a su propio cuerpo y en consecuencia, de un bien reconocido como de su pertenencia, garantizado por la declaración que contiene el art. 19 de la Constitución Nacional. La estructura sustancial de la norma constitucional está dada por el hombre, que despliega su vida en acciones a través de las cuales se expresa su obrar con libertad. De este modo, vida y libertad forman la infraestructura sobre la que se fundamenta la prerrogativa constitucional que consagra el Art. 19 de la Constitución Nacional.

En consecuencia, más allá de si Marcelo Bahamondez sea o no creyente de un determinado culto y de la circunstancia de tener incuestionable poder jurídico para rehusar ser transfundido sin su consentimiento, teniendo en cuenta que el caso se ha tornado abstracto, actualmente es inoficioso un pronunciamiento. Por ello, declararon que actualmente era inoficiosa una decisión en la causa. - Rodolfo C. Barra. - Carlos S. Fayt.

Disidencia de los doctores Cavagna Martínez y Boggiano.

La Cámara Federal de Apelaciones de Comodoro Rivadavia confirmó la resolución de la instancia anterior que había autorizado la práctica, en el paciente Marcelo Bahamondez, de las transfusiones de sangre que resultaran necesarias para su adecuado tratamiento médico, según el criterio de los profesionales intervinientes. Contra dicho pronunciamiento, el defensor oficial interpuso recurso extraordinario, que fue concedido.

Según las constancias de autos, Marcelo Bahamondez, mayor de edad, fue internado en el Hospital Regional de la ciudad de Ushuaia a raíz de que se hallaba afectado por una hemorragia digestiva, con anemia y melena. Según el informe médico recabado por el juez de primera instancia, si bien no existía hemorragia al tiempo de dicho informe, de repetirse ella sin haberse transfundido sangre, había peligro cierto de muerte para el paciente.

Sin embargo, este último se negó a recibir transfusiones de sangre por considerar que eran contrarias a las creencias del culto "Testigos de Jehová" que él profesaba. Al entrevistar a Bahamondez, el juez de primera instancia lo encontró lúcido. En dicha oportunidad, aquél mantuvo su postura negativa respecto a la transfusión de sangre. También se encontró presente en el acto la madre del paciente, quien manifestó pertenecer al mismo culto y alegó que ella no se oponía a la decisión de su hijo.

En efecto, dada la rapidez con que se produce el desenlace de situaciones como la de autos, es harto difícil que, en la práctica, lleguen a estudio del tribunal las importantes cuestiones constitucionales que aquéllas conllevan sin haberse vuelto abstracto.

Para remediar esta situación, que es frustratoria del rol que debe poseer todo tribunal al que se le ha encomendado la función de ser garante supremo de los derechos humanos, corresponde establecer que resultan justiciables aquellos casos susceptibles de repetición, pero que escaparían a su revisión por circunstancias análogas a las antes mencionadas (confr. "Ríos", Fallos: 310:819 -considerandos. 6° y 7° del voto de la mayoría y de la disidencia y, especialmente el considerando 7° del voto concurrente y jurisprudencia de la Suprema Corte norteamericana allí citada-. Asimismo: "Carroll v. Princess Anne", 393 U.S. 175, ps. 178/179, y sus citas, entre otros).

Corresponde entonces determinar, en primer lugar, la naturaleza y alcances en el marco de la Constitución Nacional del derecho principalmente involucrado en esta controversia, esto es, el derecho a la libertad religiosa.

Esta Corte ha reconocido raigambre constitucional al derecho a la libertad religiosa y, más ampliamente, a la libertad de conciencia. Así, en Fallos: 214:139 se sostuvo que la libertad de conciencia consiste en no ser obligado a un acto prohibido por la propia conciencia, sea que la prohibición obedezca a creencias religiosas o a convicciones morales. Por otra parte, al interpretar el Art. 14 de la Constitución Nacional, el tribunal enfatizó que dicha norma asegura a todos los habitantes de la Nación el derecho a profesar y practicar libremente su culto (Fallos: 265:336). Asimismo, en Fallos: 312:496 se recalcó que la pluralidad religiosa la ha alcanzado merced a esfuerzos y tribulaciones. Más recientemente, en la causa E.64.XXIII. "Ekmekdjian, Miguel Ángel c. Sofovich, Gerardo y otros" (sent. del 7 de julio de 1992 -La Ley, 1992-C, 543-), se afirmó que la defensa de los sentimientos religiosos forma parte del sistema pluralista que en materia de cultos adoptó nuestra Constitución.

La libertad religiosa es un derecho natural e inviolable de la persona humana, en virtud del cual en materia de religión nadie puede ser obligado a obrar contra su conciencia ni impedido de actuar conforme a ella, tanto en privado como en público, solo o asociado con otros, dentro de los límites debidos.

Dicho derecho significa, en su faz negativa, la existencia de una esfera de inmunidad de coacción, tanto por parte de las personas particulares y los grupos, como de la autoridad pública. Ello excluye de un modo absoluto toda intromisión estatal de la que pueda resultar la elección forzada de una determinada creencia religiosa, coartando así la libre adhesión a los principios que en conciencia se consideran correctos o verdaderos. En su faz positiva, constituye un ámbito de autonomía jurídica que permite a los hombres actuar libremente en lo que se refiere a su religión, sin que exista interés estatal legítimo al respecto, mientras dicha actuación no ofenda, de modo apreciable, el bien común. Dicha autonomía se extiende a las agrupaciones religiosas, para las cuales importa también el derecho a regirse por sus propias normas y a no sufrir restricciones en la elección de sus autoridades ni prohibiciones en la profesión pública de su fe.

El fundamento de la libertad religiosa reside en la naturaleza misma de la persona humana, cuya dignidad la lleva a adherir a la verdad. Mas esta adhesión no puede cumplirse de forma adecuada a dicha naturaleza si no es fruto de una decisión libre y responsable, con exclusión de toda coacción externa. En razón de ello, este derecho permanece en aquellos que no cumplen la obligación moral de buscar la verdad y ordenar su vida según sus exigencias (confr. "Catecismo de la Iglesia Católica, edición francesa, 2106).

Por las razones expuestas la libertad religiosa incluye la posibilidad de ejercer la llamada objeción de conciencia, entendida como el derecho a no cumplir una norma u orden de la autoridad que violente las convicciones íntimas de una persona, siempre que dicho incumplimiento no afecte significativamente los derechos de terceros ni otros aspectos del bien común. Ello es congruente con la pacífica doctrina según la cual la libertad de conciencia, en su ejercicio, halla su límite en las exigencias razonables del justo orden público (Fallos: 304:1524). Además, tal como se estableció en Fallos: 312:496 al reconocerse por vez primera rango constitucional a la objeción de conciencia, quien la invoca debe acreditar la sinceridad y seriedad de sus creencias, verbigracia, la pertenencia al culto que se dice profesar.

Que a la luz de aquella doctrina ha de ser considerada la situación del pupilo del recurrente, un mayor de edad, perteneciente al grupo religioso conocido como "Testigos de Jehová", que se niega a recibir transfusiones de sangre por considerarlas pecaminosas, a sabiendas del grave riesgo que ello importa para su vida.

Si bien la doctrina reseñada parece dar razón a las pretensiones de Bahamondez, es necesario cotejar su caso con el principio fundamental según el cual nadie puede legalmente consentir que se le inflija un serio daño corporal. Con apoyo en él, el Estado se halla investido de título suficiente para tutelar la integridad física y la vida de las personas en supuestos como el consumo individual de estupefacientes (causa M.114.XXIII. "Montalvo, Ernesto Alfredo p.s.a. infracción ley 20771", del 11 de diciembre de 1990), o la práctica de la eutanasia o de operaciones mutilantes carentes de una finalidad terapéutica. En estos supuestos, no existe óbice constitucional para el castigo tanto del afectado, como de los profesionales intervinientes, pues constituyen manifestaciones de una cultura de la muerte que, al lesionar la naturaleza y la dignidad de la persona, no son susceptibles de tutela ni tolerancia jurídica. Ello es así aun cuando la eutanasia, es decir, la acción positiva u omisión de medios proporcionados objetivamente destinada a provocar o acelerar la propia muerte, pudiera fundarse en convicciones religiosas. En ese caso, el derecho a la libertad religiosa, que al igual que los demás derechos, no es ilimitado ("Catecismo" citado, N° 2109), sufriría una razonable restricción en consideración de las valoraciones expuestas.

En cambio, dicho principio no halla aplicación cuando, como ocurre en el caso, el daño serio que eventualmente pueda resultar es consecuencia de la objeción a una transfusión de sangre, fundada en convicciones íntimas de carácter religioso. Existe, entonces, una importante diferencia entre el contenido de la acción desplegada por el promotor o el cómplice de la eutanasia y el de la conducta del objetor de conciencia. Este no busca el suicidio, tal como insistentemente se expresa en el recurso extraordinario, sin que se observen razones para dudar de la sinceridad de esta alegación. Tan solo pretende mantener incólumes las ideas religiosas que profesa. Por ello, la dignidad humana prevalece aquí frente al perjuicio que posiblemente cause la referida ausencia de transfusión sanguínea.

De todo lo afirmado resulta el diverso tratamiento con que el ordenamiento jurídico debe enfocar la responsabilidad de los profesionales y demás personas intervinientes en uno y otro supuesto. En los casos de eutanasia u otra práctica asimilable a ella, son autores o cómplices de un hecho ilícito. En cambio, cuando hay objeción de conciencia a un tratamiento médico, nada cabe reprochar a quienes respetan la decisión libre de la persona involucrada.

No hallándose en este caso afectados los derechos de otra persona de Bahamondez, mal puede obligarse a éste a actuar contra los mandatos de su conciencia religiosa.

La convivencia pacífica y tolerante también impone el respeto de los valores religiosos del objetor de conciencia, en las condiciones enunciadas, aunque la sociedad no los asuma mayoritariamente. De lo contrario, bajo el pretexto de la tutela de un orden público erróneamente concebido, podría violentarse la conciencia de ciertas personas que sufrirían una arbitraria discriminación por parte de la mayoría, con perjuicio para el saludable pluralismo de un estado democrático.

En el caso resulta irrelevante la ausencia de una norma expresa aplicable al caso que prevea el derecho a la objeción de conciencia a transfusiones sanguíneas, pues él está implícito en el concepto mismo de persona, sobre el cual se asienta todo el ordenamiento jurídico. Además, como se sostuvo en el consid. 15 de Fallos: 312:496, recordando con cita de Joaquín V. González la doctrina del caso "Kot" (Fallos: 241:291), los derechos individuales - especialmente aquellos que sólo exigen una abstención de los poderes públicos y no la realización de conductas positivas por parte de aquéllos- deben ser hechos valer obligatoriamente por los jueces en los casos concretos, sin importar que se encuentren incorporados o no a la legislación. Ello permite afirmar la tutela constitucional de la objeción de conciencia con apoyo en los arts. 14 y 33 de la Constitución.

Que, por otra parte, la ley 17.132, de aplicación en la Capital Federal y Territorios Nacionales, establece, en su art. 19, que los profesionales que ejerzan la medicina deberán respetar la voluntad del paciente en cuanto sea negativa a tratarse o internarse. De tal modo, por medio de una disposición genérica, se comprenderían conflictos como, el de autos, asignándoles una solución congruente con los principios constitucionales reseñados.

A la misma solución ha arribado el derecho comparado en algunos países. En los Estados Unidos, Black sostuvo que "es un principio general, basado en la regla de la libertad religiosa, que las objeciones de conciencia de las personas no pueden ser violadas por las leyes, salvo los casos en los que las exigencias del gobierno o del Estado lo vuelvan inevitable" (Handbook of American Constitutional Law, p. 534, citado en Fallos: 312:496). Tal conclusión es coincidente con aquellos precedentes estadounidenses, dictados en casos sustancialmente idénticos al presente, que negaron la existencia de un interés público relevante que justificara la restricción estatal de la libertad del individuo (confr. las referencias efectuadas en la obra de Feinberg y Gross, compiladores, Philosophy of law, ps. 256/257). En Alemania, el Tribunal Supremo sostuvo esta misma doctrina en una sentencia dictada el 28 de noviembre 1957 (BGHst 11, 111, transcripta en la obra de Albin Eser, Strafrecht, Tomó allí que aun un enfermo en peligro de muerte puede tener razones adecuadas y valederas, tanto desde un punto de vista humano como ético, para rechazar una operación, aun cuando sólo por medio de ella le sea posible liberarse de su dolencia. Por ello los magistrados hacen lugar al recurso extraordinario y deciden revocar la sentencia apelada (Art. 16, parte 2ª, ley 48). - Mariano A. Cavagna Martínez. - Antonio Boggiano.

Disidencia de los doctores Belluscio y Petracchi.

Según las constancias de autos, Marcelo Bahamondez, mayor de edad, fue internado en el Hospital Regional de la ciudad de Ushuaia a raíz de que se hallaba afectado por una hemorragia digestiva, con anemia y melena. Según el informe médico recabado por el juez de primera instancia, si bien no existía hemorragia al tiempo de dicho informe, de repetirse ella sin haberse transfundido sangre, había peligro cierto de muerte para el paciente.

Sin embargo, este último se negó a recibir transfusiones de sangre por considerar que eran contrarias a las creencias del culto "Testigos de Jehová" que él profesaba. Al entrevistar a Bahamondez, el juez de primera instancia lo encontró lúcido. En dicha oportunidad, aquél mantuvo su postura negativa respecto a la transfusión de sangre. También se encontró presente en el acto la madre del paciente, quien manifestó pertenecer al mismo culto y que no se oponía a la decisión de su hijo.

Tal como lo señaló correctamente el apelante, él no ha invocado en favor de su pupilo un supuesto derecho a la muerte o derecho al suicidio. Por el contrario, lo que se ha alegado a lo largo de todo el proceso por parte del paciente fue la violación de su autonomía individual, que encuentra expreso reconocimiento en los arts. 14 y 19 de la Constitución Nacional.

La Corte ha tenido oportunidad de dejar claramente establecido que el art. 19 de la Ley Fundamental otorga al individuo un ámbito de libertad en el cual éste puede adoptar libremente las decisiones fundamentales acerca de su persona, sin interferencia alguna por parte del Estado o de los particulares, en tanto dichas decisiones no violen derechos de terceros. Así, en el caso "Ponzetti de Balbín, Indalia c. Editorial Atlántida S. A. s/ daños y perjuicios" (Fallos: 306:1892) el tribunal, al resolver que era ilegítima la divulgación pública de ciertos datos íntimos de un individuo, señaló que el citado Art. 19: "... protege jurídicamente un ámbito de autonomía individual constituida por los sentimientos, hábitos y costumbres, las relaciones familiares, la situación económica, las creencias religiosas, la salud mental y física y, en suma, las acciones, hechos o datos que, teniendo en cuenta las formas de vida aceptadas por la comunidad están reservadas al propio individuo y cuyo conocimiento y divulgación por los extraños significa un peligro real o potencial para la intimidad. En rigor, el derecho a la privacidad comprende no sólo la esfera doméstica, el círculo familiar y de amistad, sino a otros aspectos de la personalidad espiritual o física de las personas tales como la integridad corporal o la imagen y nadie puede inmiscuirse en la vida privada de una persona ni violar áreas de su actividad no destinadas a ser difundidas, sin su consentimiento o el de sus familiares autorizados para ello y sólo por ley podrá justificarse la intromisión, siempre que medie un interés superior en resguardo de la libertad de los otros, la defensa de la sociedad, las buenas costumbres o la persecución del crimen ..." (voto de la mayoría, considerando. 8°).

Tal principio resulta de particular aplicación al presente caso, en el que se encuentran comprometidas, precisamente, las creencias religiosas, la salud, la personalidad espiritual y física y la integridad corporal, mencionadas en el citado precedente. Luego, la posibilidad de que los individuos adultos puedan aceptar o rechazar libremente toda interferencia en el ámbito de su intimidad corporal es un requisito indispensable para la existencia del mencionado derecho de la autonomía individual, fundamento éste sobre el que reposa la democracia constitucional. En tal sentido, resulta pertinente recordar el fallo del Tribunal Supremo de la República Federal Alemana que, fundado en el Art. 2°, inc. 2°, de la Ley Fundamental de ese país que reconoce el derecho a la vida y a la integridad corporal, resolvió que era antijurídica una operación quirúrgica sin consentimiento del paciente por los siguientes argumentos: "...Nadie puede asumir el papel de juez para decidir bajo cuáles circunstancias otra persona estaría razonablemente dispuesta a renunciar a su inviolabilidad corporal con el objeto de curarse. Este principio también es vinculante para el médico. Por cierto que el derecho más trascendente de éste, y su obligación más esencial, es la de curar a los individuos enfermos dentro de sus posibilidades. Sin embargo, este derecho y esta obligación encuentran sus límites en el derecho del individuo a determinar, en principio por sí mismo, acerca de su cuerpo. Constituiría una intromisión antijurídica en la libertad y la dignidad de la persona humana si un médico - aun cuando estuviese fundado en razones justificadas desde el punto de vista médico- realizase, por sí, una operación de consecuencias serias en un enfermo sin su autorización, en el caso que previamente hubiese sido posible conocer en forma oportuna la opinión de aquél. Pues, aun un enfermo en peligro de muerte, puede tener razones adecuadas y valederas, tanto desde un punto de vista humano como ético, para rechazar una operación, aun cuando sólo por medio de ella sea posible liberarse de su dolencia". (BGHst 11, 111, sent. del 28 de noviembre de 1957, transcripta en la obra de Albin Eser, Strafrecht, t. III, ps. 87/96, 2ª ed., parte especial, Munich, 1981).

La libertad de una persona adulta de tomar las decisiones fundamentales que le conciernen a ella directamente, puede ser válidamente limitada en aquellos casos en que exista algún interés público relevante en juego y que la restricción al derecho individual sea la única forma de tutelar dicho interés.

En este sentido, tal conclusión es coincidente con aquellos precedentes estadounidenses, dictados en casos sustancialmente análogos al presente, que negaron, ante la comprobación de que la decisión del paciente había sido emitida con pleno discernimiento y, además, no afectaba directamente derechos de terceros, la existencia de un interés público relevante que justificara la restricción estatal en la libertad del individuo (confr. la sentencia dictada en 1972 por la Cámara de Apelaciones del Distrito de Columbia en el caso In the Matter of Osborne, transcripta en la obra de Feinberg y Gross, compiladores, Philosphy of law, 3ª ed., 1986, ps. 256/257; asimismo, la jurisprudencia reseñada en American Jurisprudencia, segunda edición, New Topic Service, 1979, voz "Right to die; Wrongfull Life", especialmente ps. 12/13). Otros pronunciamientos judiciales también han señalado que el "derecho a ser dejado a solas", que ha servido de fundamento para negarse a recibir los tratamientos médicos en cuestión y que encuentra su exacta equivalencia en el derecho tutelado por el Art. 19 de nuestra Constitución (confr. voto concurrente del juez Petracchi en la causa "Ponzetti de Balbín" cit., considerando. 19, p. 1942 y su cita de la jurisprudencia estadounidense) no puede ser restringido por la sola circunstancia de que la decisión del paciente pueda parecer irrazonable o absurda a la opinión dominante de la sociedad (Conf. voto del juez Burguer, de la Cámara de Apelaciones del Distrito de Columbia, en el caso Application of Georgetown College, 1964, transcripta en la obra Comparative Constitutional Law, Cases and Commentaries, de Walter F. Murphy y Joseph Tanenhaus, Nueva York, ps. 464/466).

Por el contrario, en otros casos, los tribunales estadounidenses no han tenido en cuenta la decisión del paciente de rechazar una terapia restrictiva de su libertad personal, cuando la muerte posible de aquél podía poner en peligro la vida o la integridad física de sus hijos pequeños (ver, para una reseña de esta jurisprudencia, American Jurisprudence, op. y loc. citada).

De conformidad con los principios enunciados, cabe concluir que no resultaría constitucionalmente justificada una resolución judicial que autorizara a someter a una persona adulta a un tratamiento sanitario en contra de su voluntad, cuando la decisión del individuo hubiera sido dada con pleno discernimiento y no afectara directamente derechos de terceros.

Una conclusión contraria significaría convertir al Art. 19 de la Carta Magna en una mera fórmula vacía, que sólo protegería el fuero íntimo de la conciencia o aquellas conductas de tan escasa importancia que no tuvieran repercusión alguna en el mundo exterior. Tal punto de vista desconoce, precisamente, que la base de tal norma "...es la base misma de la libertad moderna, o sea, la autonomía de la conciencia y la voluntad personal, la convicción según la cual es exigencia elemental de la ética que los actos dignos de méritos se realicen fundados en la libre, incoacta creencia del sujeto en los valores que lo determinan..." (Caso "Ponzetti de Balbín", cit., voto concurrente del juez Petracchi, considerando. 19, p. 1941).

En consecuencia, al no existir constancias en autos que indiquen que la negativa de Marcelo Bahamondez de recibir un tratamiento médico contrario a sus creencias religiosas, encuadra en algunas de las circunstancias excepcionales mencionadas en el considerando anterior, cabe concluir - conforme a los principios desarrollados precedentemente- que no existió en el caso ningún interés público relevante que justificara la restricción en la libertad personal del nombrado. Ello hace que la decisión del a quo sea contraria a los arts. 14 y 19 de la Constitución Nacional.

Por ello, los magistrados declararon formalmente admisible el recurso extraordinario interpuesto y revocaron el pronunciamiento apelado (Art. 16, parte 2ª, ley 48). - Augusto C. Belluscio. - Enrique S. Petracchi.

También de nuestro tribunal federal supremo, transcribimos el fallo Pablo Albarracini, del 1-6-2012.

Vistos los autos: "Albarracini Nieves, Jorge Washington s/ medidas precautorias".

1. La Sala A de la Cámara Nacional de Apelaciones en lo Civil, al revocar el pronunciamiento de primera instancia, denegó la medida precautoria solicitada por Jorge Washington Albarracini Nieves a los efectos de que se autorizase a los médicos tratantes de su hijo mayor de edad Pablo Jorge Albarracini Ottonelli —internado en la Clínica Bazterrica de esta Ciudad Autónoma de Buenos Aires— a efectuarle una transfusión de sangre que resultaba necesaria para su restablecimiento.

2. Según surge de las constancias de autos, Pablo Jorge Albarracini Ottonelli ingresó al citado nosocomio con un hematoma intraparenquimatoso y lesión inguinal secundario, con motivo de una herida de arma de fuego como consecuencia de un intento de robo. En la actualidad, según surge de las constancias de la causa, se encuentra en estado crítico, con pronóstico reservado, internado en el área de terapia intensiva y los médicos que lo asisten han destacado la necesidad de efectuarle la citada transfusión dado su estado (conf. informe 30 de mayo de 2012).

3. Asimismo, corresponde señalar que el paciente pertenece al culto "Testigos de Jehová", y que en el expediente obra una declaración efectuada por él el 18 de marzo de 2008 -con anterioridad a su hospitalización— certificada por escribano público, en la que manifiesta dicha pertenencia y que por tal motivo no acepta transfusiones de sangre.

4. Habida cuenta de que al momento de iniciarse las presentes actuaciones, el paciente no se encontraba en condiciones de expresarse por sí misma, Romina Eliana Carnevale, cónyuge de Pablo Albarracini, se opuso al planteo efectuado por el progenitor invocando la existencia de la mencionada expresión de voluntad y solicitando se respete dicha decisión.

5. Después de enumerar los derechos que se encontraban involucrados

en la cuestión planteada —derecho a la vida y a la salud, autonomía individual, libertad religiosa y de conciencia—, la alzada señaló que el paciente había dejado expresada su voluntad en relación a una situación como la que se había generado, al obrar en el expediente un documento que daba cuenta de "directivas anticipadas" en el que expresamente se negaba a recibir transfusiones de sangre aunque peligrase su vida. Asimismo, sostuvo que dichas directivas —que según el art. 11 de la ley 26529 debían ser aceptadas por los médicos— resguardaban el principio constitucional de libertad de autodeterminación, entendido como soporte de conductas autorreferentes, sin que se diera en el caso el supuesto excepcional de la citada norma que impide las prácticas eutanásicas.

Por ende, el a quo consideró que tales directivas debían ser respetadas priorizando la voluntad del paciente fundada en su derecho a la autodeterminación, sus creencias religiosas y su dignidad, y que las manifestaciones realizadas por su padre no llevaban a considerar que pudiese haber mediado algún cambio en la idea religiosa de Pablo, pues de haber existido intención de modificar el testamento vital, lo lógico era que hubiese revocado la voluntad expresada en el instrumento analizado.

6. Las resoluciones que se refieren a medidas precautorias no autorizan el otorgamiento del recurso extraordinario ya que no revisten, en principio, el carácter de sentencias definitivas (Fallos: 300:1036; 308:2006, entre otros). Sin embargo, cabe hacer excepción a dicha regla en los casos en que, como en autos, lo resuelto cause un agravio que, por su magnitud o circunstancias de hecho, pueda ser de tardía, insuficiente o imposible reparación ulterior, pues ello acuerda al decisorio el carácter de definitivo a los efectos de la apelación extraordinaria del art. 14 de la ley 48 (conf. Fallos: 298:409; 300:1036; 308:90; 314:1202 y 323:2790). Asimismo, el recurso extraordinario resulta admisible en la medida que el recurrente ha cuestionado la inteligencia de cláusulas constitucionales y la decisión ha sido contraria al derecho fundado en aquellas (art. 14, inc. 3o de la ley 48)

7. Las cuestiones que llegan a conocimiento de esta Corte remiten a aquellas que dieron origen al precedente publicado en Fallos: 316:479 ("Bahamondez") en el que un paciente afectado por una hemorragia digestiva, con anemia y melena se negó a recibir transfusiones de sangre por considerar que eran contrarias a las creencia del culto "Testigos de Jehová" que profesaba.

8. Sin perjuicio de lo expresado, el caso sub examine presenta particularidades que en alguna medida lo distinguen del precedente mencionado y que requieren las siguientes precisiones:

Primero: Pablo Albarracín ingresó a la clínica Bazterrica en estado de inconsciencia por lo que no pudo manifestar a los profesionales médicos cuales eran las terapias o procedimientos médicos o biológicos que estaba dispuesto a aceptar conforme a las creencias de su culto.

Segundo, había constancia de que en el 18 de marzo de 2008, firmó un documento en el cual manifestó no aceptar "transfusiones de sangre completa, glóbulos rojos, glóbulos blancos, plaquetas o plasma bajo ningún concepto aunque el personal médico las crea necesarias para salvarle la vida".

9. En la causa no existen elementos que permitan albergar dudas respecto de la validez formal del documento señalado, dado que obra en autos el original firmado de puño y letra por Pablo Albarracini, ante el escribano público Natalio R. Strusberg que procedió a su certificación (conforme surge de la certificación notarial de firmas e impresiones digitales Libro de requerimientos N°: 12, Acta N°: 372 F°: 372). De esta manera quedan despejados los cuestionamientos formulados en este punto por el actor en el recurso extraordinario.

10. No existen pruebas claras y convincentes de que el paciente al momento de expresar dicha voluntad no haya considerado la trascendencia y las consecuencias de su decisión; tampoco las hay para considerar que esa voluntad fue viciada por presiones de terceros o de que la opción efectuada haya sido adoptada con otra intención que la de profesar el culto. Por ende, no existen razones para dudar de que el acto por el cual el accionante ha manifestado su negativa a ser transfundido fue formulado con discernimiento, intención y libertad.

11. Por otra parte el recurrente alega que con posterioridad a la firma de dicho documento, su hijo habría abandonado el culto para luego regresar a éste "y así sucesivamente en distintas oportunidades", lo que podría generar algún tipo de incertidumbre respecto del mantenimiento en el tiempo de la decisión de Pablo. Sin embargo, este argumento genérico y carente de precisiones no tiene fundamento suficiente como para al menos presumir que hubiese habido una modificación en sus creencias; al contrario, en el propio escrito de demanda, el actor reconoce que en la actualidad Pablo Albarracini, se encuentra casado con una mujer de su mismo credo,

y según resulta de la causa, el matrimonio se realizó en el Salón del Reino de los Testigos de Jehová el 2 de diciembre de 2011.

12. Dado que no existen dudas sobre la validez actual de la expresión de voluntad realizada por Pablo Albarracini, corresponde examinar si esta decisión se encuadra dentro de la esfera de libertad personal que establece la Constitución Nacional.

13. Ante un caso de la gravedad del presente corresponde recordar que una de las premisas fundamentales de la libertad individual en la Constitución Nacional se encuentra en el artículo 19 que consagra que "Las acciones privadas de los hombres que de ningún modo ofendan al orden y a la moral pública, ni perjudiquen a un tercero, están sólo reservadas a Dios, y exentas de la autoridad de los magistrados".

14. Tal como recordó la disidencia de los jueces Belluscio y Petracchi en la citada causa "Bahamondez", esta Corte ha dejado claramente establecido que el art. 19 de la Ley Fundamental otorga al individuo un ámbito de libertad en el cual éste puede adoptar libremente las decisiones fundamentales acerca de su persona, sin interferencia alguna por parte del Estado o de los particulares, en tanto dichas decisiones no violen derechos de terceros. Así, en el caso "Ponzetti de Balbín, Indalia c. Editorial Atlántida S. A. s/ daños y perjuicios" (Fallos: 306:1892) el tribunal, al resolver que era ilegítima la divulgación pública de ciertos datos íntimos de un individuo, señaló que el citado Art. 19: "... protege jurídicamente un ámbito de autonomía individual constituida por los sentimientos, hábitos y costumbres, las relaciones familiares, la situación económica, las creencias religiosas, la salud mental y física y, en suma, las acciones, hechos o datos que, teniendo en cuenta las formas de vida aceptadas por la comunidad están reservadas al propio individuo y cuyo conocimiento y divulgación por los extraños significa un peligro real o potencial para la intimidad. En rigor, el derecho a la privacidad comprende no sólo la esfera doméstica, el círculo familiar y de amistad, sino a otros aspectos de la personalidad espiritual o física de las personas tales como la integridad corporal o la imagen y nadie puede inmiscuirse en la vida privada de una persona ni violar áreas de su actividad no destinadas a ser difundidas, sin su consentimiento o el de sus familiares autorizados para ello y sólo por ley podrá justificarse la intromisión, siempre que medie un interés superior en resguardo de la libertad de los otros, la defensa de la sociedad, las buenas costumbres o la persecución del crimen ..." (voto de la mayoría,

considerando 8º; también citado en la causa V.356. XXXVI "Vázquez Ferrá, Evelín Kanna s/ incidente de apelación, s/incidente de apelación", sentencia del 30 de septiembre de 2003, considerando 24 del voto del Dr. Maqueda).

15. También en ese caso se ha dicho que "el art. 19 concede a todos los hombres una prerrogativa según la cual pueden disponer de sus actos, de su obrar, de su propio cuerpo, de su propia vida, de cuanto les es propio. Ha ordenado la convivencia humana sobre la base de atribuir al individuo una esfera de señorío sujeta a su voluntad; y esta facultad de obrar válidamente libre de impedimentos conlleva la de reaccionar u oponerse a todo propósito, posibilidad o tentativa por enervar los límites de esa prerrogativa. En el caso, se trata del señorío a su propio cuerpo y en consecuencia, de un bien reconocido como de su pertenencia, garantizado por la declaración que contiene el art. 19 de la Constitución Nacional. La estructura sustancial de la norma constitucional está dada por el hombre, que despliega su vida en acciones a través de las cuales se expresa su obrar con libertad. De este modo, vida y libertad forman la infraestructura sobre la que se fundamenta la prerrogativa constitucional que consagra el Art. 19 de la Constitución Nacional" (Fallos: 316:479 "Bahamondez" voto de los Dres. Fayt y Barra).

16. Tales principios resultan de particular aplicación al presente caso, en el que se encuentran comprometidos, precisamente, las creencias religiosas, la salud, la personalidad espiritual y física y la integridad corporal, mencionadas en el citado precedente. Y es con sustento en ellos que es posible afirmar que la posibilidad de aceptar o rechazar un tratamiento especifico, o de seleccionar una forma alternativa de tratamiento hace a la autodeterminación y autonomía personal; que los pacientes tienen derecho a hacer opciones de acuerdo con sus propios valores o puntos de vista, aun cuando parezcan irracionales o imprudentes, y que esa libre elección debe y deberá ser respetada.

Esta idea ha sido receptada por el legislador en la ley 26.529 al otorgar al paciente el derecho a aceptar o rechazar determinadas terapias o procedimientos médicos "con o sin expresión de causa" (Art. 2 inc. e).

Por lo demás, no puede pasarse por alto que esta ley en su Art. 11 reconoce a toda persona capaz mayor de edad la posibilidad de disponer directivas anticipadas sobre su salud, pudiendo consentir o rechazar determinados tratamientos médicos, preventivos o paliativos, y decisiones relativas a su salud. Estas directivas deberán ser aceptadas por el médico a cargo, salvo las que impliquen desarrollar prácticas eutanásicas, las que se tendrán como inexistentes.

17. La Corte Europea de Derechos Humanos ha recordado en este sentido que "prima facie, cada adulto tiene el derecho y la capacidad de decidir si acepta o no tratamiento médico, aun cuando su rechazo pueda causar daños permanentes a su salud o llevarlos a una muerte prematura. Más aun, no importa si las razones para el rechazo son racionales o irracionales, desconocidas o aún inexistentes" (Case of Jehova's witnesses of Moscow and others v Russia, en referencia a In re T. Adult: Re-fusal of Treatment, 3 Weekly Law Report 782 (Court of Appeal).

18. Por cierto, la libertad de una persona adulta de tomar las decisiones fundamentales que le conciernen a ella directamente, puede ser válidamente limitada en aquellos casos en que exista algún interés público relevante en juego y que la restricción al derecho individual sea la única forma de tutelar dicho interés, circunstancias que claramente no aparecen configuradas en el caso.

19. De conformidad con los principios enunciados, cabe concluir que no resultaría constitucionalmente justificada una resolución judicial que autorizara a someter a una persona adulta a un tratamiento sanitario en contra de su voluntad, cuando la decisión del individuo hubiera sido dada con pleno discernimiento y no afectara directamente derechos de terceros.

Así, mientras una persona no ofenda al orden, a la moral pública, o a los derechos ajenos, sus comportamientos incluso públicos pertenecen a su privacidad, y hay que respetarlos aunque a lo mejor resulten molestos para terceros o desentonen con pautas del obrar colectivo (Fallos: 328:2966, disidencia de la Dra. Highton de Nolasco).

Una conclusión contraria significaría convertir al art. 19 de la Carta Magna en una mera fórmula vacía, que sólo protegería el fuero íntimo de la conciencia o aquellas conductas de tan escasa importancia que no tuvieran repercusión alguna en el mundo exterior (Fallos: 316:479, disidencia de los Dres. Belluscio y Petracchi).

Tal punto de vista desconoce, precisamente, que la base de tal norma " ... es la base misma de la libertad moderna, o sea, la autonomía de la conciencia y la voluntad personal, la convicción según la cual es exigencia elemental de la ética que los actos dignos de méritos se realicen fundados en la libre, incoacta creencia del sujeto en los valores que lo determinan. " (Caso "Ponzetti de Balbín", cit., voto concurrente del juez Petracchi, considerando. 19, p. 1941).

20. Que, en consecuencia, al no existir constancias en autos que indiquen que la negativa de recibir un tratamiento médico contrario a sus creencias religiosas, encuadra en algunas de las circunstancias excepcionales mencionadas en el considerando anterior, cabe concluir --conforme a los principios desarrollados precedentemente-- que no existió en el caso algún interés público relevante que justificara la restricción en la libertad personal del nombrado.

Por ello, oído el señor Procurador General y agregado el informe del Cuerpo Médico Forense, la Corte declaró formalmente admisible el recurso extraordinario interpuesto y se confirmó el pronunciamiento apelado, respetando absolutamente la libertad de cultos del Testigo de Jehová. Dres.: Elena I. Highton De Nolasco – Carlos S. Fayt – Enrique S. Petracchi – Juan Carlos Maqueda.

Voto del Sr. Ministro Carlos S. Fayt

Que a los efectos de resolver el presente caso cabe remitir a los fundamentos del precedente de Fallos 316:479, voto de los jueces Fayt y Barra, por resultar sustancialmente análogo, con excepción de lo manifestado en el último párrafo del considerando 13 y la parte resolutiva.

Que ello es así, porque los derechos esenciales de la persona humana —relacionados con su libertad y dignidad— comprenden al señorío del hombre sobre su vida, su cuerpo, su identidad, su honor, su intimidad y sus creencias trascendentes, que, en cuanto tales y en tanto no ofendan al orden, a la moral pública, ni perjudiquen a un tercero, gozan de la más amplia protección constitucional que llega —incluso— a eximirlos de la autoridad de los magistrados (Art. 19 de la Constitución Nacional) .

Por ello, oído el señor Procurador General, el ministro decidió declarar formalmente admisible el recurso extraordinario y confirmar la sentencia. Dr.Carlos Fayt.

Voto del Sr. Ministro Enrique S. Petracchi

1. Que las actuaciones se inician con la presentación del Sr. Jorge Washington Albarracini Nieves, quien, invocando su condición de padre de Pablo Jorge Albarracini Ottonelli, solicita una medida precautoria urgente a "efectos de que VS autorice a los médicos tratantes de mi hijo en la Clínica Bazterrica de C.A.B.A., en los términos de los arts, 232 y 234 inc. 1° del CPCC", a realizar una transfusión de sangre en aquél.

2. Que en el expediente obra un documento titulado "Directivas anticipadas y designación de un representante para la atención médica", certificado por escribano pública, según el cual el Sr. Pablo Jorge Albarracini Ottonelli manifestó: "Soy testigo de Jehová y NO ACEPTO TRANSFUSIONES de sangre completa, glóbulos rojos, glóbulos blancos, plaquetas o plasma, bajo ningún concepto, aunque el personal médico las crea necesarias para salvarme la vida"

3. Que la decisión de primera instancia, si bien partió de la base de admitir la autenticidad de la documentación antes citada, con el fundamento de que el paciente "no se encontraba en condiciones de tomar decisiones con pleno discernimiento", hizo lugar a la medida solicitada por su padre.

4. Ante el recurso interpuesto por la esposa de Pablo Jorge Albarracini Ottonelli, la Sala A de la Cámara Nacional de Apelaciones en lo Civil, revocó la resolución de primera instancia, por considerar, entre otras cuestiones, que debía "primar la decisión adoptada por Pablo Albarracini Ottonelli en las directivas anticipadas, las cuales se encuentran fundadas en el principio de autodeterminación y de libertad de conciencia y religiosa...".

5. Contra esa decisión el Sr. Jorge Washington Albarracini Nieves, padre de Pablo Albarracini, interpuso recurso extraordinario, que fue bien concedido por el a quo con fundamento en que se encontraban en juego "derechos personalísimos de clara raigambre constitucional", tales como el derecho a la vida, a la salud, a la libertad religiosa y de conciencia.

6. Las cuestiones que suscitó el sub. Examine resultan substancialmente análogas a las debatidas y resueltas en el caso "Bahamondez", Fallos 316: 479, 502 (disidencia de los jueces Belluscio y Petracchi), a cuyos términos corresponde remitir en razón de brevedad.

Por ello, el ministro votante declaró formalmente procedente el recurso extraordinario y confirmó la sentencia. Dr. Enrique S. Petracchi.

Proseguimos ahora con la transcripción del fallo de la Cámara Nacional de Apelaciones Civil y Comercial – Sala 1. Morón, del 17/03/2006, en causas Gimenez, Alberto Pedro c/ Provincia de Buenos Aires s/ Daños y Perjuicios. Nº 51445. R.S.: 77, y Gimenez, Alberto Pedro c/ Provincia de Buenos Aires s/ Daños y Perjuicios. Causa: 51446.

En la ciudad de Morón, Provincia de Buenos Aires, a los diecisiete días del mes de marzo de dos mil seis, reunidos en la Sala I del Tribunal, los señores Jueces de la Excma. Cámara de Apelación en lo Civil y Comercial del Departamento Judicial de Morón, doctores Liliana Graciela Ludueña, José Eduardo Russo y Juan Manuel Castellanos, para pronunciar sentencia en los autos caratulados: " GIMENEZ, Alberto Pedro c/ PROVINCIA DE BUENOS AIRES s/ DAÑOS Y PERJUICIOS - Causa: 51445 – " y " GIMENEZ, Alberto Pedro c/ PROVINCIA DE BUENOS AIRES s/ DAÑOS Y PERJUICIOS – Causa: 52746 -"

I.- Apelan de la sentencia de autos la actora, de la causa 51445 y de la causa 52746, y por la parte demandada la Fiscalía de Estado de la Provincia de Buenos Aires, de la primera de las causas mencionadas, y de la segunda de ellas, el caso de autos, que en un pronunciamiento único para ambas causas, admite la demanda promovida por Alberto Pedro Gimenez por sí y en representación de su hija menor Solange Marlene Gimenez por indemnización del perjuicio derivado de la muerte de Angélica Liliana Carabajal y condena a la Provincia de Buenos Aires a pagar a los actores la suma determinada en el expediente, a distribuirse igualitariamente entre ellos, con más el interés que paga el Banco de la Provincia de Buenos Aires en sus operaciones de plazo fijo a treinta días, desde la fecha de la muerte de la nombrada – 26/10/97 – hasta su efectivo pago, y las costas del juicio.- Asimismo hace lugar a la acción deducida por Alberto Pedro Gimenez por sí y en representación de su hija menor Solange Marlene Gimenez por indemnización del daño ocasionado a la segunda por la infección con el virus V.I.H.-S.I.D.A., por transmisión vertical y perinatal placentaria y condena a la Provincia de Buenos Aires a abonarle a esta última la suma de $ 4.500.000 y a aquél la cantidad de $ 410.000, con más sus intereses computados de la misma manera que en el pronunciamiento anterior y las costas del proceso, consignando que la parte indemnizatoria correspondiente a la menor deberán depositarse en autos y sólo podrá disponerse de dichos fondos por orden del Sentenciante y previa autorización del Ministerio Pupilar.-

II.- La parte demandada se agravia del pronunciamiento en recurso solicitando su revocación total, con costas.- Sostiene inicialmente la falta de acreditación de la relación causal entre el hecho del contagio de la víctima – esposa y madre de los accionantes – y las condiciones en que desarrollaba sus tareas.- Destaca que aún cuando se pretendieran acreditados los extremos mencionados por el perito – que la occisa desarrollo sus tareas en el nosocomio durante once años sin la provisión de los elementos mínimos ni la capacitación referente a la infección por el virus H.I.V., ello no alcanza para derivar la imputación de responsabilidad, ya que no se probó el nexo causal entre esas condiciones – falta endilgada - y el daño por el que se reclama.- Señala asimismo, como absolutamente relevante, que tampoco la víctima – empleada del nosocomio – haya denunciado la producción durante su desempeño del algún hecho – accidente, salpicadura con sangre en mucosas, etc. – que hubiera podido producir el contagio, como obligan a proceder las normas de bioseguridad imperantes, que fueron invocadas en autos.-

La crítica expuesta se extiende a los fundamentos que condenan por la enfermedad de su hija menor.- Refiere, que a las múltiples causas de contagio del virus por la niña, se suma la circunstancia de que la misma pudo haberlo contraído durante a partir de su gestación transferido por su padre, quien no ha acreditado en autos no ser portador del mismo.-

III La plataforma fáctica: .- Se presentan – en la causa 51445 – Alberto Pedro Gimenez por sí y en representación de su hija menor Solange Marlene Gimenez promoviendo demanda por cobro de los perjuicios sufridos como consecuencia de la muerte de la esposa y madre – respectivamente - de éstos, causada por una infección con el virus H.I.V. contraída en el establecimiento hospitalario – Hospital Paroissien, de La Matanza - en el que se desempeñaba como enfermera de la sección obstetricia.- Sostiene esencialmente que existe responsabilidad por omisión por parte del nosocomio de implementar elementales medidas de prevención – existencia de deficientes condiciones de seguridad – para prevenir contagios en una zona de alto riesgo como la citada, en la que existe permanente contacto con sangre y humores corporales, no efectuándose una investigación preliminar para determinar en cada caso la condición de portador o infectado al admitir al paciente.- En definitiva, alega la existencia de relación causal entre las deficiencias edilicias y de seguridad del establecimiento hospitalario en el que prestaba servicios la víctima – esposa y madre de los actores – y el resultado dañoso.-

Asimismo, en causa acumulada, el padre por sí y en representación de la hija menor de la fallecida promueve acción de daños y perjuicios con fundamento en la condición de cero positiva de su hija Solange Marlene, contagiada de la madre durante su gestación.-

La Fiscalía de Estado de la Provincia de Buenos Aires en ambas pretensiones opone la negativa de que la infección de la víctima ocurriera en el nosocomio en el que se desempeñaba, expresando que el solo hecho de trabajar en un ámbito de alto riesgo no hace presumir el contagio, el que puede reconocer múltiples orígenes, a ello se agrega la circunstancia de que la occisa nunca formalizó la obligatoria denuncia del hecho.- Alega entonces la falta de relación causal adecuada entre las deficiencias edilicias o de seguridad del centro hospitalario y el resultado dañoso.- Asimismo, ante el reclamo de la menor deduce la defensa de prescripción de la acción, pues la misma habría sido promovida vencido el plazo previsto por el artículo 4037 del Código Civil, dado que no la unía con su representado una relación contractual.-

El Sentenciante, luego de caracterizar la naturaleza de la eventual responsabilidad del Fisco provincial – en ambos casos, como legal y de raigambre extracontractual – y de encuadrar el plazo liberatorio en el artículo 4037 del Código Civil, analizada la situación fáctica que da origen al mismo y el plazo transcurrido hasta el inicio de la acción, desestima la defensa de prescripción promovida por la accionada contra la pretensión esgrimida por la menor, imponiendo las costas a la demandada vencida.- Posteriormente, partiendo de los hechos reconocidos en autos - relación de empleo de Angélica Liliana Carabajal con el Ministerio de Salud y Acción Social de la Provincia, el cargo, establecimiento asistencial y lugar específico en el que desempeñaba sus tareas, la causa directa de su fallecimiento y la condición de H.I.V., positiva de su hija Solange Marlene (conf. Art. 354 Inc. 1º del Código Procesal sostiene que el empleador tiene la obligación de mantener a su empleado en un medio de indemnidad, suministrándole las condiciones necesarias para el desempeño de sus tareas, según surge del artículo 75 de la Ley de Contrato de Trabajo, siendo valor entendido que en la relación de empleo público los organismos oficiales contraen una obligación de seguridad, constituyéndose en un deber esencial del Estado, caracterizando la responsabilidad del empleador por inobservancia de tal obligación hacia su dependiente como subjetiva, encontrando su fundamento en el artículo 1109 del Código Civil.-

En función de lo descripto, teniendo en cuenta las características del establecimiento asistencial y de la población atendida, las condiciones del área particularmente riesgosa – obstetricia – en que la occisa se desempeñaba, sin recibir la debida instrucción ni los elementos de bioseguridad adecuados, considera que se encuentra dentro del curso posible y lógico de los acontecimientos, que durante un prolongado lapso de tiempo tuviera una permanente exposición a la infección, que excedía los límites de seguridad y ello autoriza a asumir que contrajo la enfermedad durante y en ocasión de su relación laboral, circunstancia que no ha sido desvirtuada, responsabilizando por tales fundamentos a la Provincia de Buenos Aires por el fallecimiento de Angélica Liliana Carabajal debido a su infección con el virus H.I.V. – S.I.D.A., durante y como consecuencia de su relación de empleo.- Por carácter transitivo, la responsabiliza también por las secuelas de la misma enfermedad contraída durante la gestación – transmisión vertical y perinatal placentaria – por la hija de la nombrada Solange Marlene Gimenez.-

Primeramente el tribunal señaló que en las dos pretensiones en análisis la actora fundó su reclamo en las normas del Código Civil (ver causas 51445 y 52746), a pesar de contar con la protección de un régimen especial – Ley de Contrato de Trabajo. Cuando se hace uso de esa opción resulta imprescindible la prueba de que se encuentren reunidos los requisitos exigidos por las normas cuya aplicación se pretende ya que, si se prescindiera de esa exigencia, desaparecería toda diferencia entre ambos regímenes: uno, que asegura al trabajador una indemnización tarifada pero amplía el campo de responsabilidad patronal, y otro, que no impone límites a la reparación pero restringe el margen de responsabilidad (conf. C.S.J.N., Fallos 314:1505).-

En base a tal principio los tribunales capitalinos entienden que cuando se acciona reclamando los daños y perjuicios derivados de un accidente ocurrido en ocasión del trabajo – en el caso, durante la manipulación de una jeringa con la finalidad de colocar suero a un paciente H.I.V., no resulta aplicable la normativa civil – Art. 1113, 2da. Parte del Código Civil – pues la acción es de naturaleza contractual y deriva de la infracción al deber de seguridad inherente al contrato de trabajo (conf. CNCiv., Sala F in re: ¨Droz, María c/ Instituto de Servicios Sociales Bancarios ¨, del 5/6/97 en L.L. 1997 –F – p. 37-96271, ídem Sala E J.A. 1997 – III, 36, entre otros);

sin embargo, nuestro Superior Tribunal provincial ha entendido desde antiguo que la normativa laboral – en el caso, Art. 75 de la Ley de Contrato de Trabajo – no regula una obligación nacida en el contrato de trabajo sino que impone un deber legal de conducta de no dañar a otros, que reconoce su origen en el texto expreso de la ley, constituyendo su violación el sustrato de la responsabilidad civil extracontractual, en los términos del artículo 1109 del Código Civil (conf. S.C.B.A., L 33231 del 30/11/84, voto del doctor Salas, ídem. L 68635 del 26/10/99, voto del doctor Hitters, entre otros precedentes).-

Por ello, en virtud del moral acatamiento que impone dicha doctrina, seguiremos dicho encuadre jurídico y, en tales condiciones, resulta presupuesto necesario - para la procedencia de la pretensión resarcitoria - la demostración de la relación de causalidad entre la falta endilgada por la accionante – función de la occisa en un área riesgosa, de acuerdo con las condiciones edilicias y poblacionales, sin recibir la debida instrucción y los elementos de bioseguridad adecuados – y el resultado dañoso – contagio con el virus H.I.V., durante y en ocasión de su relación laboral.

Se ha señalado desde antiguo – ver causas 40885 R.S. 18/99, 43916 R.S. 54/02, entre otras – que para reclamar indemnización por daños y perjuicios al damnificado no le basta la prueba del daño, sino que además debe acreditar la existencia de relación causal entre el daño que ha sufrido y el hecho originario de la responsabilidad que intenta hacer valer.- En efecto, la relación de causalidad se refiere a una cuestión material: saber si el daño es consecuencia de un hecho determinado y, si ese requisito falta, la acción de indemnización no puede prosperar.

Si bien algunos autores, comentando la doctrina judicial elaborada a partir de un fallo (¨N.N. c/ Municipalidad de Buenos Aires¨, C.N.Civ. Sala F, 15/5/2000, L.L. t. 2000 – F – 11/13) la teoría de la creación de un riesgo injustificado con carácter residual para la comprobación de la relación causal - entienden factible en razón de la dificultad de la prueba de la relación causal en materia de contagio de enfermedades – que cuando sea imposible esperar certeza o exactitud en materia de relación de causalidad, el Juez puede contentarse con la probabilidad de su existencia, teniéndola por configurada cuando los elementos de juicio suministrados conducen a un grado suficiente de probabilidad – en el fallo comentado, se señala que si se prueba un contacto físico entre el actuar riesgoso y el menoscabo que experimenta el enfermo – muerte o daño a la salud – y no se puede conocer a ciencia cierta cuál fue estrictamente la causa del daño, la relación de causa a efecto se dará por cierta

Si bien coincide que, en casos como el descripto, el rigor debe mitigarse, con el fin de que quien ocasiona o transmite enfermedades no diluya su responsabilidad, entiendo que en el sub judice no se aportan datos suficientemente significativos que permitan revelar, al menos con un grado suficiente de probabilidad, el hecho con un cierto resultado dañoso.- Es decir, que las situaciones de riesgo de dañosidad – área riesgosa, carencias edilicias, de elementos de bioseguridad y de instrucción – pueden servir para contribuir a corroborar otros elementos probatorios – que entiendo, no han sido aportados en autos – a efectos de tener por probada la relación causal (conf. Vázquez Ferreyra, Roberto A., ¨Responsabilidad Civil Médica por contagio de enfermedades¨, J.A., 1996 – IV – 395/399; Bustamante Alsina, Jorge ¨ La relación de causalidad y la antijuridicidad en la responsabilidad extracontractual ¨, L.L. t. 1996 –D – 23/31).

La señora Carabajal fue inicialmente auxiliar de enfermería – 31/3/86 – y, luego, enfermera diplomada – 30/4/93 -, poseía una antigüedad de 11 años, habiendo ingresado sana a trabajar, sin embargo, no debe olvidarse que nuestro Superior Tribunal Provincial ha sostenido que la relación causal de la enfermedad con el trabajo no se infiere por esa sola circunstancia – ver legajo y foja de servicios de fs. 439/441, conf. S.C.B.A., L 53827 del 19/4/94, voto del doctor Salas -; por lo tanto, la occisa –en su condición de enfermera- tenía la obligación de conocer las normas de Organización y Funcionamiento de servicios de enfermería en establecimientos de atención médica, que ilustran sobre los sistemas de cuidados de enfermería en relación a las características de los pacientes, debiendo aprobar la capacitación y evaluación de su desempeño en el área específica a la que fue destinada, teniendo que llevar los registros de enfermería, en los que se refleja no sólo la evolución del paciente, su cuidado, atención y registro de novedades en la atención del mismo, debiendo integrarlas con las recomendaciones para el personal de hospitales en relación a pacientes con hepatitis y S.I.D.A.

Obsérvese que el testigo Warley, médico del Hospital Paroissien, destacó que hay normas y prácticas universales de seguridad que se tienen que tomar con todos los pacientes – guantes, descartadores, antiparras, etc -, aunque su provisión no era continua, que en el hospital se efectúan charlas con los jefes sobre bioseguridad y se colocan carteles de prevención. Tal afirmación resulta coincidente con el informe remitido sobre precauciones universales, destacando que las mismas deben ser aplicadas en forma permanente y en relación con todo tipo de pacientes a los fines de su manejo, concluyendo que toda persona debe ser considerada como un potencial portador de enfermedades transmisibles por sangre, no justificándose la realización de testeos previos masivos a la realización de procedimientos invasivos.

En consecuencia, mas allá de las deficiencias de todo tipo destacadas por el perito infectólogo Tesler, la occisa debió aportar prueba concluyente en el reporte de enfermería – report -, que es el libro de novedades que se producen a diario en cada turno, de la falta de provisión de elementos necesarios para la asistencia de un paciente, de la ocurrencia de algún evento sucedido durante su práctica enfermeril – pinchadura con aguja, salpicadura en sus mucosas con sangre o fluidos corporales, etc. -, que permita presumir – mas allá de los riesgos a que estaba expuesta – que el contagio viral pudo producirse durante el ejercicio de sus funciones laborales.- Obsérvese que no existe un solo reporte de acontecimiento alguno que justifique obtener una probabilidad suficiente de que el hecho dañoso se hubiera producido durante la relación laboral (ver informe de la Dirección del Hospital Paroissien de fs. 902; arts. 384, 456 y 474 del Código Procesal); sólo existe una presunta posibilidad de contagio atento el lugar de prestación de las tareas, pero no hay, por ejemplo, constancias de que hayan ingresado al sector de obstetricia del nosocomio donde se desempeñaba la occisa – en el período fijado como de contagio – pacientes portadores de la enfermedad; ni de hechos o circunstancias importantes ocurridos en esa época que permitan al Tribunal establecer con una probabilidad razonable de certeza el nexo de causalidad requerido para atribuir a la demandada la responsabilidad que se pretende (conf. arts. 1067, 1068, 1109 y Conc. del Código Civil y 375 del Código Procesal).-

Por lo antes expuesto, cabe concluir, por aplicación de las normas legales invocadas, que la demandada no resulta responsable del daño sufrido por la señora Angélica Liliana Carabajal. Por extensión, corresponde igualmente exonerarla por las secuelas de idéntica enfermedad contraída por la menor Solange Marlene Gimenez – hija de la occisa - durante la gestación y de la cual es portadora – transmisión vertical y perinatal placentaria.

Por ello propongo que, si mi voto es compartido, se rechacen las acciones deducidas, con costas por su orden, ya que - por las características de los casos - la parte actora pudo creerse con razón suficiente para litigar (conf. art. 68, párrafo 2º del Código Procesal).-

Por todo lo expuesto y, de compartirse tal criterio, el magistrado de voto consideró que debe revocarse la sentencia en cuanto ha sido materia de agravio y recurso, consecuentemente, se rechazan las acciones promovidas por Alberto Pedro Gimenez por sí y en representación de su hija menor Solange Marlene Jiménez contra la Provincia de Buenos Aires, tanto por cobro de la indemnización del perjuicio derivado de la muerte de Angélica Liliana Carabajal, como por reparación del daño ocasionado a la menor referida por la infección con el virus V.I.H., - S.I.D.A., por transmisión vertical y perinatal placentaria.- Costas de primera instancia y de Alzada por su orden, pues por las características de los casos los accionantes pudieron creerse con razón suficiente para litigar (Art. 68, párrafo 2º del Código Procesal).-

Seguidamente, transcribimos en su parte pertinente la decisión del Juzgado en lo Criminal y Correccional Nº 1 de Transición de Mar del Plata, 9-05-05, Hospital Interzonal General de Agudos Dr. Oscar Alende (HIGA).

Corresponde dejar librado al prudente criterio médico invocar el recurso al "privilegio terapeútico", atento a la situación de vulnerabilidad en la que se encuentra una menor no autorizada por su madre por razones religiosas a realizarse una transfusión sanguínea, -en el caso, la madre profesaba el culto Testigos de Jehová, pero no la hija-, si la revelación de toda la información pudiese redundar en un daño a la integridad psíquica de la paciente, con efectos negativos sobre la evolución de su salud.

Es procedente la acción de amparo promovida por el director de un hospital a fin de que se confiera autorización para realizar una transfusión de sangre a una persona de 18 años de edad, ante la oposición de su progenitora por razones religiosas – en el caso, la madre profesa el culto Testigos de Jehová, pero no la hija- para el caso de resultar estrictamente necesaria durante la realización de una intervención quirúrgica, pues se trata de una persona en situación de vulnerabilidad, cuya autonomía se halla seriamente disminuida en orden a la toma de decisiones que hacen al cuidado de su propia salud.

Ahora transcribimos la decisión recaída por el Juzgado de Instrucción Nº 2 de Comodoro Rivadavia, 12-12-05, en autos M., R. R.

La recta interpretación del Art. 20, Inc. c) de la ley 989 de la provincia del Chubut sobre el ejercicio de la medicina, aventa toda posibilidad de someter a una persona mayor y capaz a cualquier intervención en su propio cuerpo sin su consentimiento.

Seguidamente, la decisión de la Suprema Corte de Mendoza, Sala 1ª, 1-3-93, en autos "Fundación Cardiovascular de Mendoza y otros".

La acción de amparo resulta la vía idónea para la efectiva protección del derecho a la salud de los enfermos internados en el Servicio de Salud Mental (pacientes psiquiátricos H.I.V.) que podría verse seriamente afectado frente a una omisión en la adopción de las condiciones mínimas de bioseguridad (con notas de Augusto M. Morello; Miguel M. Padilla y Néstor P. Sagués. Juzg. Crim. Mar del Plata, Nº: 3, 22-10-93, "Servicio de Salud Mental del Hospital Interzonal Gral. De Agudos de Mar del Plata, amparo", JA, 1994-III-3).

Veremos a continuación la decisión de la Cámara Civil y Comercial de Santa Fe, Sala 1ª, 11-8-97, recaída en autos A., P.L. c/ N. M.

El amparo es la vía idónea para cuestionar la legalidad de la decisión de la empresa de medicina prepaga de cesar una afiliación con base en la mayoría de edad de la beneficiaria del servicio portadora del virus del H.I.V., en tanto en el caso se hallan comprometidos los derechos constitucionales a la vida y a la salud y no existiendo una vía procesal más idónea para su tutela (del voto en disidencia del Dr. Saux).

En el caso que sigue, transcribimos la decisión del Juzgado Nacional en lo Civil Nº 67, 8-9-99, en autos R. D., J. S. c/ Obra Social de la Unión Obrera Metalúrgica.

El trámite de la "medida autosatisfactiva" es aplicable, *iura novit curia*, en el caso del pedido destinado a que una obra social suministre de manera regular, continua y permanente los medicamentos necesarios para el tratamiento del H.I.V., atento la configuración de un interés tutelable cierto y manifiesto en razón de la expresa obligación que el Art. 1º, Ley 24.455 impone a dichos entes.

Corresponde disponer, en calidad de medida autosatisfactiva y sin que sea necesaria la dación de contracautela, que la obra social del demandante le suministre de manera regular, continua y permanente los medicamentos necesarios para el tratamiento del virus H.I.V., de conformidad con lo dispuesto por el Art. 1º Ley 24.455, bajo apercibimiento de astreintes y de las demás sanciones que correspondan por desobediencia (con nota de Carlos A. Ghersi).

Transcribimos ahora la decision de la Cámara de Apelaciones en lo Civil y Comercial de Zárate Campana recaída en autos C., C.M. c/ A.M.I. Zárate s/ Daño Moral, del 31-07-2012.

La actora solicitó afiliarse a una Empresa Privada de Medicina Prepaga. Ante su pedido de admisión le realizaron los exámenes médicos de rutina, al que por norma interna de la empresa, le adicionaron un test de screening de H.I.V., sin consentimiento expreso de la actora.

El ingreso de la actora fue rechazado por la empresa, lo cual posteriormente produjo el reclamo impetrado por la afectada. El juez de grado acogió la demanda y condenó a la accionada a indemnizar los daños y perjuicios producidos por su accionar lesivo, ordenando resarcir el daño moral provocado, valuándolo en seis mil pesos ($ 6.000.-). El tribunal de alzada, a su turno confirmó el decisorio del inferior (comentario al fallo de Ricardo Adrián Parra).

Análisis de la procedencia del daño moral ante la realización del test de H.I.V., por parte de la empresa de medicina prepaga, sin el consentimiento informado de la actora, quien pretendía afiliarse según la decisión del tribunal.

1.- Cabe confirmar la sentencia en cuanto acogió el daño moral reclamado, pues se encuentra reconocido en autos que no existió consentimiento informado suscripto por la actora para la realización del Test de H.I.V., por lo que mas allá de la discusión de si el hecho generador del daño fue el rechazo de la afiliación o la falta de dicho consentimiento, lo cierto es que la ausencia de este requerimiento constituye un acto intrusivo a la persona, que lesiona el derecho a la intimidad consagrado por el art. 1071 bis del C.Civ.

2.-La falta de autorización expresa para que la empresa demandada le practique a la actora el examen de HIV es razón suficiente para considerar que se violaron los derechos a la dignidad e intimidad, puesto que solo se debió limitar a realizar los análisis necesarios para la adhesión como afiliada a la prepaga y no aquellos para los cuales no fue autorizada por la propia actora.

3.-El derecho a disponer del propio cuerpo prescribe que nadie puede ser obligado a realizar un tratamiento médico porque está en juego el respeto de las decisiones personales sobre el propio cuerpo y a su intimidad, a pesar de las consecuencias que puede acarrear tal negativa; más en el caso del S.I.D.A., en el que la ley, ante la mera sospecha, obliga a profundizar la interrogación para el diagnóstico, quedando limitada la obligación médica ante la negativa a someterse al examen hematológico, a informar y advertir sobre las precauciones a tomar ante la imposibilidad de obligar a realizarse el test de detección de la enfermedad o un tratamiento.

4.-Se ha definido a la intimidad como el ámbito comúnmente reservado o privado de la vida, de las acciones, de los asuntos, de los sentimientos, creencias y afecciones de un individuo o de unas familia, lo que implica que el derecho a la intimidad es el derecho a conducir los aspectos privados de la vida sin intromisiones, sin ser importunados por terceras personas, incluyendo elementos estrictamente personales, como los ligados a su cuerpo y a actividades íntimamente ligadas al desarrollo de lo que se conoce como vida personal.

La transcripción que realizamos ahora corresponde a la decisión de la Cámara Nacional de Apelaciones en lo Civil, Sala F, del 2000/05/15, en autos N. N. c/ Municipalidad de Buenos Aires.

El juez de primera instancia hizo lugar a la demanda por daños y perjuicios originados en una enfermedad – accidente de trabajo que afecta a la actora N.N.: quien se desempeña para la demandada Municipalidad de la Ciudad de Buenos Aires – hoy Gobierno de la Ciudad de Buenos Aires – en la categoría de médica residente en clínica pediátrica, condenado a ésta a abonar una suma de dinero.

"Corresponde condenar a la demandada a resarcir los daños provocados a la actora por el contagio de H.I.V., acaecido mientras se encontraba trabajando para aquella, si se ha comprobado que sufrió un pinchazo mientras extraía sangre de un paciente H.I.V., positivo y enfermo de S.I.D.A., pues una aguja infectada es – objetivamente y en juicio de probabilidad abstracto – un elemento que permite considerar condición APRA, verosímil e idónea desde el punto de vista material como nexo causal próximo y eficiente del contagio y la adquisición del virus que no tenía la actora".

"Existiendo en la causa elementos que permiten concluir que la actora tuvo un contacto directo, específico y comprobado con una aguja que contenía sangre infectada – en el caso, la accionante sufrió un pinchazo mientras extraía una muestra de un paciente H.I.V., positivo y enfermo de S.I.D.A., - y que para esa época se le efectuó un análisis que dio H.I.V., negativo, es inadmisible cualquier indagación acerca de su conducta sexual anterior al hecho, pues ello llevaría a rechazar toda demanda de trabajadores de la salud que luego, de tal accidente se tornaron seropositivos y hubieran tenido cualquier contacto sexual anterior al accidente".

"La sangre infectada con virus H.I.V., es una cosa que da lugar a la responsabilidad por riesgo creado".

"En el caso, el médico accionante contrajo H.I.V., al pincharse con una aguja cargada con sangre infectada debido9 a un movimiento brusco provocado por las deficiencias e indocilidad de los materiales proporcionados por el demandado – y, la inobservancia de las disposiciones legales y reglamentarias pertinentes, impide considerar que la actuación de quien se contagia una enfermedad sea culposa".

"La indemnización de la incapacidad sobreviniente no debe efectuarse en abstracto, sino ponderando factores tales como la edad, sexo, estado civil, ocupaciones habituales, nivel socio – económico y otras particularidades del caso concreto, loo que permitirá traducir en una cifra los probables ingresos futuros de los que se verá privada la víctima".

"La llamada "vida de relación", que debe ser merituada al momento de fijar la indemnización de incapacidad sobreviniente, está destinada a poner de relieve una comprensión integral de la proyección existencial humana pues refiere un conjunto de actos de desenvolvimiento productivo del sujeto, incluidos los cotidianos que generan bienestar o proporcionan servicios a si mismo y a la familia, y actividades íntimas como lo son vivir en pareja, tener sexo libremente, procrear y cultivar el contacto con terceros sin ser objeto de prevención o discriminación"

."Cuando se trata de indemnizar la incapacidad sobreviniente provocada por el contagio de virus H.I.V., debe distinguirse entre el portador asintomático y el enfermo de S.I.D.A., pues si bien el primero no es una persona sana en el sentido cabal del término no ostenta el carácter de enfermo". (Del voto del Dr. Posse Saguier).

Seguidamente, transcribimos el fallo de la Corte Suprema de la Nación, del 2001/03/13, en autos E., R. E. c/ Omint S. A. de Servicios.

Un portador asintomático de HIV, promovió acción de amparo contra la decisión unilateral de la de medicina prepaga que dispuso el cese intempestivo de su cobertura médica. Rechazada la pretensión en ambas instancias ordinarias y denegado el recurso extraordinario, el amparista ocurrió por queja ante la Corte Suprema de Justicia, que declaró procedente el remedio federal haciendo lugar a la demanda.

Las empresas de medicina prepaga deben asegurar a sus afiliados las prestaciones pactadas y las establecidas legalmente__ en el caso, cobertura por contagio del virus H.I.V., ya que si bien su actividad reviste carácter comercial, se ordena a proteger los derechos fundamentales a la vida, salud e integridad de las personas___ arts. 3°, Declaración Universal de los Derechos Humanos; 4° y 5°, Convención Americana de Derechos Humanos (Adla, XLIV – B, 1250) y 42 Constitución Nacional. Lo que importa asumir un compromiso social que impide desconocer en los términos del contrato. (Del Dictamen del Procurador General – Dr. Nicolás E. Becerra - que la Corte hace suyo).

Las empresas de medicina prepaga no pueden negar intempestivamente las prestaciones médicas pactadas y las previstas legalmente – en el caso, cobertura por contagio del virus H.I.V., si el afiliado cumple en forma regular con el pago de la cuota, pues lo contrario atentaría contra el imperativo de permanencia y continuidad de la prestación médica derivado de la naturaleza provisional que tiene tal servicio, así como los estándares de buena fe y moral y buenas costumbres. (Del Dictamen del Procurador General que la Corte hace suyo).

La aceptación de la cobertura médica por el beneficiario torna irrevocable el contrato de medicina prepaga, en el caso, celebrado verbalmente entre la empresa prestadora y el ex empleador del afiliado, dado que se trata de una estipulación a favor de terceros en los términos del Art. 504 del C.C. (Del Dictamen del Procurador General que la Corte hace suyo).

Configura sentencia arbitraria que torna procedente el recurso extraordinario la que convalida el cese intempestivo de la cobertura brindada por una empresa de medicina prepaga con sustento en la libertad contractual, si el beneficiario requería de tratamiento médico constante, oportuno y urgente, pagaba regularmente la cuota y su condición de portador asintomático de H.I.V., impedía que pudiera celebrar un nuevo contrato con otro prestador, pues se hizo primar dicha garantía sobre el derecho a la salud. (Del Dictamen del Procurador General que la Corte hace suyo).

En último término, transcribimos el fallo de la Cámara Nacional de Apelaciones en lo Civil, Sala H, en autos F. Z. D. F. c/Hospital Alemán y otro, de fecha 23/02/2010.

En Buenos Aires, a 23 días del mes de febrero del año 2010, hallándose reunidos los señores Jueces integrantes de la Sala "H" de la Cámara Nacional de Apelaciones en lo Civil de la Capital Federal, a los efectos de dictar sentencia en los autos: "F Z D F c/Hospital Alemán y otro s/ Ordinario" y habiendo acordado seguir en la deliberación y voto el orden de sorteo de estudio, la Dra. Abreut de Begher dijo:

I- La sentencia

La magistrada de la anterior instancia acogió favorablemente la demanda por mala praxis médica incoada contra el Hospital Alemán, haciéndola extensiva a su asegurada y los condenó al pago de la suma de $ 50.000, con más sus intereses desde abril de 1998 y costas del proceso.

II- Antecedentes

III.1-Manifiesta el actor haber celebrado con la accionada un contrato de medicina prepaga en el año 1990, siendo adherido al plan HA1E, que es un sistema cerrado a través del cual la empresa satisface la obligación asistencial con los profesionales de su "cartilla". Que en el año 1991 al realizarse un test de H.I.V., resultó positivo, por lo que comenzó a ser tratado por esa dolencia en el centro médico de la accionada. Que la aparición en el mercado de nuevos medicamentos, le abrieron una esperanza de vida. El 16/8/1996 por indicación del galeno Durlach fue medicado primero con dos drogas (Emper e Hivid), inhibidores nucleósicos de la transcriptasa, y con motivo de una consulta privada con el equipo de infectología del Dr. Stambulian, se agregó un inhibidor de la proteasa (Ritonavir) recién el 13/9/1996, droga de elevado costo que no era provista en un principio por la empresa prepaga. Que debido al aumento de su "carga viral" en noviembre de 1997, en el Hospital accionado se decidió cambiar la medicación por una nueva combinación, D.4.T., (Stavudina), D.D.I., y Nelfinavir. Que ese tratamiento le produjo efectos adversos, una parestesia de miembros inferiores, que debido a la falta de control adecuado y suspensión oportuna de la medicación, se transformó en crónica. Expresa las deficiencias de la historia clínica, en especial, la omisión de prácticas médicas, como la firma y fecha por los médicos actuantes Dres. Durlach, Freuler, y Rodríguez, y la falta de consentimiento informado a esa terapia que podía causarle trastornos neurológicos.

Recalca que la aparición de efectos colaterales por el medicamento Staduvina o D.4.T., era previsible, por lo que su ingesta debía descontinuarse, conforme la Resolución Nº:17 del Ministerio de Salud y Acción Social (conf. "Recomendaciones provisorias para el uso de la terapia antirretroviral"). Que luego de su consulta en el centro del Dr. Stambulian, recién el 5/4/2000 los médicos del Hospital le cambiaron la medicación por Retrovir (Azoazol o A.Z.T.), Ziagenavir y Strocrim.

Imputa negligencia, impericia e imprudencia al cuerpo médico, por el que el Hospital debe responder a consecuencia de la obligación tácita de seguridad, debido al daño físico y psíquico ocasionado por la cronicidad de las parestesias periféricas que hoy padece (dolores, parestesias, calambres, sensaciones de quemazón y electricidad en ambos miembros inferiores, incluso nocturnos) y la profunda depresión que le causó, que lo llevó a un intento de suicidio.

Detalla los rubros indemnizatorios: pérdida de chance laboral como abogado entre junio 2001 y la fecha del beneficio jubilatorio el 23/9/2025 en $ 349.200; lucro cesante entre abril de 1998 a mayo de 2001 en $112.000; daño emergente por gastos de acompañante terapeútico por $2.400, tratamiento medicamentoso no previsto por la prepaga de $ 2.350; consultas psiquiátricas privadas a otro galeno por $ 2.900; otros medicamentos no cuantificados; terapia de apoyo psicológico ya erogada $ 4.320; medicación psiquiátrica $4.350; traslados y movilidad $9.900; asistente para el ejercicio profesional tribunalicio $9.900, y que llevados hasta la edad de 75 años arroja el guarismo de $ 272.970; más el daño moral pretendido de $ 150.000; lo que suma un total reclamado de $ 915.940, más intereses y costas del juicio.

II.2- La Asociación Civil Hospital Alemán al contestar la demanda a fs.319/340 resiste la pretensión actora y niega irregularidades en la atención médica del paciente, en especial, toda negligencia o impericia médica. Desconoce la relación de causalidad entre las drogas prescriptas al actor y sus parestesis periféricas; y alega que este fue correctamente informado de su tratamiento médico. Explica que la aplicación de las nuevas drogas, estaban sujetas a correcciones conforme a la evolución del infectado, quien en un principio era asintomático a pesar de estar contagiado con el virus H.I.V., desde 1991 –fecha del primer test.

Que se adoptó en ese momento una conducta conservadora y expectante hasta que existiera un mayor conocimiento y experiencia con relación a la aplicación de los inhibidores de la proteasa, los cuales habían entrado al país recién en el año 1996, luego de ser aprobados por la F.D.A. Que el éxito del tratamiento se comprueba al analizar la carga viral que de un resultado de 85.000 en el año 1996, con posterioridad pasó a una "no detectable". Que inclusive con las dos primeras drogas, sin el inhibidor de la proteasa, ya había disminuido la carga viral. Resalta que en ese momento todo tratamiento de H.I.V./S.I.D.A., estaba "en ciernes", y existía una gran incertidumbre sobre los efectos a mediano y largo plazo, tal como fuera comunicado especialmente al actor; quien asumió también el riesgo de aceptar una mediación más agresiva y tóxica, que aumentaba el riesgo de efectos colaterales.

Que en el mes de diciembre de 1997 por el aumento de la carga viral detectada (vgr.6079 copias/ml), se adecuó el tratamiento combinando tres drogas, entre las que se encontraba la Staduvina (D.T.4.). En los controles posteriores el actor refería a los médicos la buena aceptación de las drogas, y que continuaba con su rutina de gimnasia y deportes. Estaba asintomático conforme los registros de la historia clínica.

Señala que en el mes de marzo de 2000 en la consulta con el

Servicio de Infectología, la Dra. Rodríguez al advertir que las parestesias iban en aumento, se decidió adecuar el tratamiento previo requerimiento de una genotipificación del virus, la que no pudo realizarse ante una carga viral indetectable, lo que demostraba el éxito obtenido con esa terapia medicamentosa. Así, recién se modifica el tratamiento el 5 de abril de 2000, cuando se constata que no respondía a la terapia con vitamina B.

Resalta que las neuropatías que padece el actor pueden tener su causa en la misma enfermedad (paciente H.I.V., positivo desde hace más de 10 años a la fecha de la demanda), o en otras diferentes, y no exclusivamente en la droga recetada, por cuanto en este último caso, debería ser reversible (fs.332).

III. 3- La aseguradora en su presentación destaca que el actor llegó a la terapia intrarretroviral luego de haberse infectado con el virus H.I.V., –un agente letal y agresivo– y que su aplicación evitó un desenlace fatal. Expresa que los tratamientos existentes en ese momento, como el actual, se encuentran en constante evolución, no libres de efectos adversos significativos, aun cuando desconoce que el padecido por el actor tenga relación directa con el tratamiento medicamentoso suministrado.

Rechaza la imputación de indicación tardía del Ritonavir (aprobado su uso en el año 1996 y recetado al actor ese año en el mes de septiembre).

Resalta la limitación de la ciencia médica y que en la evolución del tratamiento de la enfermedad se pasó de la monoterapia, a la combinada de dos drogas (año 1995), para luego establecer una triple medicación (año 1996), las cuales pese a su efectividad, producen efectos adversos.

Tras un balance del costo-beneficio del paciente, en este caso, evitar la muerte y mejorar la calidad de vida, dice que su aplicación resulta altamente favorable al infectado, tal como aconteció en este caso; más aún cuando las reacciones adversas son difíciles de distinguir con los signos o síntomas de la enfermedad subyacente.

Concluye que la elección de la terapia interretroviral fue correcta y aplicada en forma oportuna, en tiempo y modo, y que aunque el consentimiento informado del actor fue verbal, o sea, no volcado en un formulario, se le explicaron las consecuencias en su momento; por último, desconoce cualquier relación de causalidad entre los actos médicos y los daños que dice padecer en la actualidad, lo que hace que no emerja responsabilidad alguna de la accionada.

III.4- La Jueza de grado luego de un análisis minucioso de la prueba, focaliza los hechos controvertidos en lo que se sustenta la mala praxis de los médicos que atendieron al actor en el Hospital Alemán en: 1-Imputación de la falta de prescripción temprana de una droga inhibidora de la proteasa; 2-Prescripción de la droga D.4.T., (Stavudina) sin control adecuado de sus efectos adversos, sin proceder prontamente a su suspensión de modo de evitar la cronificación de las parestesias periféricas de sus miembros inferiores; 3- Falta de información y debido consentimiento informado de la terapia medicamentosa aplicada con tres drogas específicas contra el virus HIV; 4- Historia clínica del paciente incompleta, lo que revela la responsabilidad emergente de los médicos actuantes.

Trata la responsabilidad de los establecimientos sanitarios y, en especial, la relación derivada del contrato de medicina prepaga existente con el Hospital Alemán a partir del 1991.

Juzga que la prestación médica brindada por la accionada "no estuvo a la altura de la enfermedad que padece el actor, y no surge que se hayan extremado los cuidados en la atención del mismo, como es su deber. Al menos sus omisiones y falencias (se refiere a la H.C.) impiden, a la hora de un conflicto, controlar, rigurosamente, el actor médico, en el caso, frente a una grave enfermedad". Funda su reproche en que "no se implementaron todos los cuidados necesarios, con los tratamientos propuestos, y sus secuelas, contra el virus H.I.V., que como todos sabemos son riesgosos por las consecuencias hacia otros órganos o partes del cuerpo del paciente, sobre todo tratándose de médicos especialistas, mayor es la responsabilidad que asumen". Acoge favorablemente la demanda, y toma únicamente en consideración los daños que tienen relación causal directa con la falta de control médico que permitió que se extendieran los efectos adversos de la droga Stavudina, por lo que rechaza la incapacidad sobreviniente física y psíquica, la pérdida de chance y los gastos reclamados, y recepta el rubro daño moral por $50.000 por las angustias, sufrimientos, dolores y aflicciones padecidas con motivo de las secuelas de los tratamientos.

IV- Agravios de las partes

Se agravia la actora por el rechazo de los diferentes rubros que integran su pretensión resarcitoria, el exiguo monto fijado en concepto de daño moral, la fecha a partir de la cual la *a quo* dispuso que se devenguen los intereses.

La accionada concentra sus quejas en la invocación de la falta adecuada de nexo causal que permite inferir responsabilidad alguna en los hechos que se le imputan. Sustenta su postura en la errónea apreciación de la prueba efectuada por la sentenciante, como en las presuntas deficiencias de la historia clínica señaladas a lo largo de su desarrollo, de las cuales no puede colegirse mala praxis médica. Inquiere sobre la excesiva partida fijada por daño moral.

La citada en garantía, en lo esencial, arguye que la sentencia se apartó de las conclusiones del Cuerpo Médico Forense, no encontrándose probado que la ingesta de Stavudina hubiera causado una neuropatía periférica y, de ese modo, la falta de nexo causal impone el rechazo de la demanda. Agrega párrafos especiales referidos al consentimiento informado que considera cumplido por los especialistas, y que las supuestas falencias de la historia clínica, no derivan en forma automática en su responsabilidad por incumplimiento de la lex artis.

V- Responsabilidad médica

Resulta meollo de la cuestión analizar en primer término el agravio del demandado y la citada en garantía referidos al cuestionamiento de la responsabilidad por mala praxis imputada por la deficiente y negligente actuación de los médicos que atendieron al actor en el nosocomio accionado durante el periodo abril de 1998 a mayo de 2000.

Poco más puede decirse a todo el amplio material que aportó el actor, letrado en causa propia, en su extensa pieza constitutiva del proceso, sea tanto en su demanda, como su alegato y la profunda expresión de agravios. Verdadero resumen de doctrina y jurisprudencia sobre la responsabilidad profesional médica, con énfasis sobre la perteneciente a esta Sala, lo cual es un lujo que no siempre puede admirarse, sin perjuicio de declarar el Tribunal que algunas de ellas resultan sobreabundantes y no se dirigen puntualmente al aspecto central del debate en crisis (Conf. Art.265 y 266 CPCC).

No se encuentra ya en tela de juicio, por no ser un hecho controvertido, que en la relación médico - paciente, estamos en presencia de una obligación de medios, y no de resultado. El galeno pone todo su conocimiento médico científico para tratar al paciente y lograr su curación o, tal vez, su mejoría.

El profesional médico asume una deuda de atención hacia el paciente debiendo poner a su disposición todo cuidado, sapiencia y conocimiento para el logro de la curación esperada (Pérez de Leal, *Responsabilidad Civil del Médico. Tendencias Clásicas y Modernas*, Ed. Universidad, 1995, pág. 68 y ss; Lorenzetti, R., *Responsabilidad Civil de los Médicos*, ed. Rubinzal-Culzoni, pág. 178; Félix Trigo Represas, *Reparación de daños por mala praxis médica*, Hammurabi, 2008, 2da.ed. Actualizada y ampliada, en "Responsabilidad Civil" dir. Bueres, 15, pág. 108).

De más está decir, que debe cumplir con la manda de "no dañar a otro" (vgr. alterum non laedere).

En este especial caso, debemos analizar si el tratamiento médico recibido fue adecuado y oportuno; su relación de causalidad con los efectos adversos colaterales, y de cumplirse con esa premisa, indagar si ellos pudieron evitarse o, en su caso, si se podría haber impedido que se prolongaran en el tiempo, tornando crónica una situación transitoria; por otro lado, debemos estudiar si se el paciente prestó su consentimiento informado al tratamiento medicamentoso que recibió.

VI- Imputatio facti

VI.1- Dice la Magistrada con cita del C.M.F., que la indicación de aplicación de las dos drogas inhibidores de la transcriptaza, más un inhibidor de la proteasa, fue correcta y recomendable (conf. C,M,F,,); y asevera que no se encuentra probada la relación de causalidad entre los daños físicos (vgr. parestesias) y la medicación suministrada al paciente. Sin embargo, haciendo hincapié en la responsabilidad de la accionada porque no estuvo "a la altura de la enfermedad que padece el actor y no surge que se haya extremado los cuidados en la atención, como es su deber. Al menos sus omisiones y falencias (se refiere a la H.C.) impiden, a la hora de un conflicto, controlar, rigurosamente, el actor médico, en el caso, frente a una grave enfermedad" y "no se implementaron todos los cuidados necesarios, con los tratamientos propuestos, y sus secuelas, contra el virus H.I.V., que como todos sabemos son riesgosos por las consecuencias hacia otros órganos o partes del cuerpo del paciente, sobre todo tratándose de médicos especialistas, mayor es la responsabilidad que asumen", termina acogiendo la demanda únicamente por daño moral, dado que expresa que no se encuentra acreditada la relación de causalidad con el daño psicofísico y pone el acento de la mala praxis en la falta de control médico que permitió que se extendieran los efectos adversos de la droga Stavudina.

Opino que este aspecto debe ser correctamente explorado a la luz de las probanzas de la litis bajo el tamiz de la sana crítica (conf .art.386, 377, 477 y cc CPCC), partiendo de las premisas que esbocé en el punto V *in fine*, por cuanto adelanto opinión que, coincidimos con las demandadas recurrentes, que el nexo causal no se encuentra acreditado para que de ello derive su responsabilidad médica.

VI.2- Indica el C.M.F. que el H.I.V., es un virus neurotrófico con distintas manifestaciones clínicas en los sistemas nerviosos central (S.N.C.) y periférico (S.N.P.), "en la mayoría de los pacientes con S.I.D.A., está afectado el SNP, y el 20-40% de los pacientes pueden tener una neuropatía periférica sintomática. Los síntomas pueden aparecer en cualquier momento durante la evolución de la infección del H.I.V." "La neuropatía periférica más común, una polineuropatía distal predominantemente sensitiva, explica la mayoría de los casos y casi siempre una complicación tardía de la enfermedad por el H.I.V.,Los pacientes con estas neuropatía suelen referir disestesis simétricas, dolorosas y crónicas de distribución en bota, particularmente en las plantas, entumecimiento y (con menor frecuencia) debilidad. Algunos pacientes sienten dolor al tacto" Agrega que la neuropatía periférica puede ser consecuencia del tratamiento medicamentoso; los agentes asociados con la neuropatía periférica incluyen zalcitabina, didanosina, estaduvina e isoniazida; pudiendo también ser causada por una polineuropatía desmielinizante crónica que provoca debilidad motora, entre otros efectos colaterales.

Informa el C.M.F., que en la historia clínica recién se hace alusión a parestesias el 15/4/1998, dejándose constancia que estaba "asintomático", y que el paciente "refiere parestesias en miembros inferiores. Medicamentoso". Con fecha 15/7/1998 se vuelva a hacer mención de parestesias y calambres, aun cuando se aclara que no le impiden hacer gimnasia y no empeoraron respecto del mes de abril de ese año.

La aguda lectura de la historia clínica del ente hospitalario accionado, revela que la carga viral del actor al mes de agosto de 1996 era de 85.700 copias –por cierto cifra elevada–, con un descenso al mes de diciembre de 1997 de 6.079 copias, un posterior ascenso importante al mes de enero de 1998 de 42.300 copias, para luego nuevamente descender al mes de julio de 1998 a 9.871, y dar posteriormente un guarismo menor a 50 copias –que resulta indectectable en términos médicos–, conservado durante los años 1999 y 2000.

También se observa que el paciente tenía colesterol alto, que se negaba a cumplir la dieta (ver constancia en consulta del 14/9/1998) y que luego el médico expresó que estaba "flaco por dieta para bajar el colesterol" (constancia de la consulta el 23/4/1999). Poco tiempo después se le indica por ese motivo un tratamiento vitamínico con vitamina B (constancia de consulta el 6/8/1999), y en noviembre de ese año se constata que "refiere malestar general", por lo que le solicitan estudios de laboratorio. En marzo de 2000 el médico observa el fracaso del tratamiento con vitaminas y pide una "genotopificación de virus" –que no se realiza por no tener carga viral detectable–, para ya dejar asentada la posibilidad de un cambio de tratamiento, el que se concreta con nuevas combinaciones medicamentosas según las consulta médicas del 5 de abril, 24 de mayo y 2 de junio de ese año.

VI.3-El coctel medicinal con la droga Staduvina fue recibido por el actor a partir del 5 de diciembre de 1997 –antes había sido solo con dos drogas– y los problemas neurológicos comenzaron según la anotación de la historia clínica en abril de 1998 (15/4/1998).

No se encuentra controvertido que la droga Ritonavir, inhibidor de la proteasa fue autorizada por la F.D.A., en el año 1991, y que se recetó al paciente en el año 1996, y al año siguiente la Stavudina.

Hasta aquí vemos que el tratamiento médico por medio de medicamentos específicos para el H.I.V., incluyendo los más modernos en ese momento, fue correctamente prescripto por los médicos y produjo el efecto principal buscado, que era hacer descender la carga viral, y evitar que desarrollara el

S.I.D.A., que podía llevarlo a un desenlace fatal.

Ahora bien, se colige del informe pericial que su uso fue "recomendable"; y de la simple lectura de la historia clínica, se advierte que su seguimiento por los galenos fue adecuado, por haber sido realizado de acuerdo a las circunstancias del paciente, de tiempo y modo (ver las fechas de las consultas por consultorio externo: 23/2; 29/3; 5/8; 8/8; 13/9; 1/11; 29/11; y 13/12 de 1996; 17/2; 6/3; 7/4; 13/5; 16/5; 14/7; 20/8; 13/10; 26/11; 5/12 y 17/12 de 1997; 26/1; 11/3; 15/4; 14/5; 12/6; 15/7; 18/8; 10/9; 14/9; 25/11y 23/12 de 1998; 5/2; 3/3; 23/4; 5/7; 6/8;29/9; 13/11 y 20/12 de 1999; 8/3; 5/4; 24/5; 2/6; 16/8; 11/9; 27/11 y 13/12 de 2000; etc.).

De esta manera, observamos que existió un seguimiento estricto del paciente y que cuando se detectó una anomalía, como fueron las parestesias periféricas, no pasaron inadvertidas (ver consulta de abril de 1998) y se buscaron sus causas. La decisión del cambio de medicación a comienzos del año 2000 no puede entenderse como tardía, tal como sostiene el actor en su escrito postulatorio y que mantuvo por esta vía recursiva, por cuanto no se acreditó en autos por prueba idónea, negligencia o impericia de los médicos en tal sentido y menos que de ello derivara un daño. El dictamen pericial presentado en autos por el C.M.F. –cuyas conclusiones son analizadas bajo el prisma de la sana crítica–, en tanto se sustenta en criterios científicos, resulta completo e ilustrativo, e interpreta adecuadamente las constancias vertidas en la HC (conf.art.386, 477 C.P.C.C.).

Vemos que el paciente tenía una grave enfermedad de base y que era previsible un luctuoso desenlace de no haber sido por la aplicación de una terapia medicamentosa nueva, que en el año 1996 recién comenzaba a utilizarse en el mundo. Ese tratamiento no estaba exento de efectos adversos (ver pericia fs.612, 635), por lo que debían ser corregidos una vez detectados en la medida de lo posible, tal como hicieron los especialistas que medicaron al actor.

VI.4- En otro aspecto, tampoco podemos decir a ciencia cierta que efectivamente las parestesias periféricas fueron causadas únicamente por la medicación suministrada al actor (ya sea el Ritonavir o la Stavudina), en tanto varias son las causas posibles que maneja el C.M.F., y entre ellas, su mismo padecimiento al ser H.I.V., positivo. Tampoco se observa que la suspensión de la mediación hubiera sido tardía, si tenemos en cuenta el costo-beneficio del tratamiento, y que la carga viral del actor se estabilizó hacia fines del año 1999 (menos de 50 copias).

Considero que el testimonio del testigo Marone, poco aporta a la dilucidación de la litis y debe ser desechado por cuanto impresiona a la suscripta como parcial (conf.art. 386, 456 C.P.C.C.). En efecto, irrazonablemente expresa el psicólogo que trató al actor que "antes de la terapia antirretroviral no tenía afecciones correspondientes al ámbito familiar, social, laboral o de pareja", mientras que después señala que "la cobertura psicológica es útil y de ayuda y favorece la evolución del paciente. Fundamentalmente por todos los prejuicios alrededor de la enfermedad". De ello fácilmente se desprende que el paciente pudo haber sufrido mucho desde el punto de vista psicológico desde el inicio de su contagio, por el simple hecho de ser H.I.V., positivo a partir el año 1991, y no tanto con la terapia medicamentosa, la cual en definitiva, le devolvió la esperanza de vida.

El testimonio del psiquiatra Durante, que se contrapone al precedente citado y que según esos dichos comenzó a tratar al paciente después del año 2000 –aparentemente luego del intento de suicidio del 19/9/2000, es decir, mucho después del cambio de tratamiento medicamentoso realizado a partir del 5 de abril de 2000–, tampoco será exhaustivamente analizado por expedirse sobre ámbitos fuera de su especialidad, y nada aportar en definitiva a la dilucidación del objeto litigioso.

Lo hasta aquí expuesto no quiere decir que desconozcamos que el actor no haya sufrido efectos colaterales, pero lo cierto es que deberíamos entrar en un terreno muy conjetural si entendiéramos que la suspensión temprana de la medicación hubiera cambiado el curso de las cosas, dado que a lo mejor era probable que su evolución favorable no hubiera sido factible (vgr. disminución de la carga viral); además, desde otro punto, reiteramos que tampoco se comprobó en el proceso que ella fuera la causa de sus parestesias periféricas (conf.art.377 C.P.C.C.).

El Cuerpo Médico Forense integra el Poder Judicial de la Nación conforme lo prevé el art. 52 del dto.ley 1285/58 y su informe no es solo el de un perito, ya que se trata de asesoramiento técnico de auxiliares de la justicia, cuya imparcialidad y corrección están garantizados por normas específicas y por medio de otras similares a las que amparan la actuación de los funcionarios judiciales (CS 13/2/96 "Peleriti, Humberto", LL 14/3/97, pág. 7, fallo 39.312 -S del 18/9/96, pág. 31).

Esta Sala ha dicho en reiteradas oportunidades que la opinión de los litigantes no puede prevalecer sobre la del experto, máxime cuando tales críticas no están acreditadas en probanza idónea (conf. exptes. 60.124, 69.602, 174.878, 184.811, 191.397, 196.757 y 202.275 entre otros), ni se encuentran avaladas por un profesional en la materia (conf. exptes.202.270, 203.162 y 208.382, entre otros), y, como en el presente, han sido adecuadamente contestadas por el perito (conf. exptes.180.357, 184.694 y 186.641 entre otros).

En este caso bajo examen, las conclusiones del C.M.F., nos merecen absoluto respeto y confianza, en tanto se encuentran fundadas en principios científicos, y a sus conclusiones nos atendremos en función de las características propias de este cuerpo colegiado, dejando de lado los reparos del accionante.

VII- Imputatio iuris.

VII.1- Los derechos a la vida y a la salud, deben ser garantizados por el Estado a todos los habitantes conforme a los arts. 42, 43, 75 incs. 22 y 23 de la Constitución Nacional; la Declaración Americana de los Derechos y Deberes del Hombre y la Declaración Universal de Derechos Humanos.

Recordemos que en septiembre de 1990 fue promulgada la ley 23.798, de "Lucha contra el Síndrome de Inmunodeficiencia Adquirida" y en julio de 1991 fue publicado su decreto reglamentario 1244/91. La ley declara de interés nacional a la lucha contra el síndrome de inmunodeficiencia adquirida y lo precisa como la detección e investigación de sus agentes causales, el diagnóstico y tratamiento de la enfermedad, su prevención, asistencia y rehabilitación, conteniendo la de sus patologías derivadas, como así también las medidas tendientes a evitar su propagación (art. 1).

La regla establece una serie de obligaciones a aquellos profesionales encargados de detectar el virus V.I.H. Estos deberán informar al paciente sobre el carácter infectocontagioso del virus, los medios y formas de transmitirlo y su derecho a recibir asistencia adecuada (art. 8). Muchas otras disposiciones legales regulan, a su vez, otros aspectos relevantes en la prevención y atención de pacientes V.I.H./S.I.D.A., y generan obligaciones específicas en ciertas áreas. Deben destacarse entre otras: la ley 23.592 sobre "Actos u Omisiones Discriminatorias"; la ley 23.660 de "Obras Sociales"; la ley 23.661 que regula el "Sistema Nacional de Seguro Social"; la ley 24.004 de "Ejercicio de la Enfermería"; la ley 24.241 sobre "Prestaciones previsionales"; la ley 24.455 de "Cobertura en las Obras Sociales a enfermos de S.I.D.A. y Drogadependientes"; la ley 24.557 de "Riesgos en el Trabajo"; o la ley 24.754 de "Prestaciones Obligatorias".

También existen Resoluciones Ministeriales que rigen la atención de las personas que viven con V.I.H./S.I.D.A., y E.T.S., tales como la Resolución Nº: 528/92 que incorpora al Programa Médico Obligatorio (P.M.O.) la obligatoriedad, por parte de las Obras Sociales, de participar en los Programas de prevención del S.I.D.A., y la Resolución Nº: 625/97 que define cómo deben considerar las Obras Sociales y empresas de Medicina Prepaga la cobertura en V.I.H./S.I.D.A.; etc.

A su vez, es dable recordar que la actividad de las empresas de medicina prepaga si bien presenta ciertos rasgos mercantiles, estas adquieren paralelamente un compromiso social para con los usuarios, lo cual supone una responsabilidad que trasciende el mero plano negocial (C.S.J.N., Fallos: 324: 677; 324:754; y 327:5373).

VII.2- La Corte Suprema de Justicia de la Nación (C.S.J.N.) y otros tribunales, entre ellos esta Sala, han tenido oportunidad de pronunciarse respecto del derecho a la salud en distintas ocasiones durante los últimos años (conf CSJN -del 18/11/2008, L. XLII - "Federación Médica Gremial de la Cap. Fed. (FEMEDICA) c/ DNCI - Disp. 1270/03 (EX S01-0081440/03)"; ídem del 07/10/2008, S.C. D. N□ 1270, L. XLI - "Defensoría del Niño c/ Provincia del Neuquén s/ acción de amparo"; CNCivil sala G, 06/08/2009, in re "C. G., E. c/ Swiss Medical SA s/ amparo"; entre otros). Siguiendo este hilo argumental, podemos resaltar que el derecho a la salud implica el derecho a una buena calidad de vida, y por consiguiente, a una adecuada atención médica, o sea, a la mejor prestación posible debida al paciente enfermo (conf.art.42 CN; art.1197; 1198; 512; 902 y cc Civil; ley 24.240).

VII.3- En relación a la responsabilidad civil por hechos de mala praxis, la Corte Suprema de Justicia de la Nación ha establecido que para que proceda el resarcimiento de los perjuicios sufridos, debe acreditarse la relación de causalidad entre el obrar negligente de aquel a quien se imputa su producción y tales perjuicios (Fallos 315:2397).

En efecto, no es concebible imputar fácticamente a un médico un daño cuya causalidad no está debidamente acreditada, toda vez que la causalidad no puede presumirse, al no estarse en presencia de un criterio de probabilidad, pues en definitiva, se es autor de un daño o no se lo es (ver E. Highton de Nolasco, "Prueba del daño por mala praxis médica", en la obra *Responsabilidad profesional de los médicos. Ética, bioética y jurídica: civil y penal*, Coord. Oscar E. Garay, La Ley, 2007, pág.947).

Asimismo, aun cuando aceptáramos una postura más benévola a los intereses del accionante, enrolándonos en una corriente que admita la responsabilidad médica cuando se está frente a un acontecimiento más probable, que improbable, sin requerirse una certeza absoluta, ni una prueba incontrastable, igualmente arribaríamos a una idéntica solución del caso (ver desarrollo sobre este tópico, el "Nexo Causal" por Juan M. Prevot, *Responsabilidad civil de los médicos*, Abeledo Perrot, 2008, pág.1162 y sgtes.).

Sobre tal aspecto avanzaremos en nuestra exposición.

VII.4- Dentro del marco legal señalado, notamos que la prestación médica suministrada al actor por medio de una terapia medicamentosa novedosa en ese momento, fue exitosa; y que aun cuando hipotéticamente aceptáramos que le podría haber producido efectos colaterales adversos, como las parestesias periféricas –digo en el plano hipotético, porque no se probó su relación causal con las drogas prescriptas–, lo cierto es que cumplió su cometido; de lo que se deduce que los galenos pusieron de sí su mejor predisposición y conocimiento de la ciencia médica al servicio del actor, para mejorar y tratar de curar su dolencia (conf. art.512, 902 y cc C.Civil).

No vemos impericia, negligencia o falta de atención hacia el enfermo; y si bien a la distancia, luego transcurridos más de 12 años de los hechos, podríamos hacer una nueva lectura con la experiencia médica acumulada sobre este tema, ello no resultaría aplicable al caso, de acuerdo a las circunstancias de tiempo y lugar en que ocurrieron los sucesos.

Resulta oportuno recordar una pensamiento aplicable para el juzgamiento de daños y perjuicios en lo que hace a su causalidad: nada es más fácil que ser un sabio después del hecho (nothing is so easy as to be wise after the event; ver "Cornman vs. The Eastern Counties Railway Co", 157 Eng Rep 1050, 1052 (Exch. 1859), citado por Jeffrey J. Rachlinski A., Positive Psychological Theory of Judging in Hindsight, 65 The University of Chicago Law Review, pp 571 (1998). Y sobre ello certeramente expuso el CMF al mencionar que el año "1996 fue un año bisagra respecto de la ya conocido en terapia antirretroviral y la nueva asociación de drogas y por lo tanto a esa fecha ante el riesgo de la peoría de la afección de por sí incurable se sumaban los efectos colaterales o tóxicos de la medicación con el desafío de ir viendo los resultados de los nuevos esquemas, que demostraron a *posteriori* su beneficio".

Así, evaluada la conducta de los profesionales a la luz del conocimiento de esa época –y no la actual, luego de transcurridos más de 12 años–, no aparece como negligente, ni mucho menos desentendida de las particularidades del caso, sino por el contrario adecuada a las circunstancias especiales que revestía el coctel medicamentoso y los posibles efectos adversos, sin dejar de descuidar que debía evitarse un retroceso en la mejoría de la salud del paciente, dado que en definitiva aún no se habían evaluado a largo plazo los beneficios de esa terapia (conf. Pericia....).

VII.5- Coincido con la Sra. Jueza de grado sobra la importancia probatoria de la historia clínica en el proceso.

Reiteradamente se ha destacado la trascendencia de la historia clínica como elemento valioso en los juicios que se debate la responsabilidad del galeno o del nosocomio, cuyas imprecisiones y omisiones no deben redundar en perjuicio del paciente, atendiendo a la situación de inferioridad en que este se encuentra y la obligación de colaborar en la difícil actividad esclarecedora de los hechos que a aquéllos les incumbe (ver Luis M.Gaibrois, "La historia clínica manuscrita o informatizada", en la obra *Responsabilidad profesional de los médicos. Ética, bioética y jurídica: civil y penal*, Coord. Oscar E. Garay, La Ley, 2007, pág.85; Enzo F.Costa, "La historia clínica: su naturaleza y trascendencia en los juicios de mala praxis", ED 168-962; Roberto Vázquez Ferreira, "La importancia de la historia clínica en los juicios por mala praxis médica", LL 1996-B-807; conf. C.S.J.N., del 4/9/2001, P. 120. XXXVI Recurso de hecho, in re "Plá, Silvio Roberto y otros c/ Clínica Bazterrica S.A. y otros"; entre otros).

No obstante, si bien reconocemos que la historia clínica del actor acompañada a las actuaciones es algo desprolija (faltan firmas y sellos de los profesionales, y no consta claramente las dosis de los medicamentos en todas las anotaciones cronológicas; ver también dictamen C.M.F.,), únicamente de ello podemos derivar una presunción en contra de la accionada, más no resulta suficiente para tener por acreditada la mala praxis que, conforme la reseña precedente de las probanzas de la litis, no existió a criterio de este tribunal.

Las dosis de los medicamentos fueron suficientes para frenar el avance de la enfermedad del actor. Cuando se atisbó que podía existir alguna relación causal con sus parestesias, se procedió a un ajuste y cambio de medicación; por lo demás, esos efectos adversos continuaron por más tiempo, de lo que podría deducirse razonablemente que, a lo mejor, no eran de origen medicamentoso.

Inclusive, no debemos olvidar que la medicación recibida por el actor estaba casi en una fase experimental, desconociéndose claramente los efectos tóxicos, y de que manera la combinación de las drogas suministradas podían afectar su cuerpo en el mediano y largo plazo.

Pensamos que la falta incurrida en no llevar las anotaciones de la historia clínica en forma prolija, no hace que de ello se pueda derivar una responsabilidad médica, por cuanto si bien es una presunción en su contra –como ya lo expresamos antes–, no se encuentra corroborada por otras probanzas igualmente idóneas para dilucidar la cuestión (conf. C.S.J.N., del 19/9/2002, in re "Tesone de Bozzone, M.P.y otra c/ Kreutzer, Guillermo y otros", T 30, XXXVII Recurso de Hecho, ver elDial.com AA1312).

VIII- Consentimiento informado

VIII.1- La carga de la prueba sobre este aspecto relativo al consentimiento informado pesaba sobre la actora; sin perjuicio del deber moral e inclusive jurídico del accionado, de colaborar activamente en el esclarecimiento de la verdad de lo ocurrido (conf.art.377 CPCC y teoría de las cargas probatorias dinámicas).

La Dra. Highton de Nolasco se ha pronunciado sobre la cuestión al decir que "en definitiva, dado el estado actual de nuestra legislación positiva y de la práctica médica, no dudamos que incumbe al actor probar que fue inadecuadamente informado, o bien que no consintió la realización de un procedimiento médico, sin perjuicio de que ambas partes aporten toda prueba que tengan para mejor esclarecer sus posiciones. Entendemos que resulta aconsejable mantener este principio" (conf.: Highton, E.I- Wierzba, S.M., *La Relación Médico-Paciente: El Consentimiento Informado*, 2a. ed. actualizada y ampliada, ed. Ad-Hoc, pág. 229 y sgtes., núms. 331 a 333; ver también CNCivil Sala F, del 5/9/2003, L. 362273, in re "Ferrada Fernández, Graciela c/Obra Social Unión Pers. de la Nación del Pers. Civil Nación s/daños y perjuicios").

Nótese que la novísima ley 26.529 sobre los "Derechos del Paciente en su Relación con los Profesionales e Instituciones de la Salud" (publicada en el B.O. 20/11/2009) a la fecha de los acontecimientos analizados no estaba vigente y, por ende, es inaplicable para este caso (conf.art.3 C.Civil), lo cual no resulta óbice para que pensemos que ella hubiera allanado el camino de este conflicto (ver en especial art.2 inc.f; y arts.5, 6, 7 sobre el consentimiento informado; y arts.12,13, y 15 sobre los requisitos de la historia clínica).

VIII.2- Todos los contendientes coinciden en que no existió un documento firmado que exteriorizara el consentimiento informado del paciente; no obstante, en atención a los hechos probados en el juicio, aunado al reconocimiento expreso del actor (conf. libelo inicial y expresión de agravios), ello no se exhibe como definitorio, y no corrobora la presunción en contra de la parte demandada, por cuanto podemos afirmar que ese consentimiento fue verbal.

Consideramos conveniente transcribir un párrafo sustancial de la expresión de agravios actora, en tanto clarifica su posición sobre este tópico: "La actora, volvemos a repetir, se agravia no de la incorporación de la Stavudina al tratamiento, ni de la aparición de sus efectos adversos, por lo demás previsibles. El agravio pasa por el inadecuado manejo médico de los mismos y de los daños psicofísicos consecuentes" (fs.1683vta., 3er.párrafo). De ello se sigue, y no queda otra interpretación posible, que si el actor aceptó y hasta exigió la terapia dispuesta por el equipo médico del Hospital, y sabía de sus posibles consecuencias adversas, no se comprende dónde radica la queja sobre el cuestionamiento de la falta de consentimiento informado. Tal reconocimiento expreso del actor, sella la suerte del agravio (conf. teoría de los propios actos; y principio procesal de intercadencia; ver Carina Paula Sudilovsky, Reflexiones sobre la valoración judicial de la conducta en juicio. Una propuesta académica, en "Valoración judicial de la Conducta Procesal", obra comunitaria dirigida por Jorge W. Peyrano, ed. Rubinzal - Culzoni, Santa Fe 2005, pág. 364, Nº: 2; art.163 inc.5 C.P.C.C..).

Igualmente, no se encuentra tampoco acreditado que el ajuste y posterior cambio de medicación hubiera sido tardía o en su caso, que hubiera sido posible realizarlo más tempranamente sin que ello no hubiera puesto en peligro la mejoría del accionante, tal como lo expresamos en los párrafos anteriores, y a donde nos remitimos (ver las conclusiones periciales C.M.F.).

Es entendible humanamente las terribles circunstancias que debió sobrellevar el actor para poder salir airoso de este difícil trance, pero no podemos achacar todos los males a las prácticas médicas, más aún cuando en este caso sabemos, sin hesitación, que le salvaron su vida.

IX- Colofón

Por lo tanto, a mérito de los fundamentos precedentes, propongo al Acuerdo la revocación del decisorio de grado y, en consecuencia, que se disponga el rechazo de la demanda, con costas por su orden en ambas instancias, en atención que el actor pudo creerse con derecho a la interposición de la demanda y las comunes por mitades (Conf. art.68 y C.C., C.P.C.C.).

Los Dres. Mayo y Kiper, por las consideraciones expuestas por la Dra. Abreut de Begher, adhieren al voto que antecede. Con lo que se dio por terminado el acto firmando los señores Jueces por ante mí, que doy fe.

Buenos Aires, 23 de febrero de 2010.

Y VISTO, lo deliberado y conclusiones establecidas en el acuerdo transcripto precedentemente por unanimidad de votos, el Tribunal decide la revocación del decisorio de grado y, en consecuencia, el rechazo de la demanda, con costas por su orden en ambas instancias, en atención que el actor pudo creerse con derecho a la interposición de la demanda, y las comunes por mitades (conf.art.68 y c.c., C.P.C.C.)......

Dres. Jorge A. Mayo, Liliana E. Abreut de Begher y Claudio M. Kiper.-

7.1. COLOFON

Como corolario de la jurisprudencia analizada, hemos visto que la respuesta de los tribunales encierra aristas diferentes. Jueces que apegados a la interpretación de la letra fría de la ley y absolutamente exégetas en sus interpretaciones, no toman en cuenta el factum jurídico de cada caso en particular – a pesar de tratarse de responsabilidad civil – y en palabras de Alterini, no juzgan conforme la consideración de las cuestiones de las personas, del tiempo y del lugar.

Otros que estudian a las víctimas y su vida personal en forma humillante, endilgándoles la responsabilidad de la asunción de la enfermedad.

Magistrados que se apegan, cual solución indiscutible, a la doctrina esbozada por autores como López Mesa y Trigo Represas, quienes declaman por la no indemnización del daño de contaminación de H.I.V., por vía transfusional en el período de ventana, aduciendo que al revestir la cuestión una situación de desarrollo tecnológico y no poseer una solución específica, el daño no es imputable a nadie – en el caso de no poder atribuir responsabilidad subjetiva al personal de salud, ni conducta riesgosa a la víctima.

Coincidimos con Prieto Molinero (2010) en que el riesgo de desarrollo no conlleva una responsabilidad subjetiva, ya que no es atribuible a nadie más que al avance de la ciencia, y en nuestro caso específico a las ciencias de la salud, pero no con los dos autores mencionados en el parágrafo anterior, toda vez que para nosotros éste debe ser cubierto en su totalidad por el Estado.

Es decir que la responsabilidad civil trasunta en la esfera objetiva de la cobertura de daños, de manera que ninguno quede sin reparar, razón por la cual no apoyamos la idea de imputarle la responsabilidad a la víctima o al profesional de la salud, en el específico y concreto caso del período de ventana de contagio del virus del H.I.V.

Asimismo, nos encontramos a diario con sentencias que rechazan demandas o distribuyen la culpa concurrentemente por la contaminación del virus por vía transfusional.

No obstante ello, podemos percibir que la jurisprudencia ha ido cambiando con los años. En este sentido, trajimos a colación dos casos emblemáticos de la Corte Suprema de Justicia de la Nación, “Bahamondez” y "Albarracini", plasmando dos momentos diferentes de nuestro sistema jurídico objetivo.

En el primero, cuya decisión data del año 1999, el máximo tribunal sostuvo que ir en contra de una indicación médica, aún respetando la libertad de cultos consagrada en el rt. 14 de la Constitución Nacional, se correspondía casi con una práctica eutanásica y catalogaba a la decisión de los ciudadanos como un “suicidio lentificado”. Mientras que, a la luz de Albarracini del año 2012, se modifica la doctrina ciento ochenta grados, interpretándose con el mayor rigor jurídico el respeto de las garantías constitucionales emanadas de la Carta Magna, tales como los arts. 14, 19 y 28.

De hecho, esta última sentencia dio lugar a la sanción de la Ley 26.742 de Muerte Digna, modificatoria de la Ley 26.529 de Consentimiento Informado, Historia Clínica y Derechos del Paciente, consagrando en su art. 11 específicamente la no imputación de responsabilidad civil, penal o administrativa a los profesionales de la salud que se abstengan de realizar prácticas sanitarias sobre los pacientes que, conforme los requisitos de ley y de acuerdo a su reglamentación, expresen de forma documentada las directivas anticipadas en pos de la no realización sobre su cuerpo de maniobras médicas de rehabilitación, tratamiento, curación, recuperación, etc.

También hemos observado que cuando se invoca el H.I.V. o el S.I.D.A., sean cuales fueren las circunstancias que rodean al caso, la negativa de los centros asistenciales, los consultorios y cuanto más las empresas de medicina prepaga surge al instante. En virtud de ello, consideramos destacar aquellos fallos que encierran los hechos que hemos relatado, incluyendo uno reciente de nuestro comentario.

Más allá de las decisiones judiciales analizadas, acertadas o no desde nuestra postura, debemos recordar que el derecho a la salud – y el daño por contaminación de H.I.V. por vía transfusional en el período de ventana lo integra – es un derecho fundamental, en cuya efectivización se encuentran comprometidos tanto el Estado como la sociedad en su conjunto; y en la esfera de competencia estatal, la división de poderes no puede implicar per se el apartamiento del Poder Judicial en su responsabilidad y compromiso de garantizar la vigencia de este derecho.

Estamos convencidos de que debemos apoyar y generar políticas de Estado que involucren el tratamiento y solución de las cuestiones dilemáticas en las que aparece involucrado este derecho en pos de garantizar cada vez más la dignidad de la persona humana.

8. CAPITULO VII: LA EVOLUCIÓN DE LA RESPONSABILIDAD CIVIL

8.1. INTRODUCCIÓN

Dice Yvonne Lambert-Faivre (1999, p. 970/1): "En el siglo XX, el eje de la responsabilidad civil era su 'sujeto' responsable: la institución estaba encerrada dentro de los límites de una responsabilidad subjetiva, por la exigencia de una culpa debidamente probada".

En efecto, sostiene la experta que el fallo Teffaine de 1986 inició una evolución considerable, en tanto el sujeto responsable fue relegado por el objeto de la responsabilidad: así, la reparación de los daños causados a la víctima, objetivando la responsabilidad civil, siendo una constante en los países industrializados.

Mientras la ley francesa Badinter del 5 de julio de 1985, sobre la indemnización de las víctimas de accidentes de la circulación, suscitaba ciertos interrogantes, la sancionada el 9 de septiembre de 1986 sobre la indemnización de las víctimas del terrorismo quebró toda referencia con cualquier responsabilidad: el responsable no es solamente marginado, sino que además está excluido del sistema, ya que la indemnización de dichas víctimas prescinde del responsable.

"La prueba de ese daño sufrido por el reclamante es ciertamente indispensable, pero la causa de la obligación reside primeramente en un análisis del comportamiento culpable del responsable, o en tomar en cuenta su situación objetiva como creador de riesgos por otros. En los dos casos, los fundamentos de la responsabilidad civil siempre se buscan en la misma persona del responsable" (Lambert-Faivre, 1999, p. 971).

8.2. LA APRECIACIÓN IN ABSTRACTO DE LA CULPA CIVIL

De acuerdo con la autora la jurisprudencia necesitaba definir un paradigma a la medida del responsable, confrontando la conducta de un profesional calificado con otro profesional calificado y, de este modo, caracterizaba la culpa médica del especialista. Es decir que mediante la apreciación in abstracto de la culpa civil no surgía un paradigma unívoco y totalmente abstracto, sino uno de la misma naturaleza, calidad y competencia que el responsable, y ubicado en las mismas circunstancias.

Este paroxismo del que habla Lambert-Faivre (1999), de la abstracción, no puede operar sino a costa del abandono de la imputabilidad; y la evolución de la jurisprudencia francesa posterior a estos dichos confirma la validez de los mismos.

8.3. LA RESPONSABILIDAD POR EL HECHO DE LAS COSAS. RESPONSABILIDAD OBJETIVA FUNDADA EN EL RIESGO CREADO

De una concepción no fundada en la culpa sino en el riesgo no había más que un paso: puesto que el presunto responsable no puede exonerarse probando que no ha cometido culpa, la responsabilidad se funda en el riesgo creado por la cosa. El descargo del presunto responsable solo procede ante la ruptura del nexo de causalidad entre la cosa bajo guarda y el daño, por una causa extraña constitutiva de fuerza mayor, ya se trate de un caso fortuito, del hecho de un tercero o de la culpa de la víctima. (Lambert-Faivre, 1999).

8.4. LA RESPONSABILIDAD POR EL HECHO DE OTRO. RESPONSABILIDAD OBJETIVA FUNDADA EN LA AUTORIDAD

La autora se detiene también a analizar la responsabilidad de los principales por el hecho de sus dependientes, responsabilidad causal que no reposa en la culpa: en efecto, el principal no puede exonerarse estableciendo que no ha cometido culpa. "Son el honor y el riesgo de la autoridad, los extremos que garantizan la responsabilidad por los actos de aquellos por quienes se debe responder. Así lo ha resuelto la ley civil francesa y ha sido aplicado por su jurisprudencia, en tanto el fallo 'Fullenwarth', del 09 de mayo de 1984, ha concluido con la ficción de una responsabilidad fundada en la culpa por la vigilancia o por la educación de los hijos, dándole a la obligación de los padres precisados a reparar el daño ocasionado por su hijo de siete años que, jugando con un arco, había sacado con una flecha un ojo a un compañero. Es por ello que, en la evolución de la teoría de la responsabilidad para los franceses, reconocer el carácter objetivo y causal de esta responsabilidad de los padres por el hecho de los hijos, aunque éstos sean menores, resolvió el problema de la indemnización de las desgraciadas víctimas de los actos causados por un menor sin discernimiento" (Lambert-Faivre, 1999, p. 974-975).

De ello debemos colegir que si la mirada en la extrema objetivación de la responsabilidad civil fue puesta en casos de menores inimputables, la misma imputación jurídica, pero aún con mayor rigor, se impuso para el resto de los supuestos jurídicos dañosos en la vida civil.

8.5. LA RESPONSABILIDAD CIVIL. DERECHO DE LA VÍCTIMA A SER INDEMNIZADA

"Un vínculo obligacional supone un acreedor y un deudor. El derecho clásico de la responsabilidad civil", conforme la experta francesa, "pone el acento sobre las condiciones de la puesta en marcha de una responsabilidad fundada en la culpa personal, el riesgo creado o la autoridad y la determinación del responsable es el paso fundamental para ello. Sin embargo, la identidad del responsable no constituye más que una suerte de procedimiento, sin efecto concreto, a partir del momento en el cual el asegurador de la responsabilidad se sustituye en responsable para indemnizar a la víctima, con lo cual el propio responsable toma un rol secundario y un poco abstracto, mientras que la indemnización de la víctima pasa a primer plano" (Lambert-Faivre, 1999, p. 975).

La ley del 9 de septiembre de 1986, tomándola a modo de ejemplo, no reconoció una verdadera responsabilidad jurídica del Estado francés, y si bien se evocó la solidaridad nacional, ni siquiera acarreó su responsabilidad financiera, ya que para el país galo, la solución de poner en manos de los seguros las indemnizaciones fue estimado como un sistema eficaz para las víctimas (en el caso, de atentados terroristas), creando idénticas soluciones para otro tipo de eventos, tales como accidentes derivados de la circulación o de desarrollos tecnológicos.

La misma ley también dispuso los supuestos de legitimación activa y otros requisitos que permiten acceder a la indemnización. Ellos son: víctimas residentes en Francia, cuya reparación corporal es integral (suponemos integrativa de daño emergente más el lucro cesante), mediante plazos estrictos de interposición de los reclamos (un mes a contar desde que la demanda es interpuesta), en donde el fondo debe otorgar una o varias provisiones a la víctima de un daño corporal o a sus derechohabientes, no estando las mismas limitadas del derecho de apelar ante un juez, en caso de incumplimiento. En el plazo de tres meses desde que la víctima justificó sus perjuicios ante el fondo de garantía, éste debe realizar una oferta concreta de cobertura de los daños, disponiendo del plazo de diez años a contar desde la manifestación del daño o su agravamiento para accionar contra el fondo de garantía.

Los supuestos identificados surgen como ejemplos de pequeños sistemas de responsabilidad civil objetiva, cuya cobertura dañosa es cubierta por el seguro (fondo de garantía). Entre ellos, cabe mencionar los accidentes derivados de la circulación, grandes riesgos tecnológicos y víctimas del terrorismo, a los que se sumaron, años más tarde, los daños derivados de las prácticas médicas (que incluye la contaminación de S.I.D.A. por vía transfusional).

8.6. EL S.I.D.A. EN LA RESPONSABILIDAD CIVIL SEGÚN EL DERECHO FRANCÉS Y ESPAÑOL

Los conflictos jurídicos a los que ha dado origen la enfermedad han recibido respuesta jurisprudencial y legislativa, tanto en Francia como en España. Consideramos útil su conocimiento, para colaborar en la elaboración de nuevas y mejores respuestas a los casos que hoy se encuentran en nuestros tribunales, como así también para prevenir futuras responsabilidades en orden a la transmisión del H.I.V.

En Francia, expresa Graciela Medina (1994), quienes fueron contaminados de V.I.H., en ocasión de una transfusión sanguínea o por el uso de hemoderivados, recurrieron a los tribunales pretendiendo una indemnización por el daño causado. El gran número de casos, el dramático contenido social del problema y el alto costo económico que el mismo generaba obligó al Estado francés a dar una respuesta legislativa, para solucionar el grave problema social generado a partir de tan desafortunada cuestión.

En el derecho francés se aplica la “teoría de la equivalencia de condiciones”, también conocida como teoría de la ”conditio sine qua non”, diferente a la “teoría de la relación causal adecuada” propia de nuestro sistema jurídico.

Esta teoría fue expuesta por Von Buri en 1860, y parte del concepto filosófico de causa; así, se considera como causa de un resultado dañoso a todas las condiciones que fueran necesarias para la producción de ese resultado perjudicial. A la vez, cada uno de los que ha puesto esa causa es responsable de la totalidad del daño.

Mientras, en la teoría de la relación causal adecuada se parte de la distinción entre causa y simples condiciones: no es causa cualquier condición del evento dañoso, sino solo aquélla que es apta para determinarlo.

Los primeros precedentes que se dieron a conocer en el derecho francés se referían a la responsabilidad del conductor de un automotor que causaba un daño durante la circulación, que le producía a la víctima lesiones que la obligaban a recibir una transfusión sanguínea, en cuyo curso se le transmitía el H.I.V.

En estos primeros fallos se puso de relieve la relación de causalidad entre el accidente de tránsito y la contaminación por HIV y se resolvió por aplicación de la "teoría de la equivalencia de condiciones" que el automovilista que causaba un accidente de tránsito era responsable por todas las consecuencias dañosas que éste le producía a la víctima; entre ellas, el contagio del V.I.H. en el curso de una transfusión sanguínea, durante la operación debida a las lesiones provocadas por el choque.

Así fue resuelto, por ejemplo, en el "Caso Cortellemont", donde la Corte de Apelaciones de París, en pronunciamiento seguido por la mayoría de la jurisprudencia francesa, resolvió que el automovilista responsable del accidente de la circulación debía responder por la contaminación por el virus del S.I.D.A., sin perjuicio de que éste o su asegurador pudieran ir por una acción de regreso contra el verdadero responsable de la contaminación, esto es, el centro de transfusión sanguínea. Dicho sea de paso, no acordamos con esta postura.

Otro de los problemas que debió ser solucionado por los tribunales franceses consistió en determinar si el médico era responsable por el contagio del paciente en el curso de una transfusión sanguínea por él ordenada.

Al respecto se ha distinguido si la transfusión sanguínea estaba bien o mal ordenada, cuestión con la que tampoco adherimos, ya que para nosotros no habría aquí responsabilidad médica, en la medida que consideramos que la profesionalidad de los galenos es un elemento suficiente para considerar si un paciente requiere de una unidad sanguínea o no. En Francia, cuando la transfusión se encuentra correctamente indicada por el médico, deslinda responsabilidad profesional frente al paciente, extremo complejo de explicar, de acuerdo a los múltiples criterios médicos respecto de la indicación terapéutica de una transfusión, pero fácilmente cuestionable desde nuestra postura.

En el afán de lograr la reparación, las víctimas, a la par que demandaban a los médicos y a los responsables del accidente de tránsito, también demandaban a los centros de transfusiones sanguíneas y a los establecimientos hospitalarios. La jurisprudencia se ha mostrado más severa con los establecimientos hospitalarios privados o públicos que con los médicos, a los que, como ya vimos, en la mayoría de los casos solo obliga a responder cuando han actuado con culpa o dolo (responsabilidad subjetiva).

La jurisprudencia ha sostenido también la responsabilidad de las clínicas y de los hospitales, subrayando que la naturaleza del contrato que ellos suscriben con el paciente los obliga a suministrar productos no viciados. Al respecto se han aplicado las respuestas dadas para los problemas planteados por los productos elaborados, afirmando que la sola prueba de la existencia del defecto a la época de la transfusión compromete la responsabilidad, sobre la base de una obligación de resultado (Medina, 1994).

Esta jurisprudencia impide excusarse de la responsabilidad alegando que de parte del hospital no hubo culpa, porque la falta radica en el suministro de sangre contaminada; es decir que la culpa reside en el incumplimiento del deber contractual de suministrar productos no viciados a los enfermos. Esta postura adoptada por la jurisprudencia comparada, según nuestra posición, no solamente es absolutamente peligrosa sino además inequitativa, toda vez que la obligación que asumen los centros asistenciales frente a los enfermos está dada por prácticas que, al momento de la ocurrencia del hecho, tengan solución médica y no, como en el caso que nos ocupa, donde es inexistente la posibilidad científica de asegurarle a un enfermo que no va a contagiarse de H.I.V., ya que la “ventana” persiste.

Otros precedentes jurisprudenciales han otorgado acción directa al transfundido contra el centro de transfusión sanguínea fundado en la acción contractual que posee cualquier víctima consumidora contra el fabricante, vendedor o proveedor de un producto viciado; para nosotros, tampoco sería lógico que el fabricante de las unidades de sangre respondiera por el contagio del virus.

Otros supuestos en los que se ha expedido la jurisprudencia judicial por un lado y administrativa por otro, habían convertido al sistema francés en una doble vía: hasta el año 1992, y por imperio del artículo 667 inc. 6 del Código de la Salud Pública, la justicia civil era considerada competente para resolver las acciones de responsabilidad civil seguidas contra los centros de transfusiones sanguíneas. La constante, tanto en el régimen de la jurisdicción civil como de la jurisdicción administrativa, era la lentitud de los procedimientos (Medina, 1994).

Esta lentitud de procedimientos provocó la condena al Estado francés por la Corte Europea de Derechos del Hombre del 31 de marzo de 1992, en base a que los procedimientos de la jurisdicción administrativa francesa referentes al reclamo indemnizatorio de una víctima con la vida "abreviada" eran extremadamente largos y excedían el límite de lo razonable previsto por el art. 6 de la Convención Europea de Salvaguarda de los Derechos del Hombre.

Esto llevó a que el 31 de diciembre de 1991 se dictara la Ley 91-1406 que creó un fondo, para indemnizar directamente a los pacientes contaminados de H.I.V. / S.I.D.A. por vía transfusional.

El "Fondo" es una persona de derecho público, pero cuenta con un aporte en su presupuesto de las compañías aseguradoras y reaseguradoras de mil doscientos millones de francos. El presidente del "Fondo" es un miembro en actividad u honorario de la Corte de Casación, y el órgano principal del Fondo es la Comisión de indemnización encargada de pronunciarse sobre los reclamos indemnizatorios y de administrarlo. Está compuesto por un miembro del Consejo de Estado, un miembro de la Inspección General de Sociedades, un médico, un miembro del Consejo Nacional de S.I.D.A. y una persona calificada dentro del área de salud. La comisión es asistida por un consejo, que cumple un rol meramente consultivo y que cuenta con representantes de las asociaciones de víctimas trasfundidas y hemofílicos. El campo de aplicación es el de la indemnización legal, y prevé la indemnización de todas las personas cualesquiera sea su nacionalidad, que hayan sido contaminadas por transfusiones o inyecciones de productos hemoderivados en Francia. No se prevé indemnización para personas contaminadas en el extranjero por productos fabricados en Francia.

La contaminación debe tener como origen la transfusión o la inyección de hemoderivados, contemplando también a víctimas transfundidas antes de octubre de 1985, porque la ley presume la causalidad en la transmisión desde 1980 hasta el 1º de octubre de 1985.

Es necesario destacar que el Fondo solo indemniza a las víctimas de transfusiones sanguíneas, no a aquéllos que hayan contraído el S.I.D.A. por cualquier otra causa.

Tienen derecho a la indemnización tanto los pacientes directamente contaminados por la transfusión, como sus cónyuges o los nacidos contaminados de una madre sidosa. También se prevé la indemnización a los sucesores de la víctima y a quienes sufren daños por la proximidad, aunque ellos no estén contaminados.

El fondo indemniza los perjuicios específicos sufridos por la víctima a consecuencia de la enfermedad. Se considera como tales el acortamiento de la vida, la limitación en las relaciones sexuales y en la procreación, todos los perjuicios físicos y síquicos sufridos, así como también las perturbaciones en la vida familiar y social.

El contenido de la indemnización se basa en el principio de la reparación integral de los perjuicios, pero al mismo tiempo que no constituya un enriquecimiento sin causa. A este fin se tienen en cuenta las indemnizaciones recibidas por las víctimas como consecuencia de la enfermedad. Sin embargo, esto resulta bastante difícil de determinar cuando ella ha recibido ya alguna indemnización judicial.

Se prevé que la indemnización será abonada en dos partes. La víctima recibe las tres cuartas partes de la indemnización cuando se descubre su seropositividad, y la cuarta cuando pasa a la condición de "enfermo".

Por otra parte, cuando se trata de un perjuicio extrapatrimonial que debe ser pagado a los herederos, éste es muy reducido. Y cuando se trata de perjuicios reflejos, se toman como modelo para su cálculo los accidentes en las rutas.

La Ley 91-1406, explica Graciela Medina (1994), no excluye la aplicación de los principios de derecho común, es decir los perjuicios resultantes de la contaminación del virus de la inmunodeficiencia humana causada por una transfusión de productos sanguíneos, ni el derecho de las víctimas de reclamar la reparación de sus perjuicios a los tribunales judiciales, sobre la base del derecho común. Asimismo, Viney (2007) considera que la víctima puede obtener una reparación integral de ciertos daños caracterizados por su origen, naturaleza y gravedad.

Así, se han creado además fondos para las víctimas del terrorismo, siendo el papel del fondo de garantía más amplio en caso de atentado terrorista, puesto que es el fondo quien verifica la existencia del derecho a la indemnización, evalúa la misma e indemniza a las víctimas (a diferencia de las infracciones ordinarias, en las cuales la "Comisión de víctimas de infracciones" detenta estas funciones) (Viney, 2007) .

En España también ha evolucionado la jurisprudencia, comenzando en los albores de la propagación viral en Europa. El primer caso que podemos mencionar al respecto data de fines de 1986, cuando un paciente fue intervenido quirúrgicamente y transfundido durante la cirugía con sangre a la que no se la habían realizado las pruebas necesarias para detectar el H.I.V.

Si bien desde el mes de noviembre de 1986 eran obligatorios los testeos previos para H.I.V. en las unidades de sangre, el paciente operado contrajo S.I.D.A., pero ni el médico ni el centro asistencial fueron condenados. Cierto es que continuaron realizando transfusiones sin controles hasta febrero de 1987, aproximadamente, donde se computaron dos mil doscientas transfusiones. De ello surgió un gran reclamo masivo por parte de los pacientes y la sentencia de la Audiencia Provincial de Barcelona condenó a los demandados a indemnizar a los reclamantes que fueran transfundidos con posterioridad a que los test resultaran obligatorios, pero no a la médica interviniente en el primer caso, cuando aún no eran obligatorias las pruebas serológicas.

La Audiencia consideró que tal pedido no la eximía de responsabilidad, ya que estimó que la profesional, en lugar de utilizar la sangre sin adoptar los recaudos exigidos por la ciencia, debió haberse dirigido a los servicios de otros centros hospitalarios o acudir a otros bancos de sangre con reservas suficientes, conducta que la médica no adoptó. Contra esa sentencia se interpuso recurso de casación, que dio lugar a la sentencia del Tribunal Supremo en el año 1991.

Este tribunal analizó si existió "imprudencia temeraria" en el primer caso a quien se transfundió con sangre contaminada antes de que la realización de los testeos fuera reglamentariamente obligatoria, y puso de resalto que para que la imprudencia fuera punible sería necesaria la concurrencia de una acción u omisión llevada a cabo con inobservancia de normas y reglas de precaución o de cautela, requerida por las circunstancias del hecho, lugar y tiempo, tendientes a prever y en su caso a evitar un daño o perjuicio en el patrimonio jurídico ajeno.

Pero para que haya imprudencia no es menester que haya infracción reglamentaria, la cual únicamente sirve para graduar la responsabilidad en el ámbito de las faltas, sin llegar a ser un módulo diferenciador en el ámbito de la responsabilidad civil.

Puntualizó además que la imprudencia, si es temeraria por inobservancia de las más elementales normas de precaución y de cautela, no implica remisión a norma reglamentaria alguna. Y consideró que antes de que se legislase la obligatoriedad de los testeos, éstos ya eran aconsejados por la comunidad científica y realizados en múltiples sitios, y que su no realización implicaba vulneración a las normas del “lex artis”.

En consecuencia, estimó imprudente la conducta de quienes habían permitido la realización de las transfusiones con sangre contaminada antes de la reglamentación del cribaje obligatorio, por cuanto ellos vulneraron en forma negligente la “lex artis”, quebrantando la precaución mas elemental, pues por su competencia profesional sabían y conocían la necesidad de adoptar medidas precautorias.

Según Seuba Torreblanca (2002), en España son responsables todos aquéllos que tengan el control efectivo sobre el producto en concreto, como es el caso de los centros de análisis y de los fabricantes, sobre quienes recae la obligación de facilitar productos seguros.

Desde otro punto de vista, los centros sanitarios privados también deben ser responsables en la medida que utilicen productos contaminados o no faciliten la información sobre medios y tratamientos alternativos y, finalmente, el Estado debe ser considerado responsable en la medida en que la asistencia sanitaria prestada en un centro público le sea imputable (Seuba Torreblanca, 2002).

Es loable la opinión del autor español, pero insistimos con nuestra postura, que en tanto y en cuanto no podamos reducir al mínimo o a cero el período de ventana del virus del H.I.V., no es dable para nosotros imputar responsabilidad a los centros particulares, ni a los centros públicos, ni a los profesionales involucrados en el acto transfusional.

8.7. EL SISTEMA DE NUEVA ZELANDA Y LOS FONDOS DE GARANTÍA

El sistema de "fondos de garantía", nace a partir del *Woodhouse Report* del año 1967, de la mano del juez Owen, con el objetivo de que los jueces neocelandeses revisen el sistema de compensación de fondos de los trabajadores de su país (Owen, 1967). Nueva Zelanda ya contaba en la época con un sistema de responsabilidad por culpa y pequeños subsistemas para todas las cuestiones que no eran alcanzadas por la responsabilidad.

Este sistema crea un ente autárquico que maneja los fondos de garantía o compensación de daños con capacidad de realizar inversiones. Todo este proyecto llegó a materializarse para accidentes de tránsito en el año 1972, y en 1974 se estableció para el resto de los reclamos.

El reporte da cuenta de que, cada día, cincuenta personas morían o sufrían lesiones a causa de accidentes en las rutas, mientras que los accidentes domésticos no alcanzaban a setecientos al año.

El propósito de la sistematización, ciertamente, fue consensuar una posición uniforme respecto de un tema que preocupaba a la sociedad neocelandesa. Es por ello que se comenzó unificando criterios, se apartó del circuito judicial los costados oscuros de las puestas jurídicas con respecto a las dolencias y la sumatoria de lesiones para acaparar mayor indemnización con las sentencias, se creó un departamento de seguridad, que en principio se encargaba de la prevención de accidentes, se fomentó una mayor conciencia social, se ordenó una suerte de microsistema de premios y castigos para los automovilistas que condujeran correcta y cuidadosamente y respetaran las normas de tránsito, e se impusieron fuertes multas a quienes violaran dichas reglas.

Se destinó una partida presupuestaria estatal para hacer frente a las necesidades resultantes de los eventos dañosos, obteniendo como resultado una merma en la estadística accidentológica, llegando al presente a conformar la Asociación Nacional de Seguridad de Nueva Zelanda, compuesta por más de mil ochocientos miembros activos, correspondientes a firmas locales y representantes individuales de sectores industriales y movimientos de unión de trabajadores, que asisten a las víctimas en dicho país a lo largo de veintiseis oficinas de reclamos (Owen, 1967).

El sistema se fundamenta sobre la base de una responsabilidad comunitaria, con amplia cobertura de derechos y eficacia administrativa. La base es la compensación real, es decir que el fondo va a estudiar cada caso y reclamo en particular, y cubrir las reales necesidades de la víctima. Sus aportes se conjugan con fondos estatales y diferentes aportes privados, a través de impuestos, como por ejemplo a las naftas, patentes, etc. (Prieto Molinero, 2010).

Éste es un sistema objetivo de compensación de fondos, donde absolutamente todas las contingencias típicas del sistema son cubiertas por la garantía. Va de suyo que existe una prohibición constitucional al reclamo por otra vía. El fondo (y a modo de ejemplo lo expresamos) cubre en accidentes de tránsito todo lo referente a dicha circunstancia, hasta la mala conducción de los automovilistas, aunque además cuenta con sanciones administrativas para aquellos conductores que sistemáticamente conducen mal o imprudentemente. Este sistema constituye uno de los más avanzados en el mundo en cuanto a compensación por fondos de garantía, ya que se cubre a toda la población, respecto a todos y cada uno de los problemas que padezcan.

Según lo reconocen las bases del *Woodhouse Report*, lo que fundamenta el sistema es el hecho de que las acciones negligentes de los ciudadanos conlleva una suerte de lotería. En el caso de la industria de accidentes, está más que probada la inconsistencia de las soluciones para las víctimas a lo largo de cientos de años, a más de obtener a través de largos procesos judiciales magras indemnizaciones (Owen, 1967).

La seguridad social asiste las precisas necesidades de cada uno de los trabajadores. Si bien los daños por accidentes van incrementándose, el fondo de garantía responde a los tres pilares básicos del sistema: a) realización de la debida prevención en las diferentes áreas laborales; b) obligatoriedad de reparación del daño a través del fondo y c) real compensación de los daños padecidos.

Obviamente, las necesidades básicas no entran en terreno de discusión, como sí pueden serlo las poco comunes que también deberán ser cooptadas y compensadas por el fondo. A modo de ejemplo, estos fondos responden por los daños acaecidos en el evento dañoso, pero además por los gastos derivados del hecho. Es decir que no solamente cubre la incapacidad transitoria o permanente del trabajador o ciudadano común, sino la compañía que el accidentado necesite hasta su recuperación, el personal afectado a su cuidado, sea éste familiar o tercero. Es por ello que los cinco principios por los que propugna el reporte son:1) comunidad responsable; 2) autorizaciones comprensivas o poco burocráticas; 3) completa rehabilitación; 4) compensación real y 5) administración eficiente.

En cuanto a las compañías de seguros, ellas tienen la firme convicción de que no se podría hablar de una verdadera seguridad social si se dejara la administración del fondo en manos de empresas privadas. No obstante lo cual, si bien parte de fondos del Estado, no se pretende que el propio Estado se convierta en una supernación que cubra absolutamente todos y cada unos de los riesgos, daños, o situaciones disvaliosas sin contrapartida alguna, ya que no podría sostenerse en el tiempo. Si el enroque principal del fondo está basado en una comunidad responsable, las situaciones disvaliosas están cubiertas a través de la recaudación que el propio Estado haga del pago de impuestos, de la recaudación fiscal y del buen manejo y administración de los fondos que realicen los funcionarios públicos encargados del mismo, con la consiguiente responsabilidad que acarrearía, en su caso, su mal desempeño, su dislate, descuido o mala administración.

Es notable como Nueva Zelanda gradualmente fue mutando su legislación, y su estadística accidentológica hizo que comenzaran a repensar el sistema de compensación. De hecho, las compensaciones originarias estaban basadas únicamente en la retribución desde el fondo de garantía en las consecuencias inmediatas de reparación en forma retributiva, pero no en el cuidado médico, incapacidades, gastos, etc. Es con la depuración del propio sistema y las necesidades insatisfechas de la población que se fue reorganizando el mismo, hasta lograr convertirse en uno de los máximos referentes mundiales de la seguridad social.

Con respecto a los servicios de salud, la seguridad social está financiada por parte de la recaudación general de impuestos del país, conformando una partida presupuestaria específica destinada al área sanitaria.

8.8. EL CONCEPTO DE SEGURIDAD SOCIAL EN LA ARGENTINA Y EL MUNDO A LO LARGO DE LA HISTORIA

El concepto de seguridad social se ha ido elaborando y perfeccionando a lo largo de la historia de la humanidad, y tiene su arraigo en el hecho de que la concentración humana trajo aparejado también el surgimiento de múltiples relaciones que creaban "necesidades" o "intereses" de diversa índole, que no podían ser satisfechos en forma individual (Chirinos, 2009).

Desde la antigüedad, en las Sagradas Escrituras, en el Antiguo Testamento, se encuentran un sinnúmero de referencias a la necesidad de proteger a los necesitados.

Así es que aparecen formas solidarias de protección, como producto espontáneo de grupos que, aunando esfuerzos, socorrieron a los individuos que estaban afectados por alguna necesidad determinada de antemano o que debían satisfacer algún interés también prefijado.

La historia da cuenta de que, en sus orígenes, "La Collegia Funeraria Romana" en la antigüedad, y luego "La Comunidad de San Vicente de Paul" en la Edad Media, fueron algunas de las corporaciones que hicieron hincapié en la ayuda a los pobres, huérfanos, viudas, ancianos y enfermos.

En América Latina, encontramos la expresión "seguridad social", en documentos que refieren que ésta fue utilizada por Simón Bolívar en el año 1819, donde se señala que, para que un sistema de gobierno sea perfecto, debe producir mayor suma de felicidad posible, mayor suma de seguridad y mayor suma de estabilidad política.

En el siglo XIX, alrededor de la década del ochenta, apareció como actividad estatal cuando el canciller prusiano Bismark inició una etapa que aún perdura, en la cual el Estado intervenía para cubrir las contingencias de los trabajadores (accidentes de trabajo), como gran asegurador, cuyas primas eran afrontadas por los empleadores y trabajadores. Allí nació el concepto de Seguro Social.

Estados Unidos y la época del New Deal, de la mano del presidente Roosevelt, configura otro de los antecedentes de políticas intervencionistas, asumiendo ante la sociedad norteamericana la superación de la gran crisis económica del momento (Manijar, 2002) (Chirinos, 2009). Es así que, con los poderes especiales otorgados por el Congreso al presidente, se promulga la Ley

FERA (Ley Federal de Ayuda de Emergencia), estimulando al país a tomar medidas contra la gran desocupación, promulgando poco tiempo después la ley de seguro social que establecía seguros contra el desempleo, pensiones a la vejez y a la invalidez.

Inglaterra a su turno, perfeccionó el concepto de seguridad social, luego de la Segunda Guerra mundial.

Si bien es cierto que la seguridad social maneja un lenguaje propio, no es menos cierto que el triple aspecto en el que debe entenderse a este derecho, al decir de Chirinos (2009), comparte las bases con casi todos los estamentos mundiales que conforman los pilares donde se asienta la propia seguridad social. Ellos son: la disciplina científica, el sistema técnico (administrativo, jurídico, económico, etc.) y la práctica social (expresión de la justicia social y en general de la ética social).

A partir de Bismark y Beveridge, se abren dos grandes líneas sobre las que se estructuran los sistemas de la seguridad social: una, en base al seguro, que tiene su expresión concreta en que el derecho al goce del beneficio está precedido de la obligación contributiva; y la otra, expresión de la actividad política del Estado, que, al decir de Aristóteles, pretende "el bien principal de todos" (Chirinos, 2009).

Los sistemas descriptos no son antitéticos; por el contrario, ambos coexisten en el régimen argentino, ya que la contribución de los ciudadanos y la retribución del Estado son las dos caras de una misma moneda, por cuanto coadyuvan para formar y sustentar un buen sistema de seguridad social con tintes asistenciales y contributivos.

No obstante lo descrito, creemos necesario plasmar algunas de las definiciones con las que los autores han conceptualizado a la Seguridad Social. Es así que Ángel Guillermo Ruiz Moreno (1997) considera que la seguridad social debe proporcionar a cada persona, a lo largo de su existencia, los elementos necesarios para conducirla dignamente, dando lugar a que todos accedan a la educación para desempeñar luego un trabajo socialmente útil y productivo, priorizando el aspecto salubridad y la integridad física del ser humano. Asimismo, debe garantizar también que éste tenga ingresos suficientes para quedar cubierto de la indigencia, cuando por alguna circunstancia no pueda trabajar.

Leonardo Cañón Ortegón (2007) concibe a la seguridad social desde la óptica de la Constitución Política de 1991 de Colombia, y afirma que es un derecho irrenunciable de todos los habitantes, con el carácter de servicio público obligatorio, sujeto a la dirección, orientación y control del Estado, que debe desenvolverse de acuerdo con los principios de solidaridad, universalidad y eficiencia.

Manuel Alonso Olea (1985) la define como el conjunto de medidas adoptadas por el Estado para proteger a los ciudadanos contra los riesgos de concreción individual que jamás dejarán de presentarse, por más óptima que sea la situación de conjunto de la sociedad en que vivan.

Para Lino Bernabé Chirinos (2009), nuestro referente argentino en materia de seguridad social, ésta es el sistema integrado por elementos técnicos de diferente naturaleza, con fundamento en la ética social, cuyo objeto es crear las garantías necesarias para mantener el mismo grado de dignidad de la persona y del grupo familiar a su cargo frente a contingencias que la puedan afectar, desde el seno materno hasta su muerte.

Luego de esta recorrida por la legislación nacional y por algunos ejemplos del derecho comparado, consideramos que los casos de contaminación por H.I.V. por transfusiones sanguíneas durante el periodo de ventana deben ser soportados e indemnizados a través de un "Fondo de Garantía", que asegure a las personas infectadas la reparación integral por el contagio, a más de un tratamiento continuo y seguimiento de la enfermedad con sus respectivos controles médicos, de laboratorio y el otorgamiento de la medicación en forma gratuita.

Nuestra postura está más que definida y no se enrola en las filas del subjetivismo; es decir, no se trata de buscar a quien haya cometido la conducta dañosa mediante culpa o dolo. Por el contrario, compartimos la tesis objetiva de la responsabilidad civil, esto es, perseguimos que ningún daño quede sin reparar mediante la cobertura de "fondos de garantía", una especie determinada de seguridad social bien entendida, con administradores responsables, comprometidos en la lucha contra el S.I.D.A., y con la consiguiente responsabilidad civil y/o penal del funcionario público, en caso de omitir la realización de aquellas tareas que le fueron encomendadas.

Ejemplos de cobertura a través del derecho de la Seguridad Social en nuestro país son, entre otros, la Administración Nacional de la Seguridad Social

(A.N.S.E.S.), Aseguradoras de Riesgos del Trabajo (A.R.T.), Administradoras de Fondos de Jubilaciones y Pensiones (A.F.J.P.), Programa de Atención Médica Integral (P.A.M.I.) para jubilados y pensionados, etc. Pero conforme nuestra opinión, el sistema más cercano al que estamos proponiendo en nuestra tesis es el de la Ley de Riesgos de Trabajo (24557, reformada por Ley 26773).

En ella podemos encontrar la coexistencia de sistemas tales como los que hablamos en los parágrafos precedentes, la asistencia social y la contribución. Conforma el sistema de seguros de riesgos del trabajo la contribución de los empleadores que por ley están obligados a contratar una compañía de seguros, y la asistencia que la aseguradora presta cuando sucede un evento dañoso y es pasible de cobertura por dicha ley, por configurar una de las contingencias cubiertas por la misma. Es allí donde observamos las prestaciones médicas ofrecidas y cubiertas, la atención y el tratamiento, la cobertura de salarios caídos y la indemnización de las incapacidades permanentes o transitorias.

De todas formas, a nuestro entender y bajo la concepción personal respecto de la Seguridad Social en su estadio más puro, deberíamos formular una serie de cambios a nuestro sistema, ya que consideramos que la ayuda social en su concepción asistencialista debe partir exclusivamente del Estado, a través de un Estado Gendarme que colabore sin contraprestación en el caso específico de la contaminación de H.I.V. por transfusiones sanguíneas.

Es claro que nuestro objeto de estudio se limita solamente al virus del S.I.D.A., siendo que por vía transfusional y por el torrente sanguíneo, pueden contagiarse otro tipo de virus o bacterias, pero claro está que con el avance científico de los últimos años, el Chagas, la Brucelosis, la Hepatitis "B" / "C", el Citomegalovirus, etc., tienen una mayor proyección de respuesta combativa, tanto orgánica, cuanto médica. Es así que, en la generalidad de los casos y en opinión de médicos especialistas, los tratamientos a estas enfermedades tienen cura, no ocurriendo lo mismo con el virus del S.I.D.A.

Conocemos a ciencia cierta que el Estado, a través de la asistencia pública de nosocomios especializados, tales como algunos sitos en la Ciudad Autónoma de Buenos Aires, como el Hospital Dr. Juan Antonio Fernández, el Hospital Dr. Francisco Javier Muñiz, el Hospital Universitario de Clínicas José de San Martín, el Instituto Carlo G. Malbrán, el Hospital de Niños Dr. Ricardo Gutiérrez y el Hospital de Pediatría Dr. Juan P. Garrahan, entre otros, realizan los testeos de detección viral en forma gratuita, intervienen en las consultas a través de sus especialistas en infectología y hoy en día en S.I.D.A., otorgan la medicación en forma gratuita, pero aún, con toda la cobertura descripta, nuestro plan de cobertura integral no está finalizado.

En nuestra opinión, debería formarse una dirección abocada específicamente a cubrir los reclamos que surjan de la contaminación de H.I.V. por vía transfusional, en un principio, guardando la posibilidad a futuro de extenderla a todos los posibles contagios por la misma vía.

De esta forma, evitaríamos los tediosos e innecesarios reclamos judiciales que, en principio ponen en tela de juicio la idoneidad profesional de los agentes de salud por una parte y, por la otra soslayaríamos la vergonzosa manera como, en pos de la etapa procesal probatoria a la hora de dirimir un reclamo judicial, los tribunales indagan acerca de la vida sexual o amorosa de los ciudadanos, sus costumbres o gustos, o en qué medida se adaptan a lo que muchos entienden por "correcta".

Nada más vejatorio desde nuestra forma de pensar que tratar de develar la vida privada de las personas como lo hacen muchas veces los operadores jurídicos de nuestro país, según lo observamos a lo largo de los años con la vasta jurisprudencia producida en el tema, dejando de lado el art. 19 de la Constitución Nacional, que sostiene como principio rector el derecho a la intimidad.

De esta forma, y reafirmando nuestra propuesta, consideramos que el mecanismo correcto para paliar los efectos de la enfermedad sería la creación de una institución dependiente del Ministerio de Salud de la Nación, y por carácter transitivo extenderla a todas y cada una de las provincias del territorio nacional, a efectos de recepcionar la denuncias correspondientes, ante la sospecha o aparición de sintomatología o seropositividad del donante / paciente, ante el nosocomio atendido. Más tarde, el centro asistencial debería confirmar la positividad de la reacción, tomando nuevas muestras de sangre al paciente por dos métodos diferentes de screening (descarte) de alta efectividad, confirmarlo con un método de diagnóstico y elevar la planilla al Ministerio, solicitando la derivación del paciente al centro asistencial más cercano a su domicilio para ser atendido gratuitamente.

Allí debería otorgársele la medicación necesaria, las consultas, el tratamiento y la correspondiente indemnización que podría estar tarifada por un baremo estatal, como lo han establecido por ejemplo para la indemnización de las lesiones en la Ley de Riegos del Trabajo.

Demás está decir que ni los profesionales de la salud ni los centros asistenciales deberían responsabilizarse por la replicación viral del virus del H.I.V., que hasta la actualidad continúa siendo un flagelo imposible de combatir a lo largo del mundo.

8.9. LA RESPUESTA DE LOS ESTADOS DE LATINOAMERICA A LA COBERTURA DE LOS CIUDADANOS QUE VIVEN CON H.I.V. / S.I.D.A.

8.9.1. ARGENTINA

Nuestro país, luego de la sanción de la Ley 23798, en el año 1991, se comprometió a través del Estado Nacional a combatir el virus del H.I.V., y a entregar la medicación (antirretrovirales) en forma gratuita, integral y continua a los pacientes que padecen S.I.D.A., así como también a hacerse cargo de los estudios específicos de carga viral y CD4, siempre y cuando las personas carezcan de una obra social o una medicina prepaga. Sin embargo, algunos gobernantes de turno no practican algunos de los deberes a su cargo y que de hecho debe cumplir el Estado, siendo los únicos perjudicados los enfermos o infectados.

Notamos con estupor que este padecimiento viene aproximadamente desde el año 2002, y en la fecha permanece. Fue, precisamente, en ese año que los integrantes de la "Red de Personas Viviendo con S.I.D.A." interpusieron un reclamo judicial representados por el C.E.L.S. (Centro de Estudios Legales y Sociales), donde denunciaban la interrupción de la entrega de las drogas para miles de pacientes con H.I.V., dependientes del Programa Nacional de S.I.D.A.

Es así que el juez a cargo del Juzgado en lo Civil y Comercial Federal Nº: 7, Luis María Márquez, intimó al Ministerio de Salud a la regularización inmediata de la entrega de medicamentos. A pesar de ello, el tema no se solucionó de manera inmediata, y continuaron en aquella época y aún hoy los reclamos de todos los infectados y enfermos por enderezar una situación por demás acuciante, como lo es el vivir con H.I.V., y sin medios económicos o cobertura médica, sosteniendo una cronicidad de la enfermedad que, a corto plazo concluiría con la muerte ("El padecimiento", 2002).

En nuestro país, el acceso a los tratamientos antirretrovirales es darwiniano: sólo sobreviven los más aptos –afirma el Dr. Pedro Cahn-, aquéllos que saben que están infectados y que están en condiciones de hacer todos los trámites necesarios para recibir la medicación que da el Estado. De los ciento veinte a ciento treinta mil argentinos que conviven con el H.I.V., sólo veinticiento mil reciben la medicación (Ríos, 2001).

La provincia de Córdoba, otro de los focos centrales de personas que viven con el virus del H.I.V., lo ha instrumentado de la siguiente manera: el análisis para el diagnóstico puede realizarse en todos los hospitales públicos de la provincia, de forma gratuita, en el Hospital Rawson, durante las veinticuatro horas del día.

La farmacia del Hospital Rawson, que centraliza la entrega de medicamentos, está abierta desde las 07:00 hasta las 15:00 horas. La medicación se entrega a las personas con V.I.H. /S.I.D.A. que se atiendan en la provincia, que no sean beneficiarias de ninguna obra social o institución de medicina prepaga y a las personas que cuentan con cobertura de Apross y de PROFE, realizándoles el análisis de determinación de carga viral y CD4 y Test de Resistencia, en forma gratuita a las personas que pertenecen al Plan Nacional de Lucha contra el V.I.H./S.I.D.A. y E.T.S (Enfermedades de Transmisión Sexual).

Los requisitos y normativas para solicitar medicamentos y/o estudios de carga viral y CD4 y Test de Resistencia se detallan a continuación.

Todos los infectados deben ser diagnosticados y sus tratamientos confeccionados por un médico infectólogo tratante, cuya receta de medicación debe contener sello aclaratorio de la firma del mismo y suscribirse en hojas membreteadas del hospital donde concurre el paciente; además, éste debe someterse a una encuesta socioeconómica confeccionada por profesional del servicio social del hospital, donde se deja constancia de que el paciente carece de cobertura social, completar un formulario de A.N.S.E.S. (Entrevista, 2013), donde se solicita la consulta al Sistema Integrado de Jubilaciones y Pensiones (S.I.J.y.P.) y Registro Único de Beneficiarios (R.U.B.), realizándose dicho trámite ante las oficinas de la Administración Nacional de la Seguridad Social. Por último, deben completar un formulario de P.A.M.I., donde se haga constar que el enfermo no cuenta con cobertura por parte de dicha administración. Esta documentación debe ser presentada en el hospital tratante y renovarse cada seis meses (Córdoba, 2013).

La D.S. y E.T.S. (Dirección de S.I.D.A. y Enfermedades de Transmisión Sexual), dependiente del Ministerio de Salud de la Nación Argentina, fue creada en 1992 como Programa Nacional de Lucha contra los Retrovirus Humanos y el S.I.D.A., con el objetivo de instrumentar acciones para prevenir la transmisión del V.I.H., reducir su impacto familiar, social y económico, y reforzar el análisis de las tendencias de la epidemia. En 2007, el mencionado programa se transformó en Dirección. Dado el carácter federal del país, la D.S. y E.T.S. está representada a nivel sub.-nacional por programas de V.I.H.-S.I.D.A. en las veinticuatro jurisdicciones, constituidas por veintitrés provincias y un distrito federal, la Ciudad Autónoma de Buenos Aires.

Los desafíos actuales para la D.S., y E.T.S. consisten en fortalecer las políticas públicas nacionales y provinciales en V.I.H.- S.I.D.A., disminuir la incidencia de esta infección, optimizar la asistencia a las Personas Viviendo con V.I.H.-S.I.D.A. y disminuir el estigma y la discriminación que implica esta condición. La Dirección también tiene la misión de reducir la incidencia de otras infecciones de transmisión sexual y fortalecer su diagnóstico y tratamiento.

Desde comienzos de 2008 hasta el presente, se han definido y puesto en práctica las siguientes estrategias con el fin de responder a estos desafíos:

1) Prevención de la infección por V.I.H. Esta estrategia se basa en la promoción y accesibilidad al preservativo y otras herramientas preventivas, con las siguientes acciones: (a) provisión mensual de dos millones de preservativos y cuatrocientos mil folletos en tres mil valijas preventivas que se distribuyen de manera directa a igual cantidad de efectores de salud en las veinticuatro jurisdicciones del país; (b) incorporación y fortalecimiento de la participación de organizaciones sociales y estatales extra-sanitarias para la promoción y distribución de las herramientas de prevención; y (c) articulación con el Programa de Salud Sexual y Reproductiva y la Dirección Nacional de Maternidad e Infancia para la promoción del sexo seguro.

Esta interacción produjo un protocolo de atención a mujeres víctimas de violación y una Guía para Atención Integral de Mujeres con V.I.H., con la participación de los programas equivalentes de las jurisdicciones.

2) Promoción del diagnóstico de la infección por V.I.H., con consejos médicos sobre el cuidado y los tratamientos a seguir. El propósito de esta estrategia

es instalar en el mediano plazo la herramienta de diagnóstico con los seguimientos y las pautas médicas en los Centros de Atención Primaria de todo el país.

Al presente, se ha desarrollado un proyecto para ocho jurisdicciones en el país y se ha completado el primer ciclo de capacitación profesional en prevención y diagnóstico en seis de ellas.

3) Acceso a tratamiento para el V.I.H.-S.I.D.A. Actualmente, se suministra tratamiento antirretroviral a veintinueve mil cincuentra personas, con una inversión anual aproximada de US$ 66.000.000.

La estrategia de optimización de este servicio contempla las siguientes acciones: (a) simplificación de los trámites para la realización de exámenes y la obtención de medicamentos, incluyendo la preadjudicación de tres cargas virales anuales por paciente; (b) descentralización de la logística de distribución de medicamentos; (c) incorporación al vademecum de nuevos medicamentos para cubrir la resistencia múltiple; (d) establecimiento de un control de calidad para los laboratorios de diagnóstico y control virológico e inmunológico; y (e) evaluación de los tratamientos en función de las guías de tratamiento nacionales y los resultados de pruebas de resistencia.

4) Producción de evidencia científica sobre la epidemia en Argentina. Dentro de esta estrategia se han desarrollado las siguientes acciones: (a) elaboración del primer diagnóstico de la respuesta preventivo- asistencial en el país; (b) diagnóstico de situación y revisión de la vigilancia epidemiológica de E.T.S., en el país, y análisis de los casos de sífilis congénita en 2007-2008; (c) talleres de fortalecimiento de vigilancia epidemiológica con los programas de S.I.D.A., provinciales, lo cual ya se ha reflejado en una menor sub.-notificación de casos; (d) incorporación de la notificación de partos de mujeres con V.I.H., lo cual permitirá establecer una tasa de transmisión vertical a nivel país y una revisión de los circuitos de atención para reducir esta transmisión; (e) coordinación de una investigación sobre trabajadoras sexuales a fin de mejorar la asistencia a este grupo; y (f) desarrollo de una investigación participativa sobre la accesibilidad a los servicios de salud de la población homosexual, bisexual y transexual.

La D.S. y E.T.S., en función de su compromiso con las personas que viven con V.I.H.-S.I.D.A., tiene el propósito de avanzar hacia el acceso universal a la prevención, tratamiento, atención y apoyo integrales para el período 2010 / 2013. Sin embargo, para alcanzar este objetivo de manera sostenible se requiere de nuevos enfoques sobre el sistema de salud. El modelo actual, centrado en las instituciones, debe ser reemplazado por una instancia superadora, que contemple la mirada de sus usuarios.[46]

El Gobierno de la Ciudad Autónoma de Buenos Aires tiene implementado un programa de asistencia social para todas las personas que padecen S.I.D.A., o están infectadas por el virus del H.I.V., similar en su burocracia a la sistematizada organización de la provincia de Córdoba, que reflejamos en el parágrafo anterior, y en general coincidente con casi todos los servicios nacionales y provinciales de atención de Lucha contra el S.I.D.A.

Actualmente, el organismo responsable del programa que depende del Gobierno de la Ciudad Autónoma de Buenos Aires es la Coordinación de S.I.D.A., sita en calle Carlos Pellegrini Nº 313, piso 9º de la Ciudad.

Los medicamentos para los pacientes que se atienden en hospitales públicos son provistos, de acuerdo a la Ley de S.I.D.A., por el Programa Nacional de S.I.D.A. No obstante ello, la primera vez que se retira la medicación, luego de haberse realizado los análisis correspondientes y que los mismos hubieran confirmado la seroconversión, el retiro se efectúa a través del Programa Nacional, cuyo asiento legal se encuentra en la calle Lima Nº 340 de esta Ciudad, o bien comunicándose al teléfono 4379 -9000.

Este programa está destinado a personas que se encuentran viviendo con H.I.V. – S.I.D.A., y no poseen cobertura de salud.

Los requisitos para acceder al tratamiento son: a) una orden médica y el resumen de historia clínica del paciente, realizado por el médico tratante; b) constancia de P.A.M.I. y A.N.S.E.S., que certifiquen que la persona no tiene cobertura; c) encuesta social a cargo del Servicio Social del Hospital, siendo imposible retirar con anterioridad los certificados de P.A.M.I. y la A.N.S.E.S., ya que esa información se incluye en la encuesta; d) los restantes retiros de medicamentos, se realiza a través de las farmacias de los distintos nosocomios, en donde se atienden gratuitamente los pacientes (Buenos Aires. Ciudad).

---

[46] El acceso gratuito a tratamiento antirretroviral para toda la población y una estrategia intensiva de prevención han logrado controlar la transmisión de VIH-sida. La reducción de los trámites para recibir la medicación y la incorporación de nuevos fármacos al vademecum permiten optimizar la atención de las personas que viven con el virus (Duran y Bloch, 2009; Bugarin, 2009).

8.9.2. VENEZUELA

Según datos oficiales y con el propósito de mejorar la calidad de vida de los pacientes que viven con V.I.H. y S.I.D.A., el gobierno invirtió un total de doscientos millones de bolívares durante el año 2012, según lo informó Miriam Morales, Viceministra de Redes de Salud Colectiva del Ministerio del Poder Popular para la Salud. Señaló además que el Ministerio de Salud y miembros de diferentes Organizaciones no Gubernamentales (O.N.G.) realizan tareas de prevención y educación poblacional sobre la pandemia. No obstante ello, están trabajando a efectos de lanzar desde el Gobierno el plan de V.I.H./S.I.D.A./ITS 2012/2016. Indicó también que aproximadamente un millón cuatrocientas mil de personas residen en Latinoamérica con el virus y ciento cincuenta y nueve mil se encuentran viviendo en Venezuela, pero que su programa nacional tiene registradas a cuarenta y dos mil doscientos veintitres pacientes, habiendo incorporado en el año 2012 a dos mil quinientos cincuenta nuevos pacientes ("El gobierno", 2012).

El director de la oficina Regional de O.N.U.S.I.D.A., César Núñez, afirmó que dicho país cuenta con una altísima respuesta para la atención, lucha y protección de las personas que viven con V.I.H. De hecho, cuando un nuevo enfermo denuncia su afección, el Estado inicia su tratamiento con el estudio gratuito de CD4 (conteo de células "ayudantes"), que son las que dirigen el ataque contra las infecciones, el cual generalmente se ubica por encima de seiscientas, en todos los seres humanos.

Venezuela comienza con la cobertura de medicación antirretroviral, a cargo del Estado, cuando su conteo de CD4 alcanza niveles de trescientas cincuenta ("ONUSIDA", 2012).

8.9.3. PERU

En el mes de septiembre del año 2002, en el marco de las prestaciones del Seguro Integral de Salud (S.I.S.), el Gobierno del Perú asumió la responsabilidad de dar tratamiento antirretroviral a los niños de cero a diecisiete años. En 2003, y luego de acordar la reducción de costos de medicación para el tratamiento del H.I.V., conjuntamente con ministros de salud de Bolivia, Chile, México, Uruguay, Paraguay, Argentina, Venezuela y Colombia, decidieron la compra de las drogas a gran escala, de manera de poder hacer frente al estallido social de las personas infectadas que no tengan posibilidades de atención por falta de medios económicos. Es así que, recién en el mes de febrero de 2004, se aprobó la norma técnica del T.A.R.G.A. (Tratamiento Antirretroviral de Gran Actividad) en adultos, marcando el inicio de la cobertura para los mayores de edad en dicho país.

En la actualidad, alrededor de cincuenta hospitales, centrales y regionales se encargan del tratamiento en forma gratuita, a más de implementar el tratamiento y seguimiento de los pacientes en forma descentralizada en dos penitenciarías peruanas ("Estrategia", 2010).

8.9.4. URUGUAY

El gobierno uruguayo responde al tratamiento de los portadores de H.I.V. y/o pacientes que viven con S.I.D.A. a través de la cobertura estatal del Ministerio de Salud de su país. Las campañas preventivas no difieren de las del resto del mundo, salvo en algunos puntos en los cuales promocionan e invitan por ejemplo a la población a realizarse el test rápido de V.I.H. solamente en la fecha conmemorativa de la lucha contra el S.I.D.A (1º de Diciembre – Día Mundial de la Lucha contra el S.I.D.A), realizando algunas campañas de prevención en escuelas, sin alejarse ni mucho menos destacarse por solucionar la discriminación que padecen los pacientes de S.I.D.A.

Es por ello que consideramos interesante transcribir una carta abierta publicada en un blog electrónico uruguayo, a efectos de establecer un panorama puntual de lo ocurrido en el vecino país.

Leonardo Ferreyra solicitó a la Mutualista Médica Uruguaya un medicamento innovador que le fue negado. El medicamento no estaba en el vademecum de Salud Pública, siendo éste el documento donde el Ministerio establece qué medicamentos deben otorgarse en el sistema de salud, tanto público como privado.

Tras una acción judicial, Ferreyra logró que se obligara a la mutualista, pero no ocurrió lo mismo con el MSP. Sin embargo, ante la apelación de Médica Uruguaya, Ferreyra pidió ayuda a nivel internacional obteniendo una donación del tratamiento por un año.

"Cuando se cumplió ese período de tiempo, él pidió apoyo a varias organizaciones, entre ellas a nosotros, para generar acciones con el objetivo de recibir este tratamiento en el país", contó Nalerio. En estas circunstancias, se redactó la carta al ministerio. El coordinador comentó que actualmente, Ferreyra no ha podido acceder al tratamiento en Uruguay, por lo cual lo siguen apoyando. Los integrantes de AMISEU consideran que Ferreyra debería tener el derecho asegurado de poder acceder a la medicación en su país. Pero aclararon que el objetivo de la Asociación no es realizar acciones a nivel particular, sino que los reclamos se basan en que todas las personas puedan acceder a este medicamento. El caso de Ferreyra no sería aislado, ya que Nalerio y Hornos comentaron que hay otros casos que no tienen trascendencia pública porque los afectados prefieren actuar "en silencio" para evitar ser discriminados ("Cómo el gobierno", 2012).

8.9.5. PARAGUAY

En este país, la lucha contra el S.I.D.A. es llevada adelante a través del PROGRAMA NACIONAL DE CONTROL DE S.I.D.A. / I.T.S. (PRONASIDA).

Es una dependencia del Ministerio de Salud Pública y Bienestar Soci responsabilidad social se concentra alrededor de dos ejes de acción: ejerce la rector Respuesta Nacional amplia, integrada y comprometida a la epidemia de V.I.H. e infe de transmisión sexual y provee en forma descentralizada los servicios de pro prevención y atención integral a las personas, bajo los principios de respeto a los de humanos, la equidad y el acceso universal, y el enfoque de género, para disminuir el de la epidemia y mejorar la calidad de vida de las personas con V.I.H., y S.I. infecciones de transmisión sexual. Para todo ello se ha ampliado a nivel país el oportuno al diagnóstico a través de las pruebas rápidas para V.I.H., sífilis, previa con y manejo sindrómico de las I.T.S.

El Programa Nacional de Control de S.I.D.A./I.T.S. fue creado por Res Ministerial Nº 38 del año 1988 y ampliado en sus funciones como responsable de inte controlar la Infecciones de Transmisión Sexual en el año 1998, sin presupuesto par adelante estrategias de intervención referente a las ITS. Desde su creación, el PRON depende de la Dirección General de Vigilancia de la SALUD, con quien coordina las a de acuerdo a las necesidades del país con relación a la problemática del V.I.H., S. I.T.S.

El Pronasida cuenta con un manual de organización con el propósito de ordenadamente y establecer una adecuada distribución, de deberes y responsab entre los funcionarios que conforman los diferentes departamentos con sus dependencias. En el organigrama, se encuentra representado y administrado por una dirección quien es responsable de la conducción y gerenciamiento de las políticas que se generan en respuesta a la epidemia en el país. Para el cumplimiento de la misma se coordinan las acciones con los programas afines del Ministerio de Salud Pública y Bienestar Social del nivel central, regional y local, involucrando a otros sectores tanto gubernamentales como no gubernamentales y de la sociedad civil organizada, de manera a obtener una respuesta nacional al V.I.H. y S.I.D.A. e I.T.S. (Paraguay, s. f.)

8.9.6. COLOMBIA

Colombia cubre los tratamientos y los análisis gratuitos de todas las personas afectadas por este mal conjuntamente con la Cruz Roja del país. Además se encuentran en constante movimiento por probar nuevas drogas para los infectados y enfermos. En nota que transcribimos a Ernesto Martínez, médico infectólogo colombiano, damos cuenta de sus avances.

Durante años, han sido múltiples las investigaciones para encontrar una cura contra el S.I.D.A., y el V.I.H. Pero un estudio de la revista Británica "The Lancet" reveló nuevos avances en tratamientos para pacientes con esta enfermedad, que podrían recuperar las esperanzas de vida. Los enfermos de S.I.D.A. que no encuentran respuestas positivas con los tratamientos, tienden a creer que no existen mayores opciones de vida, y ven impotentes cómo la enfermedad progresa hasta la muerte. No obstante, este informe mostró la efectividad para suprimir la carga viral de Raltegravir, un medicamento que ya se está utilizando con éxito en Colombia. Colprensa consultó a Ernesto Martínez, médico infectólogo del Hospital Universitario del Valle, para conocer el impacto de la inclusión de Raltegravir en estos pacientes. Desde el punto de vista médico, el estudio revela que pacientes que han sido tratados con Raltegravir han sufrido una supresión de la carga viral, es decir, no se detecta el virus porque está guardado, está quieto y no se replica.

Este nuevo medicamento tiene un mecanismo de acción totalmente nuevo que funciona inhibiendo la enzima encargada de facilitar que el virus se integre al genoma humano. En caso de no integrarse, el virus no puede seguirse replicando. La razón por la cual se vuelve incurable es porque se integra al A.D.N. de genoma humano, por eso no hay un mecanismo para erradicar el virus, porque sería prácticamente como atacar al propio cuerpo. Los beneficios ofrecidos por este nuevo medicamento tienen un eficaz combinado con otros medicamentos en pacientes severamente tratados y que han generado algún tipo de resistencia al tratamiento médico. También da seguridad porque tiene menos efectos adversos. Muchos antirretrovirales para tratar V.I.H. son tóxicos, causan alteraciones metabólicas en el hígado, en el colesterol, etc. Incluso muchos de estos medicamentos han sido relacionados con infartos al miocardio. En ese orden de ideas, este nuevo medicamento se ha visto muy seguro para la salud de las personas.

En Colombia se lo ha utilizado porque hay pacientes en los cuales los tratamientos conocidos fallaban, así que se requería la llegada de una nueva alternativa. Poco a poco se han ido incorporando nuevos medicamentos. Se lo trata con tres clases de medicamentos antirretrovirales. Hasta que se lo comenzó a utilizar, lapso que duró más de cinco años, no se disponían de nuevas emulsiones para tratar el virus, alegó el especialista colombiano (El universal, 2010).

Por otra parte, se conocen los datos de notificación obligatoria de casos a través del Sistema de Vigilancia Epidemiológica –S.I.V.I.G.I.L.A.-. Desde 1983, cuando se reportó el primer caso de infección por V.I.H. en Colombia, y hasta diciembre de 2010, se notificaron un total de setenta y ocho mil novecientos noventa y nueve casos de infección por V.I.H., casos en estadio de S.I.D.A. y fallecidos. Desde 1983, cuando se reportó el primer caso de infección por V.I.H., en Colombia, y hasta julio de 2011, se han notificado un total de ochenta y tres mil cuatrocientos sesenta y siete casos de infección por V.I.H./S.I.D.A.

En definitiva, la epidemia de S.I.D.A., en Colombia, afecta a la población sexualmente activa. El 76% de los casos notificados en el año 2010 (quinientos mil setecientos diecinueve casos), se encuentra en el grupo de quince a cuarenta y cuatro años de edad. Por otra parte, es necesario resaltar que, en los últimos años, se evidencia un incremento de casos en personas de cuarenta y cinco y más años con el 22% de la participación (mil seiscientos veintisiete casos). Igualmente, sobre los casos reportados con edad, se puede afirmar que el 3% (doscientos cuarenta y dos casos) son menores de dieciocho años, y el 2% (ciento treinta y ocho casos) son menores de quince años.

En Colombia, la prevalencia estimada nacional de infección por V.I.H. / S.I.D.A. es de 0.57% en población de quince a cuarenta y nueve años, estando por debajo del 1% que es la meta del "Objetivo del Milenio": combatir el V.I.H. / S.I.D.A. y otras enfermedades ("Aprende", s. f.).

8.9.7. CHILE

El gobierno chileno garantiza el tratamiento gratuito a todas las personas que denuncien que se han infectado o tengan síntomas de la enfermedad de la manera en que detallamos a continuación.

Toda persona con diagnóstico positivo para el V.I.H. tendrá acceso gratuito al tratamiento según indicación médica.

a) Inicio y cambio precoz de tratamiento: Se garantiza que dentro de los siete días desde la indicción por parte del médico tratante, en los casos que corresponda, la persona con diagnóstico positivo para el V.I.H., tendrá acceso al inicio precoz del tratamiento, lo que garantiza fármacos del esquema de primera línea. Si presenta problemas con el tratamiento, el o la paciente tendrá derecho a cambio precoz del mismo, en no más de siete días desde la indicación.

b) Dentro de treinta y siete días desde la indicación médica: Los casos que no requieren inicio o cambio precoz de tratamiento lo recibirán dentro de treinta y siete días desde la indicación médica.

c) Prevención transmisión madre-hijo: Toda mujer embarazada V.I.H. positivo tendrá derecho a tratamiento con medicamentos para evitar la transmisión del virus al niño o niña en gestación. La terapia se realizará, a más tardar, a las veinticuatro semanas de embarazo, o después si el diagnóstico es posterior. El cambio de tratamiento será dentro de los tres primeros días. Parto: El tratamiento se iniciará cuatro horas antes de la cesárea programada o al inicio del parto vaginal.

A las ocho horas de nacer: El recién nacido de una madre que vive con el V.I.H., S.I.D.A., tendrá garantizado el inicio del tratamiento entre las ocho y las doce horas de nacido (Chile, s. f.).

8.9.8. BOLIVIA

En Bolivia, los habitantes no tienen que pagar por los Antirretrovirales (A.R.V.), que son de donación y comprados por el Fondo Mundial, pero existe un sistema por el cual, en el momento en que se detecta a una persona con V.H.I., se la deriva a un centro de referencia y a partir de que ingresan al sistema, hay un control de laboratorio que posteriormente indica el tratamiento. El tratamiento solo es asignado por los profesionales de esos centros, pero los medicamentos solo los entregan los centros de referencia.

Hay un centro por cada departamento, pero en realidad éstas constituyen barreras de acceso a la salud, ya que muchas personas son del área rural y les cuesta viajar a esos centros. Desde diversas O.N.G.s (como por ejemplo, "Vivo en Positivo"), se acompaña a la gente para que pueda acceder a esos tratamientos (Rivas Laise, 2012).

8.10. EL VATICANO Y SU REFLEXION. PEDIDO DE LA IGLESIA CATOLICA

Roma (Viernes, 22-06-2012, Gaudium Press) "¡Proporcionemos ya a los enfermos de S.I.D.A. un tratamiento gratuito y eficaz! ¡Que sea consentido el acceso universal al tratamiento! Comencemos por las madres y los niños", ese fue el fuerte apelo del Cardenal Tarcisio Bertone, Secretario de Estado del Vaticano en la VIII Conferencia Internacional sobre el tema del S.I.D.A., que ocurrió hoy en el Instituto San Gallicano en el Trastevere, Roma. "Por otro lado, la Iglesia, presente en los países donde se manifiesta tal pandemia, está muy preocupada con este verdadero drama de nuestro tiempo - afirmó el purpurado al inicio de su discurso. Es un drama que se lleva tantas vidas humanas, debilita sociedades enteras, quema el futuro. ¡Es preciso hacer más! Cuanto más avanza la infección entre las mujeres, que son los pilares de las familias y las comunidades, más aumenta el riesgo de caída social de no pocos países. La enfermedad de las mujeres, los niños, los hombres, se torna enfermedad de toda la sociedad. La Iglesia se preocupa por la salud, en particular con la lucha contra la enfermedad, las grandes pandemias, como el 'terrible flagelo del S.I.D.A".

El Cardenal Bertone recordó que 30% de los centros para tratamiento del V.I.H. / S.I.D.A. en todo el mundo son católicos, en particular en África, donde se ofrecen varios programas de formación, prevención, tratamiento y acompañamiento pastoral de los enfermos. Entre los programas realizados, el purpurado resaltó DREAM, en África, promovido por la Comunidad de San Egidio. En el continente africano existe la primera necesidad de acabar con la alta mortalidad materna. El Cardenal desea "un impulso de iniciativas y de fantasía para proteger a la mujer como madre". "La lucha contra el flagelo del S.I.D.A. nos obliga a enfrentar numerosos problemas concretos, económicos, científicos, técnicos: pero es el amor que está en la raíz de este gran trabajo, un amor que es la única fuerza que puede realmente transformar al mundo", resaltó. El tema fue muy indicado por el Papa Benedicto XVI en su última exhortación post- sinodal "Africae Munus".

Al concluir su discurso, el Cardenal Bertone lanzó un fortísimo apelo para garantizar el acceso al tratamiento del V.I.H. / S.I.D.A. "El acceso universal al tratamiento - resaltó - es alcanzable, científicamente probado y económicamente practicable. No es una utopía: ¡Es posible! En África, como en Europa, tenemos el deber de llegar hasta cada mujer seropositiva en el embarazo, darle la terapia anti-retroviral, permitirle dar a luz un niño libre del S.I.D.A., y de hacerlo crecer con el acompañamiento materno. No podemos concebir un acceso al tratamiento para todos sin considerar la debilidad también económica de la mayor parte de las poblaciones africanas y de las mujeres. Es necesario un acceso gratuito al tratamiento". Agregó además que no se puede pensar en perder una generación entera a causa del S.I.D.A. Bregó y explicó el trabajo de la Iglesia para frenar la epidemia facilitando la educación, la alimentación, las medicinas y la atención a pacientes de S.I.D.A. ("Cardenal Bertone", 2012).

8.11.1. UN MODELO ACTUAL DE SEGURO SOCIAL PARA PERSONAS QUE VIVEN CON V.I.H./S.I.D.A.

Aquí plasmamos un modelo de seguro para las personas que se encuentran contagiadas con el virus del H.I.V., o están enfermos de S.I.D.A., conforme lo ofrece el Estado norteamericano (que contiene un explicativo básico de acceso al seguro por incapacidad) y no se encuentran con posibilidades de trabajar producto de la enfermedad.

Según se sostiene, aquellas personas que tienen V.I.H. /S.I.D.A. y no pueden trabajar, tienen derecho a beneficios por incapacidad de la Administración del Seguro Social. La incapacidad debe durar por lo menos un año o se espera que resulte en muerte y ser bastante seria para impedirle realizar un trabajo sustancial y lucrativo. La cantidad de ganancias que se considera sustancial y lucrativa cambia cada año. La normativa incluye a los padres de niños con V.I.H. / S.I.D.A., que también tienen derecho a recibir Seguridad de Ingreso Suplementario (S.S.I., siglas en inglés), cuando los ingresos en su hogar son bajos.

8.11.2. BENEFICIOS QUE SE PAGAN BAJO DOS PROGRAMAS

Se pagan beneficios por incapacidad bajo dos programas: el programa de seguro de incapacidad del Seguro Social para personas que pagaron impuestos de Seguro Social, y el programa de S.S.I. para personas que tienen pocos ingresos y recursos. Si sus beneficios de Seguro Social son muy bajos, y el beneficiario tiene otros ingresos y recursos limitados, podría tener derecho a recibir beneficios de ambos programas.

8.11.3. FORMA DE OBTENER EL DERECHO A BENEFICIOS DEL SEGURO SOCIAL POR INCAPACIDAD

Cuando la persona trabaja y paga impuestos del Seguro Social, gana créditos de Seguro Social (la mayoría gana un máximo de cuatro créditos al año). El número de años de trabajo necesario para tener derecho a beneficios por incapacidad depende de la edad cuando se incapacitó. Por lo general, se necesita haber trabajado cinco años en los diez años precedentes al año en el que se incapacitó. Trabajadores más jóvenes necesitan haber trabajado menos años. Si la solicitud es aprobada, el primer beneficio de Seguro Social por incapacidad se pagará para el sexto mes completo después de la fecha en que la incapacidad comenzó.

8.11.4. COBERTURA DEL SEGURO SOCIAL

La cantidad del beneficio mensual depende de cuánto la persona ganó mientras estuvo trabajando. También tendrá derecho a Medicare después de haber recibido beneficios por incapacidad durante veinticuatro meses. Medicare lo ayuda a pagar sus gastos de hospital y cuidado de hospicio, análisis de laboratorio, servicio de cuidado de la salud en el hogar y otros gastos de servicios médicos.

8.11.5. OBTENCIÓN Y DERECHO A LOS PAGOS DE SEGURIDAD SOCIAL POR INCAPACIDAD

Si la persona no ha trabajado suficiente tiempo para recibir Seguro Social o sus beneficios de Seguro Social son bajos, podría tener derecho a recibir pagos de SSI si sus ingresos y recursos totales son suficientemente bajos. Si ella recibe SSI, es probable que tenga derecho a recibir ayuda del Programa de ayuda suplementaria de nutrición (S.N.A.P., siglas en inglés) antes conocido como cupones de alimento, y Medicaid. Medicaid cubre sus gastos médicos mientras que está en el hospital o recibiendo servicios ambulatorios. En algunos estados, Medicaid paga los gastos de cuidado de hospicio, de una enfermera privada y por medicinas recetadas para combatir la enfermedad de V.I.H.

8.11.6. TRAMITACIÓN SOBRE LA DECISIÓN PERSONAL DE RECLAMO POR

ANTE EL SEGURO

Todas las solicitudes que se reciben de personas con V.I.H./ S.I.D.A., son tramitadas lo antes posible. El Seguro Social trabaja con la Agencia de Determinación de Incapacidad en cada estado. La agencia estatal revisa la información que la persona y su médico le facilitaron y decide si tiene derecho a recibir beneficios. Se pueden hacer pagos de S.S.I. inmediatamente por hasta seis meses antes de tomar una decisión final en cada caso cuando la persona no está trabajando, cumple con las reglas de Seguro Social sobre ingresos y recursos, y su doctor u otra fuente médica certifica que su infección de V.I.H. es bastante grave para cumplir con las reglas de elegibilidad médica.

8.11.7. DOCUMENTACIÓN A PRESENTAR ANTE EL RECLAMO

La información que se solicita incluye: número de Seguro Social, partida de nacimiento y los números de Seguro Social y partidas de nacimiento de cualquier otro miembro de la familia de quien podría estar solicitando beneficios; y una copia de su formulario W-2 más reciente.

Eventualmente, también se puede solicitar información sobre ingresos y recursos, como estado de cuentas bancarias, expediente del desempleo, recibos de alquiler y registración del automóvil.

Además, se demanda información sobre los nombres y las direcciones de cualquier médico, hospital o clínica que el beneficiario haya visitado para obtener tratamiento; cómo el V.I.H./ S.I.D.A. ha afectado sus actividades diarias, así como hacer limpieza, hacer compra, cocinar, coger el autobús, etc.; y los tipos de trabajo que desempeñó durante los últimos quince años. También se le pedirá al médico que complete un formulario acerca de cómo la persona está afectada por V.I.H.

8.11.8. EL REGRESO AL TRABAJO

Si regresa a trabajar, hay reglas especiales que permiten la continuación de los beneficios mientras el beneficiario trabaja. Estas reglas son importantes para personas con V.I.H. / S.I.D.A., quienes pueden regresar a trabajar cuando se sienten mejor (USA. Social Security Administration, s. f.).

8.12. COLOFON

Hemos visto en este capítulo la importancia de los fondos de garantía que se han instalado en el mundo, a efectos de cubrir los daños que genera el contagio de H.I.V. por vía transfusional. Naciones desarrolladas y con un fuerte compromiso social trabajan en pos de los particulares para brindarles en tan penosa circunstancia una ayuda certera, eficaz y concreta de protegerlos por parte de un Estado presente, que además reconoce sus derechos subjetivos.

En este sentido, Francia ha sido un país precursor en este tipo de situaciones, antecediendo la cobertura de fondos de garantía en accidentes de tránsito, en víctimas del terrorismo y en contaminación de H.I.V. por vía transfusional. Algunos de los sistemas de protección fueron concebidos y puestos en marcha desde hace más de tres décadas, y los restantes desde hace más de dos.

España continuó el ejemplo francés y también lo instauró dentro de su sistema jurídico. A tal nivel se elevó su interés, que ofrece pólizas de cobertura de seguros de responsabilidad civil que cubren en los casos más críticos la discapacidad de los infectados / enfermos que se encuentran impedidos de trabajar. Una especie de seguro de riesgos de trabajo, semejante al argentino, cubre la incapacidad laboral transitoria y/o permanente, con la diferencia de que la contratación es por vía privada, la cobertura indiscutida y la seriedad de la relevancia en la siniestralidad indubitada.

En cuanto a Nueva Zelanda, constituye otro modelo de Estado protector y precursor de los sistemas de cobertura por fondos de garantía desde el año 1965, con la aparición del primer proyecto Woodhouse, reporte que se instaló en pequeños subsistemas para accidentes de tránsito, laborales, domésticos, etc., en una primera etapa, para concluir convirtiéndose en el gran sistema de cobertura de responsabilidad civil por daños a través de los fondos de cobertura para la totalidad de los neocelandeses.

Nos hemos interesado en resaltar la tarea de los gobiernos y la cobertura de la infección / enfermedad con respecto a todos los ciudadanos infectados y/o enfermos. Es así que conociendo y habiendo explicado la situación en países desarrollados, nos abocamos a relevar la tendencia actual en Latinoamérica, comenzando por nuestro país, Venezuela, Perú, Chile, Uruguay, Paraguay, Colombia y Bolivia, de manera de establecer un panorama generalizado de la incumbencia actual y la tarea de los Estados. Si bien la cobertura básica de las personas es similar en cada uno de ellos, en cuanto a la estadística epidemiológica, la medicación y los controles, existen deficiencias y reclamos puntuales de los residentes infectados o enfermos, que se reitera en casi todos los países estudiados. Es decir, en ellos la tramitación es tediosa, harto complicada, burocrática y muchas veces, para pobladores de localidades lejanos a las urbes, de imposible acceso.

No obstante lo expuesto, hemos reflejado el concepto puro de seguridad social en Argentina, las bases fundantes de tan altruista teoría y su alejada aplicación en la actualidad.

Basta para nuestra afirmación, la complejización de trámites que se deben realizar en el P.A.M.I., A.N.S.E.S., o cualquier otra repartición estatal que brinde a los ciudadanos una ayuda social.

La prensa escrita, radial y televisiva refleja a diario la ineficacia del sistema establecido, haciéndose necesario un cambio radical, que debiera girar ciento ochenta grados si se pretende que sea eficaz.

Por último, hemos querido dejar establecido el compromiso de la Iglesia católica y el pedido de ayuda, concientización y compromiso con la enfermedad y sus víctimas, a través de su encargado, el Cardenal Bertone en el año 2012, y la continuidad pastoral con sus mensajes que expone cada día el Sumo Pontífice Francisco.

Por todo ello consideramos que debemos de dejar la necedad de lado, los conflictos acarreados por la política y la economía que secundan al compromiso de tan denodada tarea, y si bien, la cobertura o tarea social de un Estado no debe circunscribirse solamente al aspecto sanitario y específicamente al S.I.D.A., consideramos que en nuestro país deberían destinarse más fondos públicos, afectados obviamente a través del presupuesto nacional cada año, en pos de la creación de un fondo de garantía específico para paliar la situación de todos aquellos que aún hoy continúan deambulando por las calles, los hospitales y los miniterios solicitando ayuda para acceder a un tratamiento, para poder lograr calidad de sobrevida y para no ser discriminados ni apartados del sistema.

9. CAPITULO VIII: A MODO DE CONCLUSIÓN

Dado que la transfusión de sangre humana hacia un enfermo significa muchas veces la consecución de la vida, o el tratamiento indicado para que viva hasta el día de su muerte en las mejores condiciones posibles, pusimos énfasis en el tema extremando al máximo los mecanismos de bioseguridad dentro de los bancos de sangre, apuntando al acto pre-transfusional como primera medida, y después al acto transfusional propiamente dicho.

Ante el imparable crecimiento del gran flagelo mundial del H.I.V. / S.I.D.A., aparecido entre las últimas décadas del siglo XX, y continuando su evolución a lo largo del siglo XXI, vamos a reflexionar con respecto al avance tecnológico médico en pos de combatir tan cruel enfermedad.

Desde el punto de vista hemoterapéutico, más precisamente desde la medicina transfusional, nos encontramos frente al siguiente problema: el virus del H.I.V. (Virus de Inmunodeficiencia Adquirida) generalmente coloniza a un grupo de células del organismo; una vez ingresado en él, las infecta, muta, es decir, modifica su conformación estructural, y emigra a otro grupo de células de otro órgano del cuerpo infectado, debilitándolo de tal manera que el paciente llega a padecer una inmunosupresión generalizada y contrae la enfermedad del S.I.D.A. o Síndrome de Inmunodeficiencia Adquirida.

No obstante ello, desde su aparición en el torrente sanguíneo hasta la detección del mismo a través de los análisis serológicos pertinentes, nos encontramos con el llamado “Period Window” o Período de Ventana, que precisamente favorece la replicación viral sin ser detectado por los kits de análisis de última generación. Allí surge un gran inconveniente, en tanto los profesionales intervinientes en el acto transfusional, en pos del ejercicio profesional, pueden estar transfundiendo pacientes con unidades sanguíneas que contengan el virus sin haber sido detectado.

Las situaciones que podrían generarse nos llevaron a pensar la imputación de la responsabilidad civil médica, conjuntamente con el obrar profesional y la infección que contrae el paciente, quien podría contagiarse la enfermedad del S.I.D.A., con las gravosas consecuencias que conlleva.

La pregunta que nos planteamos es la siguiente: ¿en qué medida los médicos son responsables por la contaminación por vía transfusional del virus del H.I.V. / S.I.D.A., encontrándose el mismo en un período de ventana, es decir, lapso de tiempo en el cual los exámenes serológicos para la detección viral arrojan resultados no reactivos, y sin embargo la unidad de sangre transfundida contamina al paciente sin ser detectada? Sabido es que una vez que la sangre pasa correctamente los controles serológicos de laboratorio se encuentra apta para ser utilizada, con lo cual entraríamos desde el punto de vista jurídico en una meseta insoslayable de “no imputación de responsabilidad”, toda vez que el acto médico se encuentra absolutamente validado y amparado por los protocolos mundiales de la medicina en dicha enfermedad.

Por otra parte, podríamos plantear un dilema filosófico de conciencia, al saber que lamentablemente los profesionales intervinientes en el acto médico transfusional han acelerado el proceso de enfermedad de un paciente en vez de salvar su vida, cuestión para la cual se encuentran entrenados. El período de ventana del virus del H.I.V. -como lo explicáramos en los capítulos precedentes-, con los últimos avances tecnológicos, en la Argentina se ha ido reduciendo de cuatro a seis semanas, en una primera etapa, y luego a dieciséis días estimativamente (período actual), aunque ello no soluciona el problema.

Las nuevas investigaciones tecnológicas intentan la implementación de equipos de detección viral que reducen en la actualidad a cinco días de tiempo la ventana virológica. Su pronta implementación tanto en la medicina privada, cuanto en la pública en forma global debiera haber ocurrido en el área sanitaria aproximadamente a finales del año 2010, circunstancia que no todavía no sucedió ya a fines del año 2013, así que nos resta concluir que el período de ventana, aún con las más altas tecnologías de biología molecular y N.A.T., queda fijado por el momento en aproximadamente dieciséis días.

A pesar de ello, nuestro problema continúa latente, ya que no existe a nivel mundial ningún equipo de detección serológica que indique cero enfermedad o riesgo de que las personas / pacientes no se encuentran infectados por el virus del H.I.V., o enfermos de S.I.D.A.

A esta altura de la investigación cabe formularnos una segunda pregunta: ¿cuál sería el modo o medio de reparación legal adecuado para el paciente devenido en víctima? Si dejáramos a la deriva y sin solución a todas las personas que atraviesan por este problema, ahondaríamos aún más el nivel de pobreza en nuestro país, donde la medicación de control y estabilización del virus es sumamente onerosa, imposible de sostener para los estratos sociales inferiores de la población, aún cuando en el presente se está investigando la posibilidad de que se implemente un nuevo tratamiento que baja el número de drogas de tres a dos, las cuales, además de menos costosas, también presentan una toxicidad inferior[47] ("Especialistas argentinos", 2013).

No obstante lo cual, los costos siguen siendo sumamente elevados, y, de no mediar alguna solución socialmente equitativa al problema, ahondaríamos la inseguridad jurídica reinante, ya que desde el punto de vista estrictamente legal, y su aspecto subjetivo en la responsabilidad civil, necesitamos probar todos y cada uno de los presupuestos básicos de la responsabilidad: antijuridicidad o hecho ilícito (a través de la culpa o el dolo), daño, factor de atribución y relación de causalidad, para

[47] En nuestro país se experimentó recientemente con un tratamiento denominado GARDEL, que investigó con quinientos treinta y cinco pacientes de veintisiete centros de Argentina, España, Estados Unidos, Chile, México y Perú, y comprobó que la combinación de las drogas Lopinavir/Ritonavir (LPV/r) y Lamivudina (3TC) dio resultados "no inferiores a la terapia con tres drogas" ("Especialistas argentinos", 2013).

poder imputarle a un sujeto (en el caso, profesional médico o paramédico) la concebida responsabilidad civil y hacerlo pasible de sanción, condenándolo a la reparación.

De esta manera no se configuraría un caso de reparación en virtud de la responsabilidad civil, ya que no habría en el acto médico debidamente realizado un agente interviniente e individualizado a quien imputarle culpa o dolo, no pudiéndose probar el hecho ilícito en sí. Quienes bregan por la postura subjetivista de la teoría de la responsabilidad civil llegarían al final de su problerma decretando la "no reparación del daño", postura por otra parte cuestionable desde el punto de vista médico, jurídico y ético.

Lo expuesto nos demuestra la urgente necesidad de motorizar cambios en la realidad actual y tratar de encontrar las respuestas o posibles soluciones al flagelo del S.I.D.A. Es por ello que la inminencia de las soluciones incrementa la necesidad constante de la investigación continua. Avances que no solamente cubren los aspectos médico asistenciales, sino también jurídicos.

El motivo exclusivo de la investigación del H.I.V., contraído a nivel transfusional, tiene que ver con la introducción de un riesgo social por el hombre en el afán y en pos del arte de curar. Lo característico de dicho riesgo lo encontramos determinado en que la unidad de sangre no es una cosa riesgosa per-se, es decir que infecta por sí sola, pero su utilización conlleva un riesgo ya que es capaz de transmitir enfermedades como el S.I.D.A., sin tener intervención directa el hombre para que se produzca el daño.

Desde que su concepción jurídica se encuentra determinada en nuestro Código Civil a la altura del artículo 2311, aue reza: "Se llaman 'cosas' en este Código a los objetos materiales susceptibles de tener un valor. Las disposiciones referentes a las cosas son aplicables a la energía y a las fuerzas naturales susceptibles de apreciación" (texto según Ley 17711). La sangre queda determinada bajo la característica de cosa, no valuable, pero cosa al fin.

No obstante lo expresado precedentemente y asociado al período de ventana del H.I.V., si bien consideramos un gran avance tecnológico el acortamiento de dicho período a cinco días, extremo como comentáramos precedentemente que aún en 2013 no ocurrió, no ignoramos ni olvidamos los efectos futuros de la exposición del pasado, ya que la implementación y estandarización de las nuevas tecnologías, tanto en países desarrollados cuanto en países en vías de desarrollo, y aún más en los no desarrollados, conllevarán casi una década de tiempo para conseguir su perfecto funcionamiento y desarrollo médico.

Es por ello que el agente conductor del virus del H.I.V., que se transmite por el consumo de drogas (cuando se comparten jeringas), las relaciones sexuales no controladas y promiscuas sin protección (a través del intercambio de fluidos corporales generalmente de tipo genital), por vía perinatal directa de madre a hijo o por sangre a través de la vía transfusional, lejos de estar controlada, sigue creciendo a pasos agigantados en número de personas infectadas que, según ONUSIDA[48] , llega en la Argentina a ciento treinta mil y a nivel mundial a treinta y seis millones de personas, calculándose que a diario se infectan siete mil quinientas personas más, con lo cual, lejos de estar controlado, lo podemos categorizar como uno de los flagelos mundiales de los últimos treinta años.

Hemos podido apreciar que nuestro país se ha puesto a la altura de las grandes potencias mundiales, en cuanto a tecnología y medicación para combatir la infección o la enfermedad. De hecho hemos puesto de resalto las técnicas tanto de screening cuanto confirmatorias para tratar de llegar al recurso de sangre segura. La hemovigilancia nos ha dado una gran ventaja sobre la enfermedad, toda vez que extremamos al máximo los cuidados, testeos, controles a nivel interno, luego zonal, posteriormente regional y por último a nivel nacional. De hecho contamos con el Plan Nacional de Sangre.

También hemos observado que la legislación es vasta en el tema. El Estado contiene a los enfermos, pero ellos deben realizar una gran cantidad de trámites burocráticos para ser atendidos, diagnosticados y tratados, y conseguir ayuda para solventar la onerosa medicación compuesta por antirretrovirales.

Nos propusimos destacar que si bien los Estados realizan tareas preventivas y de protección a las víctimas, las mismas son insuficientes. Basta con realizar un recorrido por la prensa gráfica de nuestro país, para cotejar los reclamos de los ciudadanos que incesantemente imploran ayuda social, contención y protección. Esta protección, propia de un Estado gendarme, dejó de serlo en la Argentina desde

[48] Según ONUSIDA, el África Subsahariana tiene el 67% del total de treinta y tres millones de afectados. La enfermedad mató a dos millones de personas en 2007, aunque es la primera vez en décadas que ese número desciende de un año a otro. Argentina es el cuarto país sudamericano en cantidad de portadores del virus, detrás de Brasil, México y Colombia (Diario Clarín, 2008).

hace más de dos décadas, no asegurando el acceso a la salud a todos los ciudadanos por igual.

Asimismo, hemos relevado estadísticas actuales tanto del centro de epidemiología dependiente de la Sociedad Argentina de Infectología, cuanto a nivel internacional de los informes organizados por O.N.U.S.I.D.A., siendo las mismas escalofriantes.

Analizamos también algunos aspectos del derecho comparado, y en particular, los sistemas protectorios que funcionan en España, Francia y Nueva Zelanda.

Francia fue el precursor en la creación de pequeños sistemas de fondos de garantía, primero para las víctimas de accidentes de tránsito, luego de acciones terroristas, y por último, entre otras enfermedades, de los contagios de H.I.V. o S.I.D.A. por vía transfusional.

España, en consonancia con otros países miembros de la C.E., siguió en el ejemplo a Francia, y a través de las directivas posee seguros de responsabilidad civil por incapacidad para las víctimas del contagio del virus y fondos de garantía para paliar tan cruenta situación social.

En cuanto a Nueva Zelanda, desde el año 1965 aproximadamente, con el *Woodhouse Report*, creó un sistema basado estrictamente en fondos de compensación por daños, en los cuales se encuentra incluido obviamente el derecho a la salud. Un sistema serio, cierto, puesto en práctica desde hace más de cuatro décadas, altamente recomendable y funcional a la sociedad.

Estudiamos asimismo las concebidas responsabilidades de los funcionarios públicos por su mal desempeño, aspecto no contemplado en nuestro país, o mejor dicho normado por el art. 1112 del C.C., entre otros, caído en desuso por la práctica jurídica diaria y la respuesta tan disímil de nuestros tribunales.

Un espacio propio mereció el estudio profundizado del proyecto de reforma al Código Civil y el veto del Poder Ejecutivo a la responsabilidad civil del Estado, la que se juzgará, en caso de que el mismo sea sancionado por el Congreso, por las reglas administrativas, que como sabemos, nunca llegan a buen puerto, para ser discretos y decirlo de manera coloquial, en tanto los funcionarios argentinos siempre salen ilesos de sus fechorías e irresponsabilidades.

Todo esto nos llevó a concluir parcialmente a lo largo de nuestro trabajo en que, para nosotros, la mejor solución posible en los albores del siglo XXI y mientras el flagelo del H.I.V. / S.I.D.A. nos siga azotando, sería la implementación de los fondos de garantía para solventar las miserias sociales, económicas y corporales a las que se encuentran sometidas las víctimas de contagio del H.I.V. por vía transfusional.

El tema específico de los fondos de garantía, en nuestra concepción, tiene que ver exclusivamente con que no adoptamos (a diferencia de otros autores) la responsabilidad objetiva del fabricante por el riesgo de desarrollo.

Es muy atinado en este punto, y casi finalizando las conclusiones generales, dejar aclarado que, independientemente de los conceptos vertidos en otras obras respecto a la baja incidencia del contagio del virus por la vía transfusional, continuamos insistiendo que el período de ventana no es una cuestión menor; por el contrario, es el causante máximo de todos los problemas que surgen en el aspecto médico, ya que las personas siguen lamentablemente contagiándose por otras vías tales como las drogas, el sexo y la vía materna en algunos casos, y llegan a las salas de donación de los bancos de sangre, las que, por más controles que se realicen, en algunos casos los donantes mienten, en otros desconocen que están infectados, y entre la mentira y la ignorancia se encuentra en muchas ocasiones el famoso período de ventana del virus del H.I.V.

Asimismo, se nos podrá preguntar porque remarcamos en todo momento un fondo de garantía solamente para el caso de H.I.V. por la vía transfusional. Sencillamente, primero porque por la vía sanguínea las infecciones se diseminan en el organismo de una forma estrepitosamente veloz, y segundo, porque el resto de los virus, bacterias y hongos que puedan transmitirse por medio de la transfusión, tienen tratamientos eficaces y a veces hasta la cura de la enfermedad, un período de ventana extremadamente corto o controlado y la cuasi seguridad de que los resultados de laboratorio son coincidentes con las manifestaciones clínicas del enfermo, siendo el gran rebelde – a modo de suavizar la gravedad del tema – el H.I.V.

Por último consideramos que cuidarnos en extremo, respetarnos, estar bien representados y reclamar por nuestros derechos no debe hacernos sentir en falta, sino por el contrario, debe fortalecernos y ayudarnos a seguir construyendo una Argentina más justa, solidaria y comprensiva de todos aquéllos que sufren este mal, quienes, lejos de ser responsables de una conducta reprochable, desprolija, ingenua e ignorante, son víctimas de una gran desgracia personal.

Algunos dirán que nuestro trabajo es una utopía. Para ellos, vale la célebre cita que hace Eduardo Galeano de Fernando Birri ("El padecimiento", 2005): "¿Para qué sirve la utopía? Ella está en el horizonte. Me acerco dos pasos, ella se aleja dos pasos. Camino diez pasos y el horizonte se corre diez pasos más allá. Por mucho que yo camine, nunca la alcanzaré. ¿Para qué sirve la utopía? Para eso sirve: para caminar".

Millones de seres humanos dependen de nuestras caminatas. Cada uno de los casi cuarenta millones de personas en el mundo, muchas de ellas en nuestro país, que requieren tratamiento y que no pueden acceder a él, cada niño que nace con H.I.V., cada persona que es discriminada, perseguida, ignorada, olvidada, estigmatizada y descartada de los circuitos sociales y laborales que frecuentaba antes de ser H.I.V. positivo, por el hecho de pertenecer a un grupo vulnerable o luchar por los derechos que nos corresponden, en una tarea de todos.

Nuestra ilusión y meta es que no decaiga el esfuerzo mundial, ahora que sabemos que podemos darle batalla a este mal. Al decir de Michel Sidibé, ciencia sin activismo es igual a pensamiento sin acción (Cahn, 2011). Ése es nuestro gran desafío.

9.1. NUESTRA PROPUESTA

Proponemos la creación de un fondo de garantía a efectos de la reparación de los daños causados por el contagio del H.I.V. / S.I.D.A. por la vía transfusional, en base a las siguientes pautas.

La creación del fondo de garantía debe partir, conforme el concepto de seguridad social, desde el Estado Nacional, el cual debería afectar fondos específicos del presupuesto anual a tales fines.

Independientemente de la creación del fondo estatal, la asignación del capital para solventarlo puede ser mixto, con el aporte de entidades sanitarias públicas y privadas de todo el país, que suelen ser demandadas cada vez que se suscitan situaciones de contagio en los centros de transfusiones.

La creación de un procedimiento sencillo y accesible para todas aquellas víctimas que comprobadamente se hayan contagiado el virus por vía transfusional. El mismo debería incluir una simple denuncia por ante el fondo de garantía, un testeo inmediato serológico de screening y confirmatorio, y ante la reactividad, la inmediata cobertura de la medicación, controles de cargas virales, tratamientos, atención de especialistas y centros de salud adecuados de por vida.

La disponibilidad de una suma de dinero directamente otorgada por el fondo para paliar la acuciante situación de las víctimas, independientemente de su condición socioeconómica - aunque en la mayoría de los casos suelen ser de bajos recursos y deben padecer circunstancias por demás humillantes. La implementación de la misma podrá ser tarifada como lo dispone en la actualidad la Ley de Riesgos del Trabajo, pero con un baremo ajustado a la realidad argentina y otorgada a conciencia.

La suma en concepto de indemnización deberá considerar, como lo expresamos en el parágrafo anterior, no solamente la situación de contagio, sino además contemplar el avance de la enfermedad y la indisponibilidad o incapacidad laboral a futuro.

Debería preverse también la implementación, como en el caso de Nueva Zelanda, de la renuncia a la reclamación de una indemnización posterior por la vía judicial, ya que las necesidades básicas del paciente, en cuanto a la enfermedad, se encontrarían cubiertas.

Desde ya que el procedimiento incluiría la consiguiente responsabilidad de los funcionarios públicos por el mal desempeño de sus funciones, en cuanto a la administración del fondo o el lucro con la necesidad de las victimas.

Y por último, pero no menos importante, la eximición de responsabilidad de los profesionales médicos y paramédicos y de todos los agentes de salud, así como también de los centros asistenciales, que hayan actuado conforme los protocolos nacionales e internacionales cuando el contagio se haya dado en ocasión de un período de ventana de replicación viral del virus del H.I.V.

10. ABREVIATURAS

A.B.O..Sistema de Grupos Sanguíneos A / B / O.

A.E.H.H.......................Asociación Española de Hematología y Hemoterapia.

A.D.N / D.N.A...Acido Desoxiribonucleico.

A.D.N.c.....................................Acido Desoxiribonucleico Complementario.

A.N.S.E.S.......................... Administración Nacional de la Seguridad Social.

A.R.N. /R.N.A..Acido Ribonucleico.

A.R.N.m...Acido Ribonucleico Mensajero.

A.R.T...Terapia Antirretroviral.

A.R.V.S...Tipos de Agentes Antirretrovirales.

Ag...Antígeno.

A.L.J.A. ....Anuario de Legislación y Jurisprudencia Argentina

art./ Art. arts. ....artículo/artículos

C.C.A.A...Comunidades Autónomas.

C. C / Cód. Civil.... .... Código Civil.

C. Com. .... Código de Comercio.

C. N... Constitución Nacional.

C. S. J. N... Corte Suprema de Justicia de la Nación.

C.C.R.5...Receptor de Quimocina C.C.

C.E.E./C.E...Comunidad Europea.

C.D.4/C.D.4+..Células C. D. 4.

C.M.F...Cuerpo Médico Forense.

C.P.C.C...Código Procesal Civil y Comercial.

C.X.C.R.4...Receptor de Quimiocina C.R. 4

Cám. Fed. De Apel. .... Cámara Federal de Apelaciones.

Cap.. .... capítulo.

cit.. Cita/citada/citado.

CNCiv. y Com. Fed. .... Cámara Nacional Civil y Comercial Federal.

CNCom. .... Cámara Nacional Comercial.

CNCont. Adm. Fed........ Cámara Nacional Contencioso Administrativo Federal.

CNFed. .... Cámara Nacional Federal.

D.A.P.. Donación Autóloga Preoperatoria.

E. D... Revista “El Derecho”.

E.E.U.U..Estados Unidos de Norteamérica.

E.I.A...Enzimoinmunoensayo.

E.P.O... Eritropoyetina.

Fase A.R.C...Desarrollo Completo del S.I.D.A.

Fs./fs...Fojas.

G.A.H...Gammaglobulina Antihemofílica.

G.P...Glicoproteína.

Gag/Pol/Env..................................Genes Básicos de los Retrovirus, parte forman de la estructura de los genomas del H.I.V. -1 y H.I.V. -2.

H.C……………………………………………………..………………………Historia Clínica.

H.I.V. /V.I.H. /I.H. /H.I……………………….. Virus de Inmunodeficiencia Humana.

H.T.L.V. / H.T.L.V. -1……………………………………Virus Linfotrópico Humano.

IgG / IgM……………………………………………...…………Inmunoglobulina G/M.

Inc./incs /Inc.. .... Inciso/incisos.

J. A.. Revista de Jurisprudencia Argentina.

Juz. Crim. y Corr. .... Juzgado Criminal y Correccional.

Juzg. Nac. .... Juzgado Nacional.

Juzg. Nac. Com. ……………………………………. Juzgado Nacional Comercial.

L. C... Ley del consumidor.

L. L.. Revista jurídica Argentina “La Ley.”

L. M. P... Ley de medicina prepaga.

L.T.4…………………………...………………………………………Linfocitos T4.

N.A.T……………………………………………….Tecnología de Ácidos Nucleicos.

O.M.S…………………………………………….Organización Mundial de la Salud.

P.A.M.I……………..………………………. Programa Asistencial Medico Integral.

P.E.H.V……………………………………….Programa Estatal de Hemovigilancia.

P.C.R…………...…………………………..Reacción en Cadena de la Polimerasa.

P.F.A……………………………………………………… Policía Federal Argentina.

Pág./p/pp………… ………………………………………………….. Página/páginas.

párr./párrs. .... párrafo/párrafos.

R.I.G.R............................ Recuperación Intraopoeratoria de Glóbulos Rojos.

R.P.S... Recuperación Postoperatoria de Sangre.

S. C. J... Suprema Corte de Justicia.

S.E.T.S..............................Sociedad Española de Transfusión Sanguínea.

S.I.D.A.................................... Síndrome de Inmunodeficiencia Adquirida.

S.I.V...Virus de Inmunodeficiencia del Simio.

sigs. .... siguientes.

S.N.A.P.............................Programa de Ayuda Suplementaria de Nutrición.

S.P.P.E...............................Solución de Proteína Plasmática Estabilizada.

S.S.I...Seguridad de Ingreso Suplementario.

T. S. J.. Tribunal Superior de Justicia.

T.A.. Transfusión Autóloga.

U.S.A..Estados Unidos de América.

V.I...Virus de Inmunodeficiencia.

V.S..Vuestra Señoría.

Vta...Vuelta.

11. REFERENCIAS

Alonso Olea, M. (1985). *Instituciones de la seguridad social*. Madrid: Civitas.

Alterini, A. A., y López Cabana, R. (1999). *Temas de responsabilidad civil*. Buenos Aires: Ciudad Argentina.

Aprende de salud (s. f.). Recuperado de http://www.cruzrojabogota.org.co/index.php/salud/aprende-de-salud

Argentina. Capital Federal. Cámara Nacional de Apelaciones en lo Civil (Sala A). Autos D. L. de E., M. I. y otro c/ Centro de Educación Médica e Investigaciones Clínicas Roberto Quirno. Sentencia del 12-11-1997.

Argentina. Capital Federal. Cámara Nacional de Apelaciones en lo Civil (Sala D). Autos Turon, Claudia J. c/ Municipalidad de Buenos Aires. Sentencia del 29-2-1996.

Argentina. Capital Federal. Cámara Nacional de Apelaciones en lo Civil (Sala F). Autos N. N. c/ Municipalidad de Buenos Aires. Sentencia del 15-5-2000.

Argentina. Capital Federal. Cámara Nacional de Apelaciones en lo Civil (Sala H). Autos F. Z. D. F. c/Hospital Alemán y otro. Sentencia del 23-2-2010.

Argentina. Capital Federal. Cámara Nacional de Apelaciones en lo Civil (Sala I). Autos T., A. c/ Hospital General de Agudos. Sentencia del 10-8-1999.

Argentina. Capital Federal. Cámara Nacional de Apelaciones en lo Civil (Sala L). Autos N.N. c/ Municipalidad de Buenos Aires y otros. Sentencia del 27-11-1995.

Argentina. Capital Federal. Juzgado Nacional en lo Civil Nº 67. Autos R. D., J. S. c/ Obra Social de la Unión Obrera Metalúrgica. Sentencia del 8-9-1999.

Argentina (2009). *Código Civil* (9ª ed.). Buenos Aires: La Ley.

Argentina. Comodoro Rivadavia. Juzgado de Instrucción Nº 2. Autos M., R. R. Sentencia del 12-12-2005.

Argentina (1998). *Constitución Nacional, Código Penal y Código Procesal Penal con Leyes Complementarias y Tratados de Jerarquía Constitucional*. Buenos Aires: Universidad.

Argentina. Corte Suprema de Justicia de la Nación. Autos Albarracini, Pablo. Sentencia del 1-6-2012.

Argentina. Corte Suprema de Justicia de la Nación. Autos Bahamondez, Marcelo. Sentencia del 6-4-1993.

Argentina. Corte Suprema de Justicia de la Nación. Autos C., J. A y otros. Sentencia del 30-6-1999.

Argentina. Corte Suprema de la Nación. Autos E., R. E. c/ Omint S. A. de Servicios. Sentencia del 13-3-2001.

Argentina. *Decreto de Necesidad y Urgencia 906/95*. Recuperado de www.infoleg.gov.ar/infolegInternet/anexos/30000-34999/.../norma.htm

Argentina. *Ley Nacional 17.132 de ejercicio profesional de la medicina, odontología y actividades de colaboración*. Recuperado de www.infoleg.mecon.gov.ar/

Argentina. *Ley Nacional 22.990 de Sangre*. Recuperado de www.fbioyf.unr.edu.ar/evirtual/mod/resource/view.php

Argentina. *Ley Nacional 23.660*. Recuperado de www.infoleg.gob.ar/infolegInternet/anexos/0-4999/62/texact.htm

Argentina. *Ley Nacional 23.661*. Recuperado de www.infoleg.gob.ar/infolegInternet/anexos/0-4999/63/norma.htm

Argentina. *Ley Nacional 23.798 de S.I.D.A.* Recuperado de www.legisalud.gov.ar/ley23798c.htm

Argentina. *Ley Nacional 24.455 de prestaciones obligatorias de Obras Sociales*. Recuperado de www.programacambio.org/index.php/legislacion.../70.../145-ley-24455

Argentina. *Ley Nacional 24.754 de Medicinas Prepagas*. Recuperado de www.infoleg.mecon.gov.ar/infoleg

Argentina. *Ley Nacional 26.529 de los Derechos del Paciente, Historia Clínica y Consentimiento Informado*. Recuperado de www.msaludjujuy.gov.ar/re2013/Archi_Varios_26529

Argentina. *Ley Nacional 26.682 de Medicina Prepaga*. Recuperado de www.infoleg.gov.ar/infoleg

Argentina. *Ley Nacional 26.742 de Muerte digna*. Recuperado de www.cpacf.org.ar/jurisylegis/novedadeslegis/LEY26742.doc

Argentina. Mar del Plata. Cámara Civil y Comercial (Sala 1ª). Autos M.N.H. y otros c/ Hospital Interzonal Especializado Materno Infantil. Sentencia del 29-5-1997.

Argentina. Mar del Plata. Juzgado en lo Criminal y Correccional Nº 1 de Transición. Autos de Hospital Interzonal General de Agudos Dr. Oscar Alende. Sentencia del 9-5-2005.

Argentina. Mendoza. Suprema Corte de Justicia (Sala 1ª). Autos Fundación Cardiovascular de Mendoza y otros. Sentencia del 1-3-1993.

Argentina. Ministerio de Salud (2013). *Programas y planes*. Recuperado de www.msal.gov.ar/index.php/programas-y-planes

Argentina. Ministerio de Salud (2008). *Resolución Nº 364*. Recuperado de www.infoleg.mecon.gov.ar/infolegInternet/anexos/140000.../norma.htm

Argentina. Ministerio de Salud (2012). *Resolución Nº 797*. Recuperado de www.infoleg.gov.ar/infoleginternet/anexo/21500/norma.htm

Argentina. Morón. Cámara Nacional de Apelaciones en lo Civil y Comercial (Sala 1). Autos Gimenez, Alberto Pedro c/ Provincia de Buenos Aires (causas Nº 51445 y 51446. R.S.: 77). Sentencia del 17-3-2006.

Argentina. Santa Fe. Cámara de Apelaciones en lo Civil y Comercial (Sala 1ª). Autos A., P.L. c/ N. M. Sentencia del 11-8-1997.

Argentina. Universidad Nacional del Nordeste (junio 2007). *Día Nacional de la Hemovigilancia*. Recuperado de http://www.semanaprofesional.com/?nota=7065

Argentina. Zárate Campana. Cámara de Apelaciones en lo Civil y Comercial. Autos C., C. M. c/ A. M. I. Zárate. Sentencia del 31-07-2012.

Asociación Argentina de Hemoterapia e Inmunohematología (2007a). Recomendaciones para la utilización de sangre autóloga. In *Revista Argentina de Transfusión*, *XXXIII* (3-4), 257-262.

Asociación Argentina de Hemoterapia e Inmunohematología (2007b). La sangre y sus componentes. In *Revista Argentina de Transfusión*, *XXXIII* (3-4), 285-315.

Baselga, P. (s. f.). *Para la Independiente Digital*. Recuperado de www.elproyectomatriz.wordpress.com/.../experimentacion-armas-biologicas

Bergoc, R. M. (noviembre 1987). SIDA, un desafío para nuestra sociedad. In *Informes Bioquímicos*, *4* (6), 1-4.

Borrajo, M. C. (octubre 2002). El consentimiento informado. In *Revista Medicina respiratoria*, *2*(I), 47-53.

Buenos Aires (ciudad). *Guía de acceso a medicamentos en la Ciudad de Buenos Aires*. Recuperado de www.buenosaires.gov.ar/guiaba/guia/?info=detalle&menu=2&id

Buenos Aires (provincia). *Ley Provincial 10636*. Recuperado de www.ms.gba.gov.ar/servicios/legislacion.html

Buenos Aires (provincia). *Ley Provincial 11725*. Recuperado de www.labovirtual.com.ar/hemoterapia.htm

Bueres, A. J. (1992). *Responsabilidad civil de los médicos: derecho de daños en la actividad médica.* Buenos Aires: Hammurabi.

Bugarin, G. (2009). El derecho a la salud y a no ser discriminado. Recuperado de http://www.docsalud.com/artículo/2920/vih

Cahn, P. (agosto de 2011). De realidades y utopías: treinta años de la lucha contra el sida. In *Actualizaciones en SIDA*, *19*(73), 65-66.

Cañón Ortegon, L. (2007). *Una visión integral de la seguridad social*. Bogotá: Universidad del Externado de Colombia.

Cardenal Bertone aboga por un tratamiento gratuito y eficaz del SIDA (junio 2012). Recuperado de es.gaudiumpress.org/content/37892

Chile. Ministerio de salud (s. f.). Contigo mejor salud. Recuperado de www.redsalud.gov.cl

Chirinos, L. B. (2009). *Tratado de la seguridad social*. Buenos Aires: La Ley.

Cómo el gobierno uruguayo responde a los pacientes con H.I.V. (19 de marzo de 2012) [Mensaje de Blog]. Recuperado de http://uruguaycontraelvihsida.blogspot.com.ar/

Comunidad Económica Europea. *Directiva de los Estados Europeos Nº 85/374 relativa a la aproximación de las disposiciones legales, reglamentarias y administrativas de los Estados Miembros en materia de responsabilidad por los daños causados por productos defectuosos*. Recuperado de www.eur-lex.europa.eu/LexUriServ/LexUriServ.do?uri=CELEX...es:HTML

Córdoba (provincia) (2013). *Atención al Público. Cómo acceder al diagnóstico, tratamiento y medicación de VIH/SIDA y ETS*. Recuperado de http://www.cba.gov.ar/atencion-al-publico-como-acceder-al-diagnostico-tratamiento-y-medicacion-de-vihsida-y-ets/

Cortina, A. (1983). *Ética mínima*. Madrid: Tecnos.

Decaro, J., Lemos, F., y Magri, M. (2010). *Historia de la medicina transfusional*. Recuperado de www.clausen.com.uy/.../Historia de la Medicina Transfusional.pdf

Del Rey Pineda, G. (2004). Aplicación de nuevas técnicas de biología molecular a la virología: detección en tamizaje en bancos de sangre. In México. Instituto Mexicano del Seguro Social IMSS. *Gaceta Médica de México*, *140* (3), 73.

Diario Clarín (julio 2008). Por día hay 7.500 nuevos infectados con SIDA en el mundo. Recuperado de http://edant.clarin.com/diario/2008/07/29/um/m-01725776.htm

Duran, A., y Bloch, C. (diciembre de 2009). *Respuesta al VIH-SIDA en Argentina*. Recuperado de www.saludinvestiga.org.ar/rasp/articulos/.../RASP-intervenciones-VIH.pd

Dybull, M., Connors, M. y Fauci, A. (2006). Inmunología de la infección por VIH. In Mandell, G., Benett, J., y Dolin, R. (eds.). *Enfermedades infecciosas* (pp. 1527-1546). Madrid: Elsevier.

Eduardo Galeano la utopía. Recuperado de http://www.literato.es/eduardo_galeano_la_utopia_esta_en_el_horizonte/

Engelhardt, H. T. (1995). *Los fundamentos de la bioética*. Barcelona: Paidós.

Entrevista con informante clave (abril 2013). Datos relevados: Argentina. Administración Nacional de la Seguridad Social.

Especialistas argentinos descubrieron un tratamiento alternativo para el VIH (2013). Recuperado de http://www.telam.com.ar/.../37025%20-especialistas-argentinos-descubrieron-un-tra...//www.huesped.org.ar/%E2%80%8E

Estrategia sanitaria nacional de prevención y control de las ITS, VIH y SIDA–ESNITS (2010). Recuperado de http://www.minsa.gob.pe

Falistocco, C., Iglesias, M., Wellwe, S., Silva Nieto, F., Adaszko, A. y Ziaurriz, C. (agosto de 2011). V.I.H. –S.I.D.A.: a 30 años. El estado argentino y la respuesta a la epidemia. In Sociedad Argentina de Infectología. *Actualizaciones en SIDA*, *19* (73), 92-93.

Fresquet Febrer, J. L. (2010). *Epónimos y biografías médicas. Karl Landsteiner (1868-1943)*. Recuperado de http://www.historiadelamedicina.org/pdfs/landsteiner.pdf

Galdos, J. M. (setiembre 2004). Mala praxis médica y responsabilidad del Estado por el funcionamiento del hospital público. In *Revista de Responsabilidad Civil y Seguros*, *VI*(VIII), 88-119.

García Garnica, M. del C. (2006). *La responsabilidad civil por daños causados por servicios defectuosos.* Navarra: Arazandi.

Garrido Cordobera, L. M. R. (1995). *Bioética, sociedad y derecho.* Buenos Aires: Lena.

Garrido Cordobera, L. (2001). Curso de daños (C.P.O.) [inédito]. Buenos Aires: Universidad de Buenos Aires.

Garrido Cordobera, L. (2000). Curso de grado: el derecho de daños en su dimensión actual [inédito]. Buenos Aires: Universidad de Buenos Aires.

Garrido Cordobera, L. M. R. (2009). *Los daños colectivos.* Bogotá: Pontificia Universidad Javeriana.

Garrido Cordobera, L. (2010). *Los riesgos de desarrollo en una visión comparada: derecho argentino, derecho español*. Madrid: Reus.

Ghersi, C. A. (1999). Los derechos personalísimos en la posmodernidad. In Kemelmajer de Carlucci, A., y Lopez Cabana, R. M. (dir.). *Derechos y garantías en el siglo XXI* (pp. 163-170). Bs. As.: Rubinzal Culzoni.

Ghersi, C. A. (1998). *Responsabilidad profesional: hemoterapeutas*. Buenos Aires: Astrea.

Gilbert, M. T. P., Rambaut, A., Wlasiuk, G., Spira, T. J., Pitchenik, A. E. y Worobey, M. (2007). La aparición del VIH/SIDA en las Américas y más allá. In *PNAS, 104*(47). Recuperado de www.pnas.org/cgi/content/full/ 0705329104/DC1

El gobierno bolivariano ha mejorado la calidad de vida de portadores de V.I.H. – S.I.D.A. (mayo 2012). Recuperado de http://www.vtv.gob.ve/artículos/2012/12/01/vih/sida

González, E. (2012). Procedimiento de citación y seguimiento en los hospitales de la Ciudad Autónoma de Buenos Aires en donantes de sangre con serología reactiva para H.I.V.: Hospital Dr. “Fundación Francisco Santojanni” [inédito]. Buenos Aires.

Gottlieb, M. S., Schanker, H. M., Fan, P. T., Saxon, A., Weisman, J. D., & Posalki, I. (1981). In *Morbility and Mortality Weekly Report*, 30, 250-252.

Herranz, J. (s. f.). *La humanidad ante una encrucijada.* Recuperado de http//www.arvo.net/incluyes/documento.php?IdDoc=6350&IdSec=633

Highton, E. I., y Wierzba, S (1991). *La relación médico paciente: el consentimiento informado*. Buenos Aires: Ad hoc.

Iñiguez, E. F. (2009). Implementación de un programa de donación de sangre autóloga preoperatoria (DAP). In *Revista argentina de transfusión*, *XXXV*(4), 273-282.

Juzgado Nacional de 1ª Instancia en lo. Civil. Nº: 26, 1/3/88, ED, 138-364.

Laboratorio Abbott (s. f.). *AxSYM H.I.V. 1/2 g O* [prospecto]. Buenos Aires: Autor.

Laboratorio Biomerieux (s. f. a). *Vironostika H.I.V., Uni-Form II AG/AB* [prospecto]. (s. l.): Autor.

Laboratorio Biomerieux (s. f. b). *Vironostika H.I.V. -1 Antigen* [prospecto]. (s. l.): Autor.

Laboratorio Bio Rad (s. f.). *Genscreen Ultra H.I.V. Ag-Ab. Inmunoanálisis Enzimático* [prospecto]. (s. l.): Autor.

Laboratorio Bio Rad Fijurebio (s. f.). *SFD H.I.V. 1/2 PA. Prueba de Aglutinación pasiva de partículas para la detección de anticuerpos frente al V.I.H. – 1 o V.I.H. – 2 en suero o plasma humanos* [prospecto]. Tokio: Autor.Laboratorio Cromoion (s. f.). *Determine H.I.V. -1/2* [prospecto]. Buenos Aires: Autor.

Laboratorio Organon Teknika (s. f.). *VIRONOSTIKA H.I.V. Uni-Form II plus O. Microelisa Systems* [prospecto]. Fresnes: Autor.

López Saavedra, D. M. (2007). *Ley de Seguros comentada y anotada*. Buenos Aires: La Ley.

Lorenzetti, R. L., Highton de Nolasco, E. I., y Kemelmajer de Carlucci, A. (2012). *Código Civil y Comercial de la Nación: proyecto del Poder Ejecutivo Nacional redactado por la Comisión de Reformas designada por Decreto Presidencial 191/2011.* Buenos Aires: La Ley.

Lorenzetti, R. L. (1997). *Responsabilidad civil de los médicos.* Santa Fe: Rubinzal-Culzoni.

Lovece, G. (1998). Responsabilidad del hemoterapeuta. In Ghersi, C. A. (dir.). *Responsabilidad profesional* (pp. 177-191). Buenos Aires: Astrea.

Luksenburg, H., Weir, A. & Wager, R. (mayo 2004). *Safety Concerns Associated with Aranesp (darbepoetin alfa) Amgen, Inc. and Procrit (epoetin alfa) Ortho Biotech, L.P., for the Treatment of Anemia Associated with Cancer Chemotherapy*. Recuperado de http://www.fda.gov/ohrms/dockets/ac/04/briefing/4037b2_04_fda-aranesp-procrit.htm

Maliandi, R. (2009). Seminario de doctorado en Derecho Privado: problemas filosóficos de la ética aplicada [inédito]. Buenos Aires: UCES.

Lambert-Faivre, Y. (1999). La evolución de la responsabilidad civil: de una deuda de responsabilidad a un crédito de indemnización. In *Revista Responsabilidad civil y seguros, 1999*, 971-986.

Mandell, G., Benett, J., y Dolin, R. (eds.) (2006). *Enfermedades infecciosas*. Madrid: Elsevier.

Martínez Zurita, E. C. (s. f.). *Los orígenes del V.I.H.* Recuperado de www.cienciorama.ccadet.unam.mx/articulos_extensos/155_extenso.pdf

Mosset Iturraspe, J. (1994). *La reforma de la Constitución*. Santa Fe: Rubinzal Culzoni.

Medina, G. (1994). SIDA y responsabilidad civil en el derecho francés y español. In *Jurisprudencia argentina*, *III*, 756-767.

Merigan Jr., T. C., Barlett, J. G. & Bolegnesi, D. (1999). *Textbook of AIDS Medicine*, Baltimore: Williams & Williams.

Mollison, P. L. (1987). *Transfusión de sangre en medicina clínica*. Madrid: Reverté.

Moses, P., & Moses, J. (octubre 1983). Haiti and the Acquired Inmmunodeficiency Syndrome. In *Annals of Internal Medicine*, *99*(4), 565.

Nátz, E., y Lisziewicz, J. (junio 2012). Perspectivas de curación: Dermavir, una vacuna de A.D.N. con efecto terapéutico contra el V.I.H./S.I.D.A. y desarrollada racionalmente. In *Actualizaciones en SIDA*, *20*(76), 38-47.

Onusida asegura que Venezuela tiene una cobertura alta para el tratamiento del H.I.V. (mayo 2012). Recuperado de http://www.correodelorinoco.gob.ve/entrevistas/onusida

ONUSIDA (noviembre 2012). Comunicado de prensa. Recuperado de www.unaids.Org/es/resources/presscentre/2012

Organización de las Naciones Unidas (2011). *Informe de ONUSIDA para el día mundial del S.I.D.A. 2011*. Recuperado de www.unaids.org/unaids/unaidspublication/JC2216_WorldAIDS

El origen del SIDA: la historia jamás contada (s. f.). Recuperado de www.proyectopv.org/1-verdad/origensida.htm

Owen, R. E. (1967). *Compensation for Personal Injury in New Zeland: Report of the Commission of Inquiry*. Wellington: New Zeland Government.

El padecimiento de vivir con SIDA, ser pobre y que el Estado no entregue la medicación (diciembre 2002). Recuperado de http://www.noticiasurbanas.com.ar

Paraguay. Ministerio de Salud Pública y Bienestar Social (s. f.). *Programa nacional de control de SIDA/ITS*. Recuperado de http://www.pronasida.gov.py/

Patito, Á. J. (2001). *El S.I.D.A. en la medicina legal, legislación, consideraciones éticas*. Buenos Aires: Centro Norte.

Prieto Molinero, R. (2010). Doctorado en derecho privado: seminario de Derecho Privado IV [inédito]. Buenos Aires: UCES.

El punto de vista. Entrevista a Eduardo Galeano (noviembre 2005). Recuperado de http://www.rebelion.org/noticia.php?id=23070

Retamales, A. P. (2006). Autonomía del paciente: los testigos de Jehová y la elección de alternativas a la transfusión. In *Revista chilena Obstetricia y ginecología*, *71*(4), 280-287.

Ríos, S. A. (marzo 2001). SIDA: la medicación gratis no resolverá el problema. Recuperado de http://www.lanacion.com.ar/57082-sida-la-medicacion-gratis-no-resolvera-el-problema

Rivas Laise, E. (noviembre 2012). La ONG "Vivo en Positivo" y el V.I.H./S.I.D.A. en Bolivia. Recuperado de www.rockandvida.com.ar/.../la-ong-vivo-en-positivo-y-el-vihsida-en-bolivia

Rogel Vide, C. (2013). Curso de posgrado: cuestiones actuales de la responsabilidad civil [inédito]. Buenos Aires: Escuela Complutense Latinoamericana. Universidad Complutense de Madrid / Universidad de Buenos Aires.

Ruiz Moreno, Á. G. (1997). *Nuevo derecho de la seguridad social*. México: Porrúa.

Serrano Gómez, E. (2013). Curso de posgrado: cuestiones actuales de la responsabilidad civil [inédito]. Buenos Aires: Escuela Complutense Latinoamericana. Universidad Complutense de Madrid / Universidad de Buenos Aires.

Sociedad Española de Transfusión Sanguínea [SETS] (2006). *Guía sobre la transfusión de componentes sanguíneos y derivados plasmáticos* (3ª ed.). Palma de Mallorca: Planisi.

Seuba Torreblanca, J. C. (2002). *Sangre contaminada, responsabilidad civil y ayudas públicas.* Madrid: Civitas.

El universal (febrero 2010). *Nuevos tratamientos para VIH-SIDA son usados en Colombia*. Recuperado de http://www.eluniversal.com.co/cartagena/vida-sana/nuevos-tratamientos-para-vih-sida-son-usados-en-colombia

USA. Social Security Administration (s. f.). *Seguro Social para personas que viven con VIH/SIDA*. Recuperado de http://www.ssa.gov/pubs/ES-05-10919.pdf

Vansweevelt, T. (1992). *Le SIDA et le Droit*. Paris: Association Aides, Droit et SIDA.

Viney, G. (2007). *Tratado de derecho civil*. Bogotá : Externado de Colombia.

Weingarten, C., y Ghersi, C. (2009). Programa de actualización en derecho y servicios de salud (Contratos y responsabilidad médica) [inédito]. Buenos Aires: Universidad de Buenos Aires.

Wierzba, S. M. (1996). *SIDA y Responsabilidad Civil*. Buenos Aires: Ad-Hoc.

www.ingramcontent.com/pod-product-compliance
Lightning Source LLC
LaVergne TN
LVHW072012300926
849160LV00002B/6
* 9 7 8 9 8 7 3 3 9 7 6 0 8 *